講談社選書メチエ

783

非有機的生

宇野邦一

MÉTIER

見取り図——なぜ非有機性か

この本の考察は、〈非有機性〉を焦点としている。考察をはじめた出発点からそれに的を絞っていたわけではない。これまで私は、身体、知覚、イメージなどを思想的問いの主な焦点としながら文学や芸術を論じてきたが、同時にそれらに浸透する〈政治〉にいつも注意をひかれていた。〈非有機性〉は、このような問いの過程で、徐々に論点として浮かび上がってきた主題である。これらの考察は、ときにカント、マルクス、ヘーゲルの古典を読みなおしながら、とりわけドゥルーズ、ブランショ、プルースト、フーコー、ベンヤミン、ハンナ・アレント、ハンス・ヨーナス、丸山眞男、井筒俊彦たちの書物からの示唆を手がかりにして、彼らと対話するようにして進んできた。

第I部は総論的な三編からなり、有機性・非有機性の考察を、歴史、政治、思想、芸術、技術等々について、やや俯瞰的に、むしろ横断的に試みている。

まず日本人の歴史意識や、東洋対西洋という地理的な枠組を再考することから始めている。日本語で行う私の目論見にとって、このような準備が必要と感じたからである。そのような〈意識〉や〈枠組〉には、しばしば〈有機性〉が、思考のモデルとして浸透している。概念／図像、内在性／超越性のような対立がそれにかかわってくる。

内在性と超越性は、哲学の方向を二分する原理的立場を意味する。しかし二つの立場は決して明瞭に識別しうるものではなく、すでに入り組んでいる。内在は超越に、超越は内在に、しばしば反転しうるのだ。難しく、壮大な問いに迷い込むことになるが、あくまでも〈有機性〉という焦点から開けてきた視界をにらみながら、これらの問題について考えを記した（第一章）。

ついで現代美術の動向に照らしながら、こんどは〈非有機性〉という問いの焦点を浮かびあがらせている。現代の芸術がもたらしてきた転換や断絶は、フランスの近代詩の研究から思想的作業を始めた私にとって、変わらぬ関心の対象であり続けてきた。マルセル・デュシャンのアイロニックな観点から出発して、それ以前のカントやヘーゲルの「美学」にかかわる考察をふり返りながら、〈非有機性の美学〉を思い描いた。この本の全体が現代の「美学」にかかわる一考察として読まれることは、著者にとって想定外のことではない（第二章）。

そして尖端的なデジタル技術の未来が、どんな〈人間〉の到来を意味するかについても試論を述べた（第三章）。といっても、むしろそのような問い自体に、どういう問題が内在しているのかを考えることになった。「人類の終末」についてではなく、ある歴史的文脈において〈人間〉という認識対象が浮上し、やがて消滅することについて語ったミシェル・フーコーの提案は、もちろん人類の現在について考えるうえでも示唆を含んでいる。しかし私に未来像を提出しうる資格などあるはずもなく、むしろ未来についての思考が、どんな立場や前提とともにあるか、またそこにどんな倒錯が含まれているかに、とりわけ私の考察はむかっている。そしてそこでも、私たちの生を構成する有機性・非有機性が試されていると考えた。先端技術の可能性も、人類がたえず変容させていく有機性と非有機性の編成とともにある。未来を動かす発想や発明に日夜いそしむ人々のかたわらで、そのような変容、そのような編成について考え続ける必要が確かにある。

第Ⅱ部では、性愛（第一章）、死（第二、六章）、知覚（第三、八章）、イメージ（第三、五章）、映画

（第四、五章）など、様々な事例に見出される〈非有機性〉のタイプ、そして非有機性と有機性の結合の様々なタイプについて考察している。

知覚は有機的生に密着しながらも、すでに非有機的な次元に深くひたっている。映画という芸術は、かつてなかったような知覚の総合的な操作であり、また実験でもあった。映画の生み出す〈イメージ〉は、有機性と非有機性を複雑な形で折り畳みながら変容してきた。映像の技術は、有機的にイメージを編成しようとするが（モンタージュ）、同時に運動を切断しながら非連続性をもたらし、映画に固有のめざましい非有機的表現を作り出すことにもなったのである。そして非有機的なものの極限を考えるには、有機的な欲動から離脱するかのような〈性〉と〈死〉と〈時間〉の次元を、そこに折りこんで考えなければならない。

なぜこれらの考察の間で「生政治」が問題になるのか（第七章）。フーコーやアガンベンが問題にしはじめた「生政治」とは、生命を包囲して有機性を操作しようとする支配に組み込まれる非有機化のモデルであるかもしれないからだ。そして政治の目標は、もともと根本的に〈生きのびること〉であり、それをめぐる支配／被支配の関係であったとすれば、戦争、国防、治安、経済、技術、教育、世論形成、等々を通じて政治の形態は著しく変容してきたとはいえ、新たな〈生きのび〉の追求は、より徹底した「生政治」として実現されるにちがいないからだ。

だからこそ〈非有機的生〉を考えることは、権力や法の水準を超える広い平面で、いかに「生政治」に対抗するかという問いにつながる。そして生が何よりもまず有機性である一方、政治は、人間の思考によって、その非有機性を通じて、生の有機性を操作し、制御し、増強し、あるいは抑制し、破壊することさえなしとげるのだ。もちろん政治は、人間が生み出した〈非有機的な自然〉を操作対象としながら様々な部門にかかわり、そのことで十分多忙であるにちがいないが、同時にますます高度に、効率的に、じかに〈生命〉にかかわり、生死を決定している。現代の生政治は、単に〈厚生省〉の名がつく官庁が管轄する領域にとどまらず、政治そのものがとりわけ、ますます生政治であり、有機性を操作し変質させる非有機的体制であり、そのような実践でもあるという意味で、たえず注視し続けなければならない政治の中心なのだ。

　このような考察をさらに本格的に展開するとしたら、思想史ばかりか人類史をつぶさにたどりなおすことさえも必要で、はてしない追求になるであろうが、この本の目標は限られている。あえてそれを要約しようとすれば、〈非有機性〉を焦点とし、また争点として、現代の芸術、思想、政治が交錯し、せめぎあうような場所を照らし出すことである。

非有機的生◉**目次**

見取り図——なぜ非有機性か　3

序章　（非）有機性についての混乱を招きかねない註釈　13
1 有機性と合目的性／2 マルクス素描／3 有機的知識人／4 非有機性と有機性の混淆、反転／5 ヘルダーリンの示唆

第I部　総論

第一章　東洋、生成、図像　32
1 丸山眞男と日本的生成主義／2〈しなやか〉と〈あいまい〉／3 リゾームの両義性／4 図像と概念、魂の闘いと自我の戦争／5 図像とヘーゲル／6 東洋の図像／7 仏教における内在と超越／8 ドゥルーズにとって図像とは何か

第二章　芸術と器官なき身体　73

1 芸術の「係数」／2「係数」に還元されないもの／3 表現しないのに、表現されてしまうもの／4 何が終わり、何が始まったか／5 芸術の有機性と非有機性／6 死と芸術／7 わからない芸術、果てしないもの／8 無意志のシーニュの探求／9「崇高」の試練／10 肉体化と精神化／11 無機性ではなく非有機性のほうへ／12 有機性と合目的性／13 協和も全体性もない／14 有機的合目的性が破綻するとき／15 スピノザのほうへ／16 芸術の解体と非有機性

第三章 人間あるいはシンギュラリティ 129

1 私たちとは誰か／2 メイヤスーの相関主義批判／3 表象の時代／4 表象から人間へ／5 近代に折り目を入れる／6 人間の認識以降／7 技術と人間／8 変形装置としての人間

第Ⅱ部 各論

第一章 倒錯者のエチカ 162

1 マゾッホのマゾヒズム／2 谷崎の戦略／3 フロイトの試行錯誤／4 第二の誕生

第二章 ブランショの革命 182
1 決して「来たらない」もの／2 政治と法の外部／3 匿名の革命／4 マルクスと言語の複数性／5 死の論理／6 身体以前／7 近親相姦あるいは共同体

第三章 知覚、イメージ、砂漠——仮説的断章 214
1 知覚とイメージ／2 不変項と言語／3 肉のイメージ／4 時間、非有機性／5 イメージなき宇宙、世界としてのイメージ／6 映画から砂漠へ

第四章 顔と映画 235
1 ベラ・バラージュを称える／2 顔、同時性、精神／3 顔とは何か／4 人間と非人間のあいだ／5 顔は心理学ではない／6 ペルソナ

第五章 映画の彼方、イメージ空間 257
一 カメラ・オブスクーラの後に 257
1 映画の創成期の問い／2 「イメージ空間」の出現／3 身体の生産、触覚のような視覚／4 視覚、身体、脳／5 環境から皮膚へ／6 知覚において〈還元不可能なもの〉

二　ジル・ドゥルーズの提案　277
1 プルースト、蜘蛛、知覚／2 盲目の絵画／3 脳／4 映画、映像／5 イメージ空間、現前しないもの、システムの連鎖

第六章　時間の〈外〉とタナトス　294
1 プルーストの問い／2 時間の外の時間／3 第三の時間と「ひびわれた自我」／4 タナトス／5 もうひとつの時間の裂け目

第七章　反〈生政治学〉的考察　317
1 黙示録的な一文／2 政治の課題とは生命ではない？／3 生政治か、構成的政治か／4 生政治のシニシズム、例外の常態化／5 日本のホモ・サケル／6 生政治の客体と主体／7 二つの系譜、抗争／8 ニーチェの応答／9 非占領地帯のアルトー

第八章　知覚されえないが、知覚されるしかないもの　350
1 知覚の哲学以前／2 虚偽の力能、ディオニュソス／3 知覚の抗争／4 生成における断絶／5 出来事または非有機性

終章　問いの間隙と分岐　371
1 有機体に連鎖するもの／2 形相、図像、イメージ／3 二重分節／4「生命主義」が歩んだ道／5 ある唯物論——戸坂潤の抵抗／6 いくつかの〈生政治〉／7 有機性、有機性の非有機性について

注　401
文献一覧　408
あとがき　419

序章　（非）有機性についての混乱を招きかねない註釈

すなわち、分かち得る、より無限なる、より非有機的なるものの努力の中にこそ——このような非有機的なものの中にはすべてのより有機的なものが含まれているにちがいない……

（ヘルダーリン「詩作様式の相違について」）

1　有機性と合目的性

〈非有機的生（inorganic life）〉と聞けば、まず尖端技術によって合成される生命のことを思い浮かべる人々もいるだろう（「合成生物学」と呼ばれる分野があるらしい）。遺伝子の組み換えまでも実現するようになった科学技術にとって、それは究極の夢であるにちがいない。古くから人間の行動と思考は、しばしば自然を観察し、模倣するかのようにして形成されてきたが、しだいにみずからの行動と思考そのものを、そっくり技術的手段によって代替させることが試みられるようになった。それは単なる夢想にとどまらず、すでに様々な形で実現されてもいる。高性能のロボットやＡＩは、まだ身体とも脳とも、まったく異質な装置であるが、すでに〈非有機的生〉の模型のようなものとみなすことができる。

有機性とは、生命そのものの定義であるとすれば、非有機的生命とは、もちろん逆説にほかならず、そのようなものが存在するはずがない。しかし少なくとも、そのように不可能なものにむけて試行錯誤を続け、ときには古来の夢を飛躍的に実現するかのような技術や機械が登場して、いっそう高度な達成にむかう。そのような人間の野望は、少なからず自然の領域そのものを侵犯することになり、様々な危険をともなう。逆に自然を保護し、有機性を尊重し保全し、あるいは聖化しようとするような傾向がそれにあらがう。「有機」という名のついた農法や食物が、新たに付加価値を帯びて流通するようになる。そのような傾向も含めて、〈有機性〉のほうも無視しがたい意味の連鎖を広げている。

一九二〇年代にソ連の生化学者ウラジーミル・ヴェルナツキーは「生物圏（Biosphere）」について語り、無機的な物質そして元素そのものが遊動的であり、偶然的におのれを構成しては再構成し、あくまで一時的な「地層」を構成すると考えた。[1] 無機的な物質もそれ自体、生命に似た過程を遊動するのであって、無機性・有機性の区別を超えるはてしない組織網として「生物圏」が構成されると言う。それは無機物も有機物も貫通して進化をもたらす「力への意志」を考えたニーチェの発想とも共通点があり、自然と人間を貫くダイナミックな世界像を提案して魅力的だが、その生の概念が包括的な全体性のように構想されているところが気にかかる。私は反対に、非有機性と有機性がつねに相互に浸透し反転することさえありながら、たがいに異質なものとして作用しあうことに注意をひかれるのだ。

つまり世界中で、〈有機性〉と〈非有機性〉の抗争が、自然と人間、自然としての人間と人工としての人間、生命と非生命のあいだで繰り広げられているとも言える。しかし、このことをめぐって文明論や、いわゆるエコロジーのような視野で、考えを深めていくことが、いまの私の課題ではない。確かにこのように書き始めたことがすべて、私の問いにかかわってくるが、この問いの射程はさしあたり限られている。しかし、どのように限られるのか、問いをどこにむけて集中するのかを、隣接する他の問いとともに考えていかねばならない。

〈有機的〉、〈非有機的〉という用語は、現代にいたる人間の歴史を考えるうえで、かなり決定的な意味をもっていると思うのだ。若きマルクスは、人間は全自然を自分の「非有機的身体」とする、という定式から、やがて『資本論』にまで進んでいった。有機性とは、もちろん生命それ自体、そのありのことであるが、人が自然を有機性とみなすことは、自然が微細な部分にいたるまで、ある合目的性をもって活動しているとみなすことに等しい。ところが、そのような「合目的性」は、人類が個々の生を超える類的活動を通じて意識化してきたもので、人間はそのような意識を自然にむけて投影しているにすぎない。そういう投影によって、自然を有機性としてとらえることは人間の思考にとって必要であり、必然でもあった。もちろん、有機性としての合目的性は、単に人間が生物に対してもつ「幻想」にすぎないわけではない。

何よりもまず、生物として生き、死にいたる生物として自己を理解しながら、生物が生命を営み、生殖し、死にいたる過程を観察し研究し、その自動的な自己維持、自己複製の〈メカニズム〉を解明してきた人間にとって、そのような有機性の〈メカニズム〉はみずからの身体に属するものでもある。生命を精密に認識することによって、その過程に介入し、それを操作することを、当然ながら科学技術は目指すことになる（遺伝子組み換え、機能獲得、クローン技術、iPS細胞……）。しかし生命（有機性）そのものを（非有機的に）製作することには、いまなお決定的な障壁があるようである。

カントは『判断力批判』の中で、自然の美を、「合目的性」という観点から説明していた。つまり有機性とは、有機性から分離されうる人間の非有機性の側から自然に投影された「合目的性」という表象なのである。しかしこの表象は決して幻想なのではなく、ある超感性的な次元に根拠をもっている。それなしには、人間は、自然も自己も、理性的に認識することができないだろう――カントの哲学の総体が、この根本的な確信に支えられている。

自然の中の有機性について語っているのは、非有機的人間であり、その人間は、自然を自分の「非有機的身体」にすることによって活動してきた。しかし有機性について語り、思考することは、それほど簡単ではない。多くの混乱がそこに迷いこんでいる。有機性について語っているつもりで、実は非有機性について語っている。あるいは非有機性とみなしていることが、有機性の延長にすぎない。カントが混乱していたとは思わないが、有機性を合目的性として考察したその哲学は、しばしばトートロジー（循環論法）のように見える。

このことは非有機的生命を実現しようとする科学技術の野望とは、少しちがう次元にあるが、その野望にも混乱が入りこんでいないわけではない。そこで、たとえその野望にとって何の役に立たなくても、それとは別の次元で、この混乱を解きほぐして考えるという思想の課題が確かにある。混乱を解きほぐす、と私は書いたが、決して問題を分析し、整理し、正解を出すことをめざすわけではない。むしろこの混乱に潜在して、思考の変化をうながしうる力や兆候を検知するようにしたい。哲学者たちは、この有機性／非有機性という対立について様々に思考を重ねながら、世界理解の枠組を新たに提案し、歴史を動かすことさえあったのだ。

2　マルクス素描

「自然、すなわち、それ自体が人間の肉体でない限りでの自然は、人間の非有機的身体である」（マルクス 一九六四、九四頁）ともマルクスは、先の表現を書きかえている。人間はこの非有機的となった（かのような）自然を加工するが、動物と同じ欲求に動かされて加工するのではなく、類的存在としてそれを意識的に加工し、「対象的世界」をつくりあげてきた。類的存在としてのこの生産は、自由に行われて、美的な性質のものまで含み、人類に幸福をもたらすものであっていいはずなのに、必ずしもそうはならない。それは「疎外された労働」をもたらし、非有機化された自然は必ずしも人間を幸福にしない。マルクスはここで「非有機的」という語の概念そのものを、それほど掘り下げて考えていない。むしろなぜ、どのように「疎外」が発生するのか、それを精密に追求して、克服する道をさぐることが彼の関心であった。私はむしろ「非有機的」という言葉が意味するものの広がりや差異にこだわってみたいと思う。

初期のマルクスはヘーゲルに強く影響されながらも（「類」や「自由」や「疎外」の概念は、すでにヘーゲルが鍛え上げていたものだ）、同時にその哲学を根本的に、辛辣に批判しながら進んでいる。ヘーゲルはまさに自然の中の「有機体」を観察し、観察する意識自体を分析しながら、『精神現象学』における「理性」の考察の序奏としている。ヘーゲルの「弁証法」は、有機体から人間精神への進展を、概念が理性にいたる過程として捉える発想とともにある。この進化論的発想は、カントにはまったく見られなかったものだ。

探究の過程を単純な概念のうちにふくみこんだ対象が「有機体」である。それは無限に流動するもので、そのなかでは、自他を区別する基準となるような性質がつぎつぎと解体される。(ヘーゲル 一九九八、一七八頁)

ヘーゲルにとって「有機体」は、決して自然の中の生命であるだけでなく、すでに概念も理性も内包し、それによって統一されてさえいる。「有機体」はすでに弁証法的である。そして彼は法や国家の次元にまでもこの「有機体」の思索を適用し、「国家の有機組織」について綿々と弁証法的思索を貫徹させていたのだ。議会の役割とは、「君主権」と「自治体や職業団体や個人」とのあいだを「媒介」することである。

ましてや、個々人が多数の衆や群れの姿をとってあらわれ、こうして非有機的な私見と意志をいだき、有機的国家に逆らうたんなる集団的暴力になるということがないようにするという媒介の働きである。(ヘーゲル 二〇二一、第三〇二節、(下)三〇四頁)

ここでいう「有機性」は「国家」の特性であり、もはや植物や動物の有機性から遠く離れている。そしてマルクスのほうは「ヘーゲル国法論批判」(一八四三年)のような文章で、「政治的体制」を

「有機組織」という普遍的、抽象的理念へ溶かしこんだヘーゲルの思索を、哲学ではなく、むしろ「魔術」として痛烈に批判しているのだ。

政治的体制が国家の有機組織である。もしくは国家の有機組織が政治的体制である。一つの有機的組織の区分された諸面が有機組織の本性から出てくる一つの必然的な連関のうちに在るということは、――まったくのトートロジーである。（マルクス 一九七〇、一五頁）

つまり〈有機的なものは有機的である〉。「有機性」をめぐる混乱は、しばしばトートロジーに帰着する。つまり有機的なものの観察は、あらかじめ事象を有機的とみなす見方を通じて、有機的に行われる。ヘーゲルは、トートロジーかもしれないそのような考察を、めくるめくような文体とともに、一つの思考法として鍛え上げていたが、唯物論とともに歩もうとしたマルクスにとって、それは大掛かりなペテンにすぎなかった。しかし私の課題は、ヘーゲルからマルクスに受けつがれて、まったく異なる意味と効果を発揮することになった「弁証法」の展開をたどることではない。どちらが正しいかを判定することでもない。

「自然を非有機的身体」とする人間は、そのような非有機化を自然に介入させてきた存在であり、自然に対して非有機性としてかかわりながらも、それ自身はあくまでも生物として有機性なのだ。マルクスはやはり『経済学・哲学草稿』で「五感の形成は、いままでの全世界史の一つの労作である」などとも書いているが、そのような「五感」とは、あくまでも有機性としての人間が非有機化を進め、歴史社会において「類的存在」として、様々な「非有機性」の創造を通じて実現してきたものである。「五感」はすでに非有機化されている。もちろんこの「非有機性」は、その基盤に生命＝「有機性」がなければありえなかった。

　長いあいだ王政は、王の「身体」をモデルとして有機的に構成されてきた（カントーロヴィチ『王の二つの身体』はこのことに関する歴史的研究である）。王政を打倒した近代の民主主義革命は、その意味で「政治的身体」を撤廃しようとする挑戦であったが、共同体は身体＝有機体のモデルを容易に払拭することができない。そこでファシズム・全体主義が、反動的に身体モデルを回復しようとする危険が必然的に訪れる……。クロード・ルフォールの書物（ルフォール 二〇一七、第五章）には、このような主張が見られる。それを受けながら、共同体と身体を結びつける別の「肉的論理」をいかに見出すことができるかと問うた試みもある。根源的内在的な「肉」から、他者とともに共同体を構成しうる「身体」への移行を考えた現象学の発想がもとになっている（ロゴザンスキー 二〇二二）。まさに政治の「有機化」が問題になっているが、身体の有機性の延長として、政治を有機的に理解することがすでに問題である。どんな意味でも政治それ自体は身体ではなく、有機体として構成されることもない。その過程では有機性・非有機性が何重にも錯綜しながら非身体の現実を形成しているのだ。マルクスは少なくとも、思考し労働し生産する身体の有機的・非有機的過程を通じて、社会や政治の構想にいたる道筋を見失うことはなかった。「政治的身体」というようなものがあるとすれば、それは身体に作用し浸透する政治について、その意味で身体の現実に密着する政治について考えることをうながすはずで、決してそれは隠喩や表象としての身体のことではない[2]。

3　有機的知識人

そしてその有機性そのものも、たえず様々な突然変異を起こしてきた。突然変異は、有機的な連鎖にとってむしろ偶然の例外や異常として生起するのだから、その意味で、あたかも非有機性のような効果をもつことになる。そして人為による非有機性は、あたかも自然界の有機性を中断し不連続にし、それに障壁や亀裂や間隙を設けるようにして、もはや有機性の変化とは異質な人間の次元を作り出してきた。この変化は、人間の脳の進化とも関係していたにちがいない。言語の発生は、決定的な「非有機化」であったし、精神も、そして技術も、言語の発生と深い関係をもっていたにちがいない。類としての人間の生活には、そのような非有機性の次元が拡張されていった。生物の生には終わりがあるが、その終わりを死として意識するようになる〈死すべき存在〉としての人間は、死さえも、ある非有機性の次元として、人間の生に組み込むことになった。さらには言語、精神、技術等々の延長線上に、「政治」や「経済」と言われるような次元が出現することになる。この意味で「政治」や「経済」は、まさに様々な非有機性を総合したかのような領域であるにちがいない。

ところが奇妙なことに、それらもしばしば「有機性」として表象される。ヘーゲルのように歴史哲学を総合し完成させようとした思想家は、むしろ歴史を貫通するかのような有機性を深く考えぬいて、いわばそれを本質的な範型とするようにして思考した、という一面をもっている。そして有機性が、人間の側のたえまない活動や組織（動態）のことであるとすれば、むしろ自然は全体として停滞し静態的であるという点で無機性とみなされることもある。人間はたえず組織しては破壊する作為であり無常であるが、一方の自然は不動で、その変化もただ反復されるだけである、というように。すると、生命＝有機性、人間＝非有機性の等式は、生命＝無機性、人間＝有機性と逆転される。もちろん無機性と非有機性は等しくない。こうしたこともまた混乱を招きかねない。

繰り返すが、有機性とは、なによりもまず生命それ自体の有機性のことである。有機性（有機体）を一つのシステムのようなものと考えて、あらゆる次元のシステム（の理解）に適用することができるし、そのような理解は、有機性でない次元にも適用しうる。生命の有機性は、それ自体かぎりない複雑性をもっていて、まだ解明されない部分や次元が多く、自然界を構成する無機性の広大なひろがりとともに、いつか完全に解明されるかどうかもわからない。そして人間の類的次元を構成する様々な非有機性（言語、精神、死、技術、機械、メディア、政治、法、貨幣、資本……）も様々に連結しあい、しかもその基盤には有機的な生命があって、それとの連結関係も考えなければならないとしたら、認識の範囲はほとんど無限大なのだ。個人の一生にとって可能な認識とは、その無限大のうちのわずかな断片、断面を蔽うものにすぎないだろう。それでも、その小さな生に折り畳まれた有機性と非有機性は、広大な世界と歴史を反映している。一つのモナドは、それぞれの仕方、観点において、果てしない世界を反映しているが、もちろんそのすべてを表象し理解するわけではない。

有機性についても、非有機性についても、そしてそれらの結合、浸透、離反についても、私たちは、様々な知覚、観念、表象、そして幻想さえもっている。有機性をなんら特別なものとしないで、非有機性と同じ〈メカニズム〉としてとらえることができる。逆に、実は非有機性であることさえも、有機性として受けとることができる。「有機的国家」のような観念は、「政治」を構成する様々な非有機性（言語、観念、法、そしてすでに社会化された欲動……）を、むしろ有機性としてとらえようとする。それと人種、血統、民族のように粗大な有機的幻想が合体すれば、ファシズムの思想的条件がそろうことになる。

厳密には、生命の有機性が決してそのようなものではなくても、生命、身体、感情を有機的に結合する観念は、言語や思想や政治にまで浸透して広く共有されている。だからこそ、生命、歴史、社会、国家にまでこの有機性の観念や感情をゆきわたらせる〈有機的知識人〉の役割を演じる人材が次々登場する。反対に非有機的知識人は、しばしば常識を欠いて、過度に知的、教条的であり、あるいは懐疑的、批判的であり、そのような有機的な役割を果たすことができない。有機的知性として統合的・融和的なモデルを提案することがないからである。

非有機化とは、しばしば非物質化、非実体化、非身体化、非統合化の過程でもある。仏教、中観派の「空」の思想は、実体を指示するのではなく、逆に実体を無化する作用として言語を認識していたという点で、徹底した「非有機化」の試みだった。この仏教は、自然と生成の有機性にしたがおうとする仏教（「草木悉皆成仏」）の対極にあったように思われる。しかし、ここまで洗練されていた「空」の思想が、世俗の救済という政治的要求に囲まれ、仏教教団として現世の権力と（有機的に）結託し、その過程で何を意味し、どのように機能することになったか、それは別の問題である。

4　非有機性と有機性の混淆、反転

身体器官は、生命を営む全体の部分として分節され統合されているように見える。しかし、そのあいだをめぐる物質、細胞、神経、電気のたえまない作用に、また器官そのものを形成し維持する不断の作用に注目するならば、身体を器官という部分の集合として表象することは、もはや粗略な模像というほかない。生物学者もそのことを明言している。

器官にその性質を与えるのは、もはやその形ではない。それは第一にその器官を構成する組織の性質であり、特殊性である。〔…〕組織は器官を特徴づけるのではなくて、神経、血管、筋肉、骨格などの「系」を特徴づけるからである。（ジャコブ 一九七七、一一三頁）

このことは社会という身体（社会体）について、またその〈有機性〉についても等しく言えることである。社会体を構成するとみなされるもろもろの器官（個人、主体、性差、階級、民族、国家……）は、社会体を現実に構成する「組織」や「系」を見えなくさせているかもしれないのだ。

しかも有機性は、人間において、様々な非有機性の介入によって中絶され、迂回させられ、変形される。医学は、薬剤、手術、放射線、等々によって有機性に介入するが、それ以上に、技術（道具、機械、メディア、貨幣、交通手段、建築）、そしてもろもろの制度、政治は、無数の非有機的介入であり、非有機的な身体と生の領域を拡大し、さらにそれを有機体と結合し、有機体に浸透させている。

実は有機的生命が自己複製し自己生成する過程そのものにおいて、あたかも有機性が中断され、その間隙にある種の非有機性が生じることによって、有機性が新たな進化を遂げるかのような過程が見られるのだ。そして人間と自然が合体した「非有機的身体」は、それ以上に活発に有機性に介入し、増殖しながら、そこにも多くの突然変異を生み出して、あたかも、たえず有機性を超越するかのようなのだ。その中では、多くの倒錯的事態や、未知の欲動さえも形成されている。

そして権力はいとも無造作に人間を殺すことができる（かつての君主や王の権力にとっては、そのことが原則であったかに見える）。それにしても、生誕から死にいたる人間の生は、たとえば医学によっても、決して恣意的に操作し制御しうるものではなかったし、いまもそれが困難なことにかわりはない。しかし生物学、解剖学、医学、薬学の進歩によって、人間の生死を、思いのままに制御しうるかのような意識が生まれ、場合によってはそれが現実化してもいるのである。統計によって出生率や平均寿命や疾病率を知ることは、そのまま社会や〈国力〉を把握し改良する政策にもつながるようになった。フーコーの提案した西洋近世・近代における「生政治」の登場は（彼はその歴史的脈絡をそれほど詳らかに論じていないが）、おそらく生物学・医学の進展とも、資本主義的生産の拡張や政治体制の変化とも連動していたにちがいない。まだバイオテクノロジーなどなくても、政府は生の有機性そのものを認識の対象とし、それを制御の対象とするようになり、人民の生死や疾病の動向を統計的に把握するようになった。ますます生死の動向そのものを標的とするようになる生政治とは、有機体への新たな非有機的介入を意味していた。

ハイデガーは、ニーチェの哲学に「生物学主義」を見て、これを批判していた。彼にとって存在論は、断じて生物学ではなかったからだ。身体の生を肯定し、むしろそこに〈大いなる理性〉を発見していたツァラトゥストラの思想、そしてディオニュソス主義は、もちろん有機的生の賛歌でもあり、近代のデカダンスを通じて国家の有機性にまで貶められてしまった有機性の復権でもあった。それは国家の有機性（ヘーゲル）に対しては、むしろ非有機化として対峙する異種の有機性の表現でもあった。このように有機性と非有機性は、たえず反転して、異なる意味と作用をもちうる。生命の有機性そのものは確かな根拠をもって思考モデルになりうるように見えるが、これに関しても、ほとんど正反対の把握がありうる。あくまで統合的、安定的、保守的な有機性のモデルがあり、それに対して、進化をやめない突然変異、不均衡、葛藤のモデルがある。そして有機性は、自動的生成であり、人為では作れないし、作り直すこともできないという観念が、その前に立ちはだかる。

私自身が有機性／非有機性について、いやむしろ非有機的な身体と生について、強く意識するようになるまでには、詩や思想とのいくつかの出会いがあった。ジル・ドゥルーズが、最初にアントナン・アルトーのテクストに記された「器官なき身体」という言葉に触発されながら、その概念を広大な地平に拡張していたことは決定的な示唆であった。非有機的生は「器官なき身体」によって生きられる。

ドゥルーズはガタリとともに『千のプラトー』を準備していた時期に、講義でヴォリンガーのゴシック美術論をとりあげ、ゴシック様式の起源になった北欧の装飾模様について語ったことがあった。その線は、南欧（すなわちルネサンス）のなだらかな有機的線とは異なって凹凸の多い無機的な軌跡である。まるでルネサンスの優美で有機的な運動を凍りつかせるように、ぎこちない屈折だらけの線が、むしろ有機性を逸脱する異様な力感にみなぎって、非有機的生命というべきものを表現している、とドゥルーズは語った。後に『千のプラトー』の最終章「平滑空間と条理空間」で、このことを書いてもいる。ドゥルーズの講義の中でも、強い印象を受けた提案のひとつだった。有機的なものよりも、もっと力強い非有機的生という、まったく撞着的な概念が、私の頭に植えつけられ、今にいたっている。

5　ヘルダーリンの示唆

それにしても、有機性／非有機性について考えていて示唆されることが多いのは、しばしばドイツ語圏の思想家たちの文献である。その中で再発見したヘルダーリンの短い文章「エムペドクレスの底にあるもの」は、まず「無機的な自然」の中で独自の形成をとげる「有機的人間」を、この無機的自然に対立させている。ここでは生物さえも人間の有機性（人為）に対して、むしろ自然の無機性の側にあるとみなされているのだ。

しかし人間の生がほんとうに認識可能になるには、自然に身をまかせたまま、おのれの本質を忘却していた有機的人間が、対立や分裂をつうじて、独自の活動や思考や芸術を意識的に実践するようにならなければならない。すると自然は非有機的なものの極において、すなわち理解することも限定することもできないものとして、有機的人間の前に現れる。このとき自然は、人間の形成し創造する力を通じて新たに有機化し、また人間のほうは逆に非有機化し、一般化し、無限化している。ヘルダーリンのこの「論文」のはじめに出現した有機的人間／非有機的自然という対立項は、こうして非有機的人間／有機的自然と書き換えられる。ここで「有機的」の意味も、すでに変更されているが、いずれにしても、それは単に生命の有機性を参照し範例とする有機性ではない。有機性とは、むしろ積極的な形成や組織を意味し、とりわけ意識された形成と組織を意味しているのだ。

自然にも自己意識があるとは、ヘルダーリンの友人でもあったヘーゲルの哲学にしたがうならば、決して神秘主義的な見解ではない[3]。有機的なものは非有機的になって一般化し、非有機的なものは有機的になって特殊化する。非有機性から有機性へ、有機性から非有機性へと、それぞれの極限で何重にも転換が起き、それぞれがおのれから遠ざかると同時に、おのれを再発見しながら、「美しい統一と和解」に導かれる、とヘルダーリンは書く。つまり彼はヘーゲルの弁証法を惜しみなくとりいれて、エムペドクレスの人物像を作り上げている。

こうした人物は、自然と人為の最高の対立からのみ、生長することができる。(ヘルダーリン 一九六九a、八頁)

エムペドクレスは自然との合一を求めて、苦闘せざるをえなかった。したがってかれの精神は、最高の意味で非有機的な形態を取らざるをえなかった。自己自身から、自己の中心から、自己をもぎはなし、たえずおのれの客体のなかに、度はずれに滲透せざるをえなかったので、ついにはそのなかに、さながら深淵のなかへのように、自己を失ったのであった。(同書、一一頁)

もちろんヘルダーリンは、有機性と非有機性の意味を転倒させているだけではない。人類は有機性と非有機性をたえず、たがいに浸透させ、結合し、分離しては変形してきたのであり、むしろ彼は、そのたえまない弁証法に注目している。しかし彼は、ヘーゲルのように、その弁証法を〈理性の勝利〉に導いたりすることはできなかった。「最高の意味で非有機的な形態」を、エムペドクレスは火山への投身によって実現してしまう。『ヒュペーリオン』の恋人ディオティーマは、まったく原因も動機もわからず、痛苦も悲惨も恐怖もない奇妙な死を迎える。死は全く純粋な「非有機的な形態」の実現であり実験として描かれているだけである。ときに有機性を非有機性とみなし、非有機性を有機性とみなす認識態度は、決して錯誤や混乱ではなく、むしろ本質的であることを、ヘルダーリンの奇妙に徹底された非有機的な思考と非有機性の讃歌は、厳粛に照らし出している。

この本で、私は有機性／無機性の他にも、様々な二項対立を扱うことになる。二つのうちどちらが正しいか、どちらを肯定するかを言うためではない。そしてそれぞれの二項は、他の二項に対応するわけでも、重複するわけでもない。決して二つに分割すること自体が目的ではなく、むしろそのような二分法を通じて、ついにはそれを脱して思考しようとしている。

西洋／東洋、精神／身体、概念／図像、制作／生成、樹木／リゾーム、自我／魂、戦争（war）／闘争（combat）、権力／力、超越性／内在性、二元論／一元論、物質／理念、実体化／非実体化、そして有機的生／非有機的生……

それぞれの二項を、より多様なもの、微細なものの間において考えるにつれて、それは果てしないスペクトラムとして渦巻くようになったが、そこでとりわけ有機的なもの／非有機的なものの二項が、ますます強い兆候を放つように見えてきた。やがて「非有機的生」は、この本の思考の焦点として現れていた。もちろんそれは、しばしば途方にくれた私の追求にとっての仮説的、実験的焦点にすぎず、たくさんの複雑な問題を要約するものでも、その答えでもない。応答ではあるが、解答ではない。

第I部

総論

第一章　東洋、生成、図像

1　丸山眞男と日本的生成主義

一つの国を、その歴史を、そして歴史意識を、人間ではなく「生物」に、とりわけ「植物」にたとえるとは、奇妙な発想にちがいない。ひいてはその政治や政治体制までも、なにか植物的、有機的な傾向としてとらえることになる。ギリシアのポリスや、「社会契約」を原理とする政治の発想に照らせば、ますます奇妙に見える。それはいかにも突飛な発想に見えるが、一時代の著名な政治学者が、そのように自国の「歴史意識」を規定する長文の論考を書き、この歴史意識の基層にあった「精神傾向」を、現代日本の政治の「通奏低音」のようなものとして批判していた。政治的なもの（構築）と植物的なもの（生成）。およそ相いれないかに見えるこの二つのカテゴリーを結びつけた政治学者自身の立場は、当然この「植物性」に対して批判的で、彼自身にとって「政治」はその対極にあるものでなければならなかった。植物にも固有の「理性」のようなものがあるかもしれないにしても（エマヌエーレ・コッチャ[1]）、政治学にとって政治的理性とは、意志や決断、原理や理想、構築や制作のような何かと不可分で、植物的生成（あるいは自生）とはまったく反対のものでなければならなかったはずだ。

丸山眞男の「歴史意識の「古層」」という論文（一九七二年）のことを私は問題にしようとしている。以前にもとりあげたことがあるが、いま改めてとりあげるのは、この論文が発表されてからすでに半世紀たった現時点と、この論文が書かれた時代、あるいは前にこれを私がとりあげた約一〇年前の時期で、それぞれに異なる思想の遠近法が、異なる文脈を通じて浮かび上がっていると感じるからである。

丸山眞男は、戦後すぐの日本で、大戦争の災禍と敗北をもたらした日本の政治と歴史を、時系列にそって分析するよりも（あるいはアレントの『全体主義の起源』のように国際的な政治力学の変容を背景として分析するよりも）、第二次世界大戦にいたる日本の政治を決定づけた集団的心理や行動形態をさぐり当てようとしたのであった。「超国家主義の論理と心理」というような論文のタイトルがまさにその方向を示していた。したがって政治学者の研究としては、すでに政治学、政治思想の趨勢に対して少し異端であった。丸山はある講演（「政治的判断」一九五八年）のなかで、まず「政治という非常に俗の中にも俗な学問」と断りながら、「政治に対するわれわれの思考法」、「政治の問題に対するわれわれの認識のし方」を、自分は問題にすると述べている（丸山 二〇一〇g、三四二―三四三頁）。そのような方法意識にしたがって、戦争によってひとたび瓦解した日本近代の政治を、その前史も考慮にいれながら彼は解剖し、日本ファシズム、超国家主義、軍国主義を形成した「思考法」や政治的認識の祖型として、その「古層」を、古代日本の神話にまで遡っていった。

まだ戦時中だった一九四四年の論文で彼はこう書いている。

国民が自らを政治的統一体として意識し、もしくは意欲するに至るまでには、通常それが単に自然的ないわば植物的な存在として生存を続けて来た長い時代が先行していたのである。〔…〕郷土愛〔…〕環境愛は〔…〕伝習的な依存であるのに対し、国民の国家への結集はどこまでも一つの決断的な行為として表現されねばならぬからである。（丸山 二〇一〇a、一一頁）

これは政治の歴史的進化について一般的に述べたことだが、まだ「政治的統一体」が（意識的に）構成されていない段階を「自然的」、「植物的な存在」と呼びながら、丸山は、このような政体が成立する以前の「体制」を、自然的、植物的、あるいは有機的、生物学的とみなす発想を、とりわけ日本に適用していくのだ。むしろ日本こそは、歴史の「古層」に根づいたそのような特性を近代的ファシズムにまで貫徹させてきた例外であるかのように。

たとえばナチスの指導者たちには歴然として見出された決断（力）が、東京裁判の被告人席に立たされた日本の軍人や政治家にはまったく見られなかった。

ナチスの指導者は今次の戦争について、その起因はともあれ、開戦への決断に関する明白な意識を持っているにちがいない。然るに我が国の場合はこれだけの大戦争を起しながら、我こそ戦争を起したという意識がこれまでの所、どこにも見当らないのである。何となく何物かに押されつつ、ずるずると国を挙げて戦争の渦中に突入したというこの驚くべき事態は何を意味するか。〔…〕各々の寡頭勢力が、被規定的意識しか持たぬ個人より成り立っていると同時に、その勢力自体が、〔…〕究極的実体〔すなわち天皇〕への依存の下に、しかも各々それへの近接を主張しつつ並存するという事態〔…〕。（丸山 二〇一〇b、七四―七五頁）

このような被規定的、無我、受動、依存、並存の〈システム〉が、軍国主義を支え、そのなかで「抑圧を移譲し」、誰も責任をとらないという日本固有の無責任体制をつくりあげていた、と丸山は指摘した。

そして、この体制の祖型は、すでにいくらか近代でもあった徳川時代にもあったことを、丸山はさらにこのように説明している。

政治的権力（幕府）と精神的権威（皇室）と経済的権力（町人階級）が夫々《それぞれ》担い手を異にし、更に政治的権力の内部に複雑な相互牽制が作用していた徳川社会は、たしかに社会的価値の分散という意味で、明治絶対主義体制よりもすぐれているという判断が生れるのも怪しむに足りないのである。（丸山 二〇一〇c、九〇頁）

ある対話形式のテクスト（「肉体文学から肉体政治まで」）でも、丸山はある種の自生的システムとして、日本的政治を説明している。

人間の社会的環境がちょうど山や海や星や月と同じような自然的実在性を帯びて人間を囲繞《いにょう》しているんだ。本来一定の目的をもった制度でも、それが環境のなかに沈澱すればするほど、所与として、つまりつくったものではなくて自然に出来たものとしてしか意識されず、従って何の目的でそういう制度があるかということも問題にされない。（丸山 二〇一〇e、一九六頁）

　この頃、戦争ではなく、未知の感染症の危機に直面して、日本の政治は、ほとんど同じ弱点を、同じ無責任性をさらけだしているように見える。丸山がここに指摘した諸特性が、ほとんど変わらずに、そのまま現状にあてはまるという感想をもつ人々は少なくないだろう。丸山の指摘は、戦争になだれこみ自壊していった国家がなぜ、そのような道をたどるしかなかったのか、いちはやく真剣に考察し分析した結果だった。戦後すぐに占領国によって強いられた憲法と民主主義の洗礼をうけながら、その後も、日本の政治が古い体質を払拭しきれていない兆候は、ことあるごとに露出した。丸山の指摘した「祖型」は、いわばリベラルな立場からの日本的政治の批判の常識となり、やがて紋切型にさえなってきたかもしれない。もちろんそれは日本の政治体制そのものが、現実にそのような紋切型として定着してしまったことに対応していた。

　論文「歴史意識の「古層」」で、丸山はこのような「祖型」の考察を、さらに日本古代の神話にまで遡り、その原型を抽出しようとした。「記紀」やその後の文献まで渉猟し、精巧な文献学的考察によって、「天地初発之時」と始まる『古事記』の世界では、なにごとを「つくる」ことも「うむ」こともなく、すべては、ただ「なる」と叙述されることに、まず丸山は注意を促している。

> こうした「なる」の優位の原イメージとなったものは、おそらく、「ウマシアシカビヒコヂ」の「葦牙」が「萌え騰《あが》る」景観であろう。〔…〕有機物のおのずからなる発芽・生長・増殖のイメージとしての「なる」が「なりゆく」として歴史意識をも規定していることが、まさに問題なのである。（丸山　一九九八、三七二頁）

世界の創世神話において、「つくる」、「うむ」という観点は必須であるのに対して、『古事記』では「うむ」ことさえも、ひとつの生が「なる」過程にすぎない。

> 生・成・変・化・為・産・実などがいずれも昔から「なる」と訓ぜられ、それらの意味をすべて包含してきたということは、たんに日本語の未分化とか、漢字の本来の意味への無関心というだけでは片附けられない。古代日本人にとって、これらの意味すべてを包括する「なる」のいわば原イメージがあったのではないか。（同書、三六三頁）

丸山は、〈そう思いだすと何だってそう見えてくる〉という体の連想的思考に取りつかれているようにも見える。結局これは論証すべき真実ではなくても、少なくとも、日本の政治や行動様式や集団心理をつらぬいている、ある「傾向」についての仮説として理解することができる。これは、ほかの文章で、丸山が「東京裁判の被告や多くの証人の答弁は一様にうなぎのようにぬらくらし、霞のように曖昧である」（丸山 二〇一〇d、一五〇頁）と書いたような日本的な有機的特性と、べつのことを意味してはいない。しかし古代神話や古典の中にまで縷々と連鎖していたその特性を遡る丸山の追求には、なにか執念や、これをはらいのけようとする呪詛のようなものさえ感じられる。これは気の利いた発見である以上に、一つの思想的格闘であったのだ。

さらに丸山は、「つぎつぎ」という特性を、「世代ないしは事件の線的《リニアー》な連続継起という観念」（丸山 一九九八、三八五頁）を示すものとして、また「いきほひ」を、主体的に行使すべき力ではなく、身を委ねたり、あるいはそれに乗じたりするべき勢力として抽出し、「つぎつぎになりゆくいきほひ」として、日本の「歴史意識の「古層」」を定義したのである。それはまさに自生的有機的な生成であり、主体‐客体の対概念を排除する〈観念〉であり、主体が不在の「歴史的相対主義」や「生物学をモデルとした無限の適応過程」にまで丸山はこれを敷衍している。この「相対主義」にとっては、過去も未来も絶対的価値ではなく、植物のように繁茂し適応していく生成がひたすら反復されるだけである。むしろ虚無的な〈その場主義〉としてそれは現れ、そのような日本的生成主義は、奇妙なことにダーウィンの進化論さえも、あまり抵抗もなく受け入れることになった、と丸山は指摘した。進化論にとって、（神なき）進化には、目的も必然もなく、ただ偶然の突然変異の連鎖と、自然淘汰があるだけである。主体的決断や構築や選択を排除する日本的生成主義にとって、進化論はなんら不都合な学説ではなかった。

　丸山の洞察は、そのような政治体制の分析を、要するに日本人の国民的体質や心的傾向の「祖型」に還元して、つまり非政治的平面にその根源をさぐることによって説得的であったが、ほんとうは政治学の課題としては、そのような体制を構成する権力関係や生産関係や行動様式の特徴をとらえることこそが必要だったはずである。丸山は、そのような政治的平面を分析する代わりに、巧みに「日本人論」に問いを収束させてしまったのかもしれない。[2]

2　〈しなやか〉と〈あいまい〉

西欧の政治、歴史、哲学についても鋭敏な教養を蓄えていた丸山にとって、ヘーゲルの弁証法は一つの範型であり、マルクスさえも、近代政治思想に対する重大な批判的挑戦として、彼は切実に受け取っていた。「直接的な所与としての現実から、認識主体をひとたび隔離し、これと鋭い緊張関係に立つことによって世界を論理的に再構成すればこそ、理論が現実を動かすテコとなるという〔…〕論理」は、近代の知性に当然内在していたはずのものだが、日本の思想は、マルクス主義によってはじめてそのことを知らされた、と丸山は書くのである[3]（丸山 二〇一〇f、三三二頁）。丸山の批判は、西洋近代の思想を強固な指針としてもっていなければありえないもので、いつの日か、日本の「政治」が西洋にならって本格的な民主主義を達成するところまで成熟することは、確かに彼の悲願であったにちがいない。もちろん、民主主義の「成熟」が何を意味するかという問いが、そこに浮かびあがる。民主主義が成熟しているはずの国でも、それに逆行する危機的動向が次々噴出するからである。

第二次世界大戦の前後の時代をその只中で生きた丸山は、当然ながら日本の知識人として、この日本の政治のあるがままの「現実」に直面するほかなかった。丸山は、政治家のいう「現実」、「現実主義」を辛辣に批判してもいる（「最も現実主義的たらんとすれば理想主義的たらざるをえない」）。しかし同時代の日本の政治状況に対しては、ただ教条的に西洋をモデルとすることをいましめ、「自由は不自由の際に生ず」と述べ、「漸進主義」を唱えた福沢諭吉の、しなやかなプラグマティズムを例外的な模範にしていた（丸山 二〇一〇c、一〇六―一〇七頁）。「彼はあらゆる立論をば、一定の特殊的状況における遠近法的認識として意識したればこそ、いかなるテーゼにも絶対的無条件的妥当性を拒み、読者に対しても、自己のパースペクティヴの背後に、なお他のパースペクティヴを可能ならしめる様な無限の奥行を持った客観的存在の世界が横《よこた》わっていることをつねに暗示しようとした」と福沢について書くのだ。こうして日本的生成主義に「惑溺」することも、それと対極にあろうとする「欧化主義」にも与しない自立的な立場を丸山は維持しようとした。もちろんこれは日本的生成主義を解したうえで批判し、それに対抗しようとする戦術でもあり、戦後の約三〇年間、日本人が必然的に政治的意識を高めていきながら、複雑な政治力学のなかで思想的緊張を課された時代に、一知性が見出した戦術でもあったにちがいない。

「日本的生成主義」と、丸山が福沢諭吉に見出したような「プラグマティズム」は、もちろん区別しなければならない。ところが「現実」においては、日本的あいまいと、日本的しなやかさは、どうしても同質の相対主義として混淆する場面がでてくるだろう。戦争と全体主義になだれ込む体制の源泉になりえた日本的生成主義も、別の場面ではしなやかな相対主義として、対立や硬直を緩和して均衡を見出す、というような政治的機能をもちえたかもしれない。しかし丸山は、まさにそのような混同を避けようとして、福沢的な相対主義＝プラグマティズムと日本的生成主義を截然と区別し、この「生成主義」こそを批判していた。それらがある場面では溶融し、あるいは同じ「古層」に属しているとしても、異なる二つの態度や方法が成立しうることも事実なのだ。

「原理」も「絶対」も、「主体」も「創造」も拒んで「つぎつぎになりゆくいきほひ」に似る有機的「生成」は、もちろんこれ以外のあらゆる場面において想定されうるものである。たとえば大きくは、西洋の文明に対して東洋の文明は、しなやかさ、無為、受動、空、変化、有機性を原理とする、と受け取られてきたのではないか（「ヨーロッパのかたくなな分析的思考〔…〕をつきくずすには、東洋の見かたが役にたちます」などとヘーゲルさえも言ったことがある（ヘーゲル 一九九二―九三、㊤一三六頁））。あるいは西洋の内部においても、強固に中心化し構造化し、主体と客体を分離し、諸成分を精緻に階層化し、国家と定住を原理とするような思考方法と世界観がある一方で、それから逃走し、周辺の微細な成分を、それらの運動（浮動、遊動）を特性とするような集団の傾向がつねに顕在していたのではないか。そしてまた世界の様々な地域において、帝国的国家に離反し、国家形成に抗うかのような「国家なき社会」が存在し、定住民と遊動民の対立も続いて、それぞれが別の構造化原理や生成的原理をもっていたのではないか。

少なくとも、東洋／西洋、西洋における中心化的構造／西洋における周辺化的傾向、日本的生成主義／日本的相対主義……のようなモデルを思い浮かべるなら、同時にそれらに対応しながらも、様々な差異を含んで一致することのない多様な傾向や組織の二項対立が、数々浮かんでくる。

西洋／東洋
日本的相対主義／日本的生成主義
西洋における中心化的構造／西洋における周辺化的傾向
決断のファシズム（ドイツ）／自生的ファシズム（日本）
諸地域における国家／国家なき社会
定住民／遊動民
超越性／内在性
非有機性／有機性
樹木／リゾーム
有機性リゾーム／無機性リゾーム

3　リゾームの両義性

そしてドゥルーズとガタリの提案した「樹木／リゾーム」という対立項も、これらに対応しているようだが、対応し重複するのはある程度まで、ある様相においてのみである。たとえばリゾームは国家のまっただ中にも出現するだろう。樹木は、幹から枝そして葉へと分岐している。ある程度まで対称的なかたちを保って生長していく。樹木は根をはりめぐらせて根づく。階層性、対称性、中心化された構造をもち、遊動性ではなく不動性（根づくこと）、系統樹のようなモデルを与える。「ようば大樹！」国家、支配秩序、官僚組織、家父長的大家族を想起させる。ドゥルーズとガタリはあらゆる「樹木状（arborescence）」を批判することから『千のプラトー』の壮大な思索を始めた。「樹木状」に対比されるのは「リゾーム」（根茎、すなわち地下茎の一種）である。それは地下を這う茎であって、根のように見えても構造上は根ではなく、水平に生長していく。ハス、竹、あやめ、シダ類などがこれにあたる。しかし茎にあたる部分が地中に潜っているだけで、本質的に他の植物と異質なわけではない。

ドゥルーズ＝ガタリは、中心も幹もなく無方向に拡張していく組織として「リゾーム」を、「樹木状」に対立させた。樹木の構築主義に対して、リゾームの生成主義。リゾームには中心がなく、どんな一点も他の点と、階層をなすことなくつながっていく。中心から周辺へと至るヒエラルキーはない。遠いも近いもない。インターネットはそのようなリゾーム的情報網を、かつてない「メディア」

として実現してしまったように見える。しかしかえって「リゾーム」が何を意味しているかが、見失われたかもしれない。
「樹木状」も「リゾーム」も、むしろ集団・組織の様態から思考法までつらぬく比喩的「モデル」として提出されたのであり、決して植物の組織そのものを問題にしていたわけではなかった。リゾームのモデルは、たとえばウイルスでもよかった。

何かのウイルスが生殖細胞に結合されて、みずからを複合種の細胞遺伝子として伝達することもありうるし、さらに、そのウイルスが逃れ出て、まったく別な種の細胞に入りこみ、しかもその際、最初の宿主から来た「遺伝情報」を携えているということもありうる。〔…〕進化の図式は単に、分化の度合の最も小さいものから最も大きいものへと進む樹木的血統のモデルにしたがって作られるばかりではなくて、異質なものに直接働きかけ、すでに分化した一つの線からもう一つの線へと跳び移るリゾームにしたがって作られることになろう。（ドゥルーズ＋ガタリ 二〇一〇、(上)三〇頁）

こうして植物の増殖形態をモデルにして、樹木に対立するリゾームという概念が、あらゆる次元にありうる樹木状の支配に対抗するアナーキーなモデルとして提案されたが、『千のプラトー』から四〇年たって、リゾームは周知の用語として定着し、ほとんど凡庸で日常的な概念にすら見えるようになった。逆にリゾーム的な「つながり」を切断しようとするような提案が強い意味をもってくるようになる。むしろ支配や管理のほうが、インターネットを装置として、あるいはモデルとして、ますますリゾーム的に作動するようになったからだ。様々なリゾームのあいだにせめぎあいが起こり、さらに複合し錯綜して、管理し、監視し、開放し、機能不全に陥り、もはや開放なのか管理なのか識別しがたいような両義的傾向が際限なく拡大していく。新たな支配は、リゾームを通じて作動する。もともと「リゾーム」の提案者たちも、決して楽天的に、ただ自由や開放や抵抗としてリゾームを提唱したわけではなかった。彼らは同時にリゾーム的増殖の危険や陥穽に着目し、新しい権力がリゾーム状に機能し増大することに対して、免疫をもつようにうながしてもいたのだ。

植物の生態そのものに目をむけるなら、もちろん木と根茎（リゾーム）を対立させることなどできない。ゲーテは植物の限りなく多様な「メタモルフォーゼ」に着目して、かなり驚異的な形態論的研究を続けていた。

> われわれは、発芽し開花する植物の一見異なっている諸器官をすべて、唯一の器官、すなわち葉から説明しようとしてきた。ふつう葉はどの結節からも発達してくる。同様に、その種子をしっかり内部に閉じこめておくのが常である果実をも、あえて葉の形態から導きだそうとした。（ゲーテ 二〇〇九、一九九頁）

植物的生のすべてを「葉」の変形として考え、「原植物」のようなものを想定していたゲーテは、個々の植物の発芽から生長の過程を観察し、その変形を通じて、種を貫く発生的な原理を思い浮かべていたのだ。そのような観点にとって、幹、茎、葉、根の区別は二次的なものにすぎず、すべての植物は樹木的であると同時にリゾーム的であり、ただ樹木状として抽象されるようなイメージは、精密な相互関係のネットワークである植物の生態と合致しない。

樹木の生態学の専門家（D・G・ハスケル）はこのことを、たとえば次のように的確に説明している。

樹木は、一見個の典型のように見える。垂直に伸びる幹が、網の目組織とは真逆のありように思えるからだ。実際モミは、単独の種子の単独の胚から発生するし、そのDNAは唯一無二の遺伝的指令を出す。幹が倒れたときが個体が没するときで、生物原子には始まりと終わりがある。

しかしどんな樹木もそうだが、モミの個別性はひとつの幻想でもあり、特定の角度から見たときにだけ目に入るものだ。針葉も、根も、すべて、植物とバクテリアと菌類の複合体で、ほどくことのできない織り物だ。（ハスケル 二〇一九、七一―七二頁）

一本の木を個体として見るなら、それが「ほどくことのできない織り物」（リゾーム）であることは見えず、「樹木状」しか見えてこない。ドゥルーズとガタリが言いたいことも、これと別のことではなかった。世界の現実はリゾーム状であり、リゾーム状に作動している。中央とは、実は数々の周辺の束である。だとしても、世界の理解も観念も樹木状に構成されて、この樹木状の構造と思考が、実際に人間界の現実に深く食い込んでいることも事実なのだ。それでも「木々が歌っている」のは、それとは異なる「ほどくことのできない織り物」なのだ。

たとえば『千のプラトー』の中に出現するリゾーム、プラトー、器官なき身体、ノマディズム（遊動性）のような概念（それらは決して同じ概念のヴァリエーションではない）に出会った日本の知識人は、それを中心のない権力として、天皇制に似たものだと指摘した。つまり彼らは、丸山の指摘したような日本的生成主義を、さっそく想起したのである。この指摘があまり気の利いたものに聞こえなくなると、やがてその中の一人は、このノマディズムは「新自由主義を正当化するイデオロギーに転化した」などと書くようになる。そもそも資本主義は、帝国的形態を侵食するあらゆるリゾームからなるものであるともいえる。そしてリゾーム的組織のあるものは、天皇制とさえも、ファシズムとさえも結合しえたし、「新自由主義」にもとりこまれずにすむはずがない。

リゾーム／樹木、生成主義／構築主義、インターネット／帝国……様々な二項対立が思考のモデルになりうるが、それぞれの二項は他の二項と対応し重複しながらも、反転し、ずれている。決して対応も重複もしない別の差異を表すこともある。だからこそ、さらに別の対立概念が必要になってくる。

ドゥルーズ＝ガタリが『千のプラトー』にこんなことを書いていたのを思い出そう。

もちろん、リゾームと内在性から成る東洋を提示することはあまりに安易である。けれども東洋では国家は、予定され、樹木と化し、根と化した諸階級に照応する樹木状組織の図式にのっとって働きかけるのではない。そこにあるのはさまざまな水路による官僚制、例えば有名な、「固有性に乏しい」水力学的権力であり、そこで国家は水路を形成し、みずからも水路となった諸階級を産み出すのである〔…〕。専制君主はそこでは大河のようにふるまい、泉のようには——やはり一個の点、点‐樹木または根と見なされる泉のようにはふるまわない。彼は樹木の下に座するりは水と合体するのだ。そして仏陀の樹はそれ自体リゾームとなる。毛沢東《マオ》の大河に対するルイ

王朝の樹木。〔…〕
　われわれは、こうしたすべての地理的配分によって、同時に悪しき道に乗り入れてもいるのだ。袋小路なら、それもいいだろう。リゾームもまた固有の専制主義、固有の序列性、それらのもっと厳しい形を持っていることとさえ示さねばならないのか。その通り、なぜなら二元論などないからだ。ここあそこという存在論的二元論などはなく、善と悪という価値論的二元論もなく、アメリカ的混合ないし綜合もないからだ。リゾームには樹木状組織の結節点があり、根にはリゾーム状の発芽がある。（ドゥルーズ＋ガタリ 二〇一〇、(上)四九―五〇頁）

4　図像と概念、魂の闘いと自我の戦争

　そこで「地理的配分（distributions géographiques）」という言葉に注目してみよう。ドゥルーズとガタリの最後の共著『哲学とは何か』において、「地理」の概念にはいっそう充実した内容が与えられている。

　地理は歴史的形態にひとつの質料と変化する場所を提供するだけにとどまらない。それは単に物理的かつ人間的なものではなく心的であり、風景のようなものである。それは必然性の崇拝から歴史を引き離す。それは諸起源の崇拝から歴史を引き離し、「環境」の力能を肯定するのである（ニーチェは言っていた、哲学がギリシア人において見いだすこと、それは起源ではなく、環境、周囲、

周囲の雰囲気である。哲学者は一つの彗星たることをやめる）。（Deleuze et Guattari 1991, pp. 91-92／一六五頁）

地理的なものは、起源の同一性とあいいれない。むしろ歴史を大気的な変化や差異に結びつけるのであって、それらは物理的、人間的、心的な混淆、「雰囲気」などである。西洋（的）／東洋（的）という対立も、本来もちろん地理的なものであるのに、しばしばそれは「大気」ではなく、むしろ「大地」として、起源の観念とともに同定される。地理哲学は、西洋／東洋の対立についても、別の概念を提案することになるだろう。もちろん西洋／東洋の差異が、とりたてて喫緊の本質的課題だというわけではない。

『哲学とは何か』はすでに冒頭で、確かにこのことに触れていたのだ。「オリエントの老いた賢人は、おそらく〈図像（Figure）〉によって思考するが、哲学者は〈概念〉を発明し思考する」（ibid., p. 8／一〇頁）。哲学はとりわけ概念を創造する。そして「ひとつの概念とは何か」という章で、二人の著者は「概念」について、少し突飛な定義を与えている。概念の内容とは決して一般性ではなく、むしろ一つの帯域、あるいは橋、特異な構成物であり、「一概念とは、ある不均等な生成（hétérogenèse）である」などと書いているのだ。概念とは、多様なもの、差異の束を総括するのではなく、むしろ俯瞰する。「俯瞰」とは、非常に素早く（ほとんど無限の速度で）把握することであり、物や身体の状態から距離を設けて俯瞰することは非身体的な過程である。かつてドゥルーズが『意味の論理学』で「意味」に与えていた「非身体的な出来事」という定義が、概念にも注入されているのだ。「意味」とはそこで、いわゆる「意味作用」ではなく、「命題」とも「表出」とも対応しない特異な「出来事」とされていた。ところで、哲学の創造する「概念」について手厚く定義している一方で、ドゥルーズ＝ガタリは、オリエントの賢人がもちいるという「図像」（あるいは形象）について、それほど精細な定義を与えていない。「概念」と「図像」の根本的な違いに関しても、あまり精緻な説明をしていないのだ。

『哲学とは何か』を読み進むと、「地理哲学」のパートに次のような記述が見える。

帝国的統一性あるいは精神的帝国など、こうしたあらゆる場合において内在平面に投影される超越性が、この平面をもろもろの〈図像〉で蔽い、充満させる。それが知恵であるか宗教であるかは重要ではない。この観点からのみ、私たちは中国の卦、インドの曼陀羅、ユダヤのセフィロート、イスラムの「想像界」、キリスト教のイコンなどをならべてみることができる。共通なのは図像によって思考することである。〔…〕曼陀羅は表面に対する投影であり、神的、宇宙的、政治的、建築的、有機的な水準を、同一の超越性の価値として対応させる。したがって図像はある参照項をもつのだが、これは本性として多義的で円環的な参照項なのである。〔…〕要するに〈図像〉は本質的に、範列的、投影的、階層的、参照的なものである。(ibid., p. 86／一五五頁)

このようにドゥルーズ＝ガタリは、ユダヤ・キリスト教さえも包括しうる東洋思想においては、図像あるいは図像による思考とは、ある超越性を内在性の平面に投影するものだとみなしている。一方ギリシアにおいて、概念による思考はただ「内在平面」において実現され、このような実現は、ポリスにおける友人たち、たがいに競いあう自由人たちの共同体と不可分であると考えている。「東洋は概念を解しない」。このように結論するときには、ドゥルーズとガタリさえも西洋のロゴス中心主義に与していたのだろうか。

ここで彼らは、東洋に否定的、警戒的に対しているようにみえるが、私たちはドゥルーズもガタリも、東洋の思考、記号、そして図像に対して、むしろしばしば肯定的だったことを記憶している。『千のプラトー』の中では、カスタネーダやピエール・クラストルを通じて、アメリカ先住民の叡智に、あるいはアルトーの証言を通じてタラウマラ族の祭儀に彼らは注目していたのだ。これらはむしろ東洋の帝国（あるいはアメリカ大陸の旧帝国）において創造された「図像」に対立するものであり、クラストルが南米の先住民部族に見出していたような「国家なき社会」の叡智や祭儀に照応するものだろう。これらの叡智において肝要なことは、「主体から意識を離脱させて探究の手段とすること、意味性と解釈から無意識を離脱させて真の生産過程とすること」なのである。

そしてカスタネーダによって紹介されたドン・ファンの教えは、「植物にしたがう」ことという「形象」によって実践される。

まずきみの最初の植物のところへ行って、流れる水がこの点から発してどんなふうに流れるか注意深く観察したまえ。雨が種子を遠くまで運んでいったにちがいない。水が穿った溝のあとをたどりたまえ。そうすれば流れの方向がわかるだろう。そうしたら、その方向できみの植物からいちばん遠くにある植物を探したまえ。その二本のあいだにある植物はみなきみのものだ。もっと先で、そのあいだにあった植物が今度は自分の種子をまき散らすとき、きみはこれらの植物の一つ一つから発する水の流れにしたがうことによってきみの領土を殖やすことができるだろう。

（ドゥルーズ＋ガタリ 二〇一〇、(上)三二頁）

確かに、この知性は植物に、その生成に導かれている。それは丸山眞男が定式化した植物的生成にどこか似ていないこともないが、ここではむしろ流れる水の描く逃走線に似ており、雑草、そしてリゾームに似ている。これがどのように東洋の帝国的モデル（たとえば天皇制）にさえも重なっていくのか、ここでそのことは問われていない。

しかし東洋の両義性について、ドゥルーズは別のところでも書いているのだ。「みずからを一つの自我と考えるのをやめ、一つの流れとして、流れの集合として、別の流れとの関係において、自己の外と自己の内において、みずからを生きること」（Deleuze 1993, p. 68／一〇九頁）。それはニーチェとD・H・ロレンスの発想でもあり、ドゥルーズはこの「東洋的」とも言える発想を彼らから受けとり、新たに定義しなおそうとした。それにしてもここで「東洋になること」には、次のような注目すべき留保がついているのだ。

自我においては自滅しようとする傾向があって、キリストにおいてもこの傾斜はみられる。その一つの到達点は仏教である。だからこそロレンス（そしてニーチェ）は東洋を警戒する。流れの生としての魂は、生きようと意志すること、闘争であり闘いである。それは単に分離ではなく、流れの連接であり、それはまた闘争と闘い、抱擁である。あらゆる協和は不協和であり、戦争の反対である。戦争とは全般的絶滅であり、自我の参加を強要するが、闘い（combat）は戦争（guerre）を拒否する。闘いとは魂を勝ち取ることである。魂は戦争を望むものを拒否する。この

> ものたちは魂と戦争を混同するからである。好戦的キリスト教と平和主義的キリスト教。魂の譲れない部分とは、自我であることをやめるときに現れる。この流れ出る、振動する、闘争する部分を勝ち取らなければならない。（ibid., p. 69／一〇九―一一〇頁）

要するに、魂は戦争（guerre）に抗って、闘い（combat）をしようとする。「魂」とはもちろん西洋に固有なものではなく東洋のものでもない。おそらく「自我」とは、「戦争」を好む西洋の産物である。しかし東洋は戦争を好まないとしても、同時に闘いまでも拒否するのではないか。流れの分離および接合のための闘い、あるいは闘争というものがある（戦争ではない）。自我に抗って流れにしたがうだけでは、不十分なのだ。自我は戦争のほうに傾く。しかし魂は流れに接合しようとして、闘いのほうに傾く。重要なのは自我ではなく、個体と関係そして魂であり、自我の戦争ではなく、「魂の闘い」である。東洋は自我ではなく、魂だろうか。そう見えないこともない。しかし魂は闘いなしにはありえない。この「闘い」を、決して自我の「戦争」と混同すべきではない。この闘いは、内在性の闘いであり、自我の戦争を拒否する。ドゥルーズは、西洋の強力な批判者であったが、もちろん東洋は彼らにとってユートピアなどではなかった。「自我」と「魂」、「戦争」と「闘い」という区別はしばしば難しく、それらを識別することは容易ではない。肝要なことは「自我の戦争」を斥けることであるとしても、もちろんそのための闘いも容易ではない。

5　図像とヘーゲル

ドゥルーズ＝ガタリの「リゾーム」も一つの哲学的「概念」であったにちがいないが、それは確かに「図像」でもあり、図像的思考でもあった。樹木とリゾームは確かに植物の構造と生成にかかわりながら、同時に植物の「図像」を規定する名称でもある。『哲学とは何か』で、「概念」と「図像」を、西洋哲学と東洋思想の間に分割したドゥルーズ＝ガタリは、それでも「概念」にとって「図像」とは何かを、ヘーゲルを通じて考察している。そもそも「図像」について考えるのに、ヘーゲルの哲学は何を示唆していただろうか。その思考は私たちの問いにとって、どこまで有効だろうか。

概念は与えられるものではなく、創造されるもの、創造すべきものである。しかし一方でそれは自分自身において定立されるもの、自己定立でもある。図像のほうは、むしろ概念の創造という面にかかわる、というふうにドゥルーズ＝ガタリはヘーゲルを読解している。

> ヘーゲルは概念というものを、その創造の図像（figures）によって、またその自己定立の契機（moments）によって力強く定義した。図像は概念に所属するものとなった。図像は概念の一面を構成し、概念はこの面においては、意識によって意識において、諸精神の継起を貫いて創造される。もう一方で契機は別の一面を樹立し、概念はこの面にしたがって自己自身を定立し、〈自己〉の絶対性において諸精神を統合するのである。こうして概念とは、ある一般的または抽象的な観念とは無関係であり、哲学自体に依存せず創造されずに存在するような叡智とも、やはり無関係であることをヘーゲルは示していた。（Deleuze et Guattari 1991, p. 16／二四頁）

ここで図像は、決して概念に対立するものではない。むしろ図像は概念に所属し、ある側面を構成するという。図像は、観念の一般性や抽象性を阻止するような創造的側面であって、それは単に東洋の叡智に属するものではない、とドゥルーズ＝ガタリはここでヘーゲルを通じて図像を肯定的に規定しているのだ。

そもそも図像（Gestalt）あるいは形象（Figur）とは、ヘーゲル哲学において、どんな位置を占めていたのか。ヘーゲルの巨大な体系については乏しい知識しかもたないが、私自身の必要に応じて一瞥してみよう。

ヘーゲルは「象徴」について、ほとんど「図像」に等しいものとして語ることがあった。

自分の尾にかみつく蛇、あるいは円は、永遠の象徴とみなされる。これは良識にかなう象徴であるが、精神はこんなものを必要とせず、言語をもっている。精神が思考の要素によって自分を表現するとき、象徴は不正確で誤った方法となる。（『哲学史講義』）（ヘーゲル　一九九二―九三、(上)八五頁）

空間的形象（Raumfiguren）や、外部の目には好適な代数的記号や、計算のように非概念的で機械的な操作を手段として概念を確定しようとすることは空しい。というのも概念とは単に精神の特性ではなく、精神の純粋な自己そのものであるからだ。（『大論理学』）（ヘーゲル　二〇一三、五四頁）

このように述べるヘーゲルは、中国の表意文字に対して、また彼が象徴的芸術と呼ぶものに対しても、かなり辛辣な批判をむけている。つまり形象も象徴さえも、あるいは計算や記号までも、彼にとっては精神以前の野蛮な記号にすぎない。精神は言語と概念をそなえているのだから、こんな手段を必要としないというのである。

ヘーゲルは東洋思想について語るたびに、その不十分性、調和の欠如をあげつらい、東洋思想が象徴や図像に依存しながら、それらと意味作用との間に有機的結合を達成していないことを批判している。「インド哲学において観念は客観的になっていない。したがって、外部的なものと対象的なものは観念に合致するものとして理解されていない。これは東洋思想の欠陥である」(『哲学史講義』)(ヘーゲル　一九九二―九三、(上)一三六頁)。ヘーゲルの理解によれば、図像と象徴は神話の次元にあって、神話はとりわけ図像と象徴によって思考を表現している。中国の表意文字や『易経』の八卦の線的形象は、宇宙の原理を表象しているが、これらは弁証法的思考と無縁であり、ヘーゲルにとってそのような図像的思考は、概念を欠く想像力に属するものでしかない。

要するに、ヘーゲルによるならば、東洋の思考は、図像の中にどっぷりひたっている。『美学講義』の中でも、彼はこの図像的なものへの批判を続けている。「芸術の象徴的形態」という用語で、彼は古代ギリシア以前のオリエントの芸術のあらゆる特性を一括している。

ここで観念は、芸術の中に自らの真の表現を追求しながらも、それが見つからない。なぜならまだ抽象的で不確定なままで、観念は自分の真の本質に合致する外部の表出を創造することができないのである。自然の現象と人間的生の出来事を目の当たりにして、観念は見知らぬ世界を前にしていようだ。こうして、あいまいで良く定義されていない着想を現実に表現させようとして、観念は無駄な努力で消耗するだけである。観念はそれが恣意的な関係において把握する現実界の諸形態をそこない歪めてしまう。形態と観念を結合し同一化し融合するかわりに、それが達成するのは表面的で粗雑な接近にすぎない。この二つの項はこのように近づけられても、相互の異質性と不均衡をあらわにするだけである。（ヘーゲル　一九九五―九六、(上)三二九―三三〇頁）

このように図像による思考の、または図像の悪しき使用法のあらゆる欠陥や害悪をヘーゲルはさかんに指摘していた。東洋における哲学ばかりか、その美学や芸術的創造に対しても、そのことを批判していた。しかし彼は、それと逆のことも言っているようなのだ。ヘーゲルにおける「図像」の規定について研究した論文の中でアンドリュー・コールは、このようなヘーゲルの批判的立場を前提としながら、にもかかわらずヘーゲルが「図像」について別の観点を示していることに注意をむけている(Cole 2017, pp. 44-66)。先の引用でも、ヘーゲルは円の「図像」を用いて思考することを非難していたが、「円が永遠を象徴する」ということ、つまり円において始源から終末にむかう反復の運動は、実はヘーゲルにとって思考の弁証法の「形象」そのものでもある。『法哲学』には、「哲学は円を形づくる」などという言葉さえ見える。そして思考は「円」からやがて「球」へと展開されて、まさに全体を立体的に包括する哲学を完成していくだろう。こうして「円」や「球」の図像は、哲学的創造の本質的な側面として機能している。ヘーゲルにおける「図像（Figure)」の規定に注目したこの論文は、あれほど「図像」の介入を批判したヘーゲルが、にもかかわらず「図像」を、彼の弁証法的思考を推進するものとして大いに活用していた、と結論しているのだ。

しかも「宗教において概念は絶対的内容を、現前〔4〕（Vorstellung）すなわち意識にとっての他者性（Anderssein, otherness）の形式として獲得した」などと『精神現象学』にヘーゲルは書いてもいる〔5〕（ヘーゲル 一九九八、五三九頁）。「現前」とはイメージ、表象を意味する語でもある。「現前」は「図像」や「形象」と同義ではないとしても、決して無関係ではない。ヘーゲルは、概念との有機的な調和や一致を実現していない東洋の過剰で野蛮な図像を、まさに異世界の他者の中に見て、他者性の表徴のようにとらえてもいたのである。しばしばみずからが排除しようとしたものによって、むしろ援助され推進されている。「図像」が西洋近代の哲学的思考においても、このような両義性をもっていたことは大変興味深い。図像は概念にとっての他者、他性であるが、概念はそれなしには差異の果てしない奥行を表現しえない。ヘーゲルの弁証法は、図像を包含しつつ「止揚」していったが、他性は「止揚」することなど決してできないものである。

ちなみに「図像」に関連して、ヘーゲル以前に「構想力」と「図式」について少し謎めいた、あいまいな規定しか与えなかったカントの思索を振り返ってみることも可能性のひとつにちがいない。「図式論」を「人間の心の奥深い処に潜む隠微な技術」であると書いたカントが（カント 一九六一―六二、(上)二一八頁）、『純粋理性批判』の第一版で「構想力」と「図式」にかなり積極的な規定を与えようとしていたのに、第二版ではそこから後退してしまったことはハイデガーも指摘していたことである。とにかくカントにとって「図式」は、決して図像、形象に等しいものでも、概念に対立するようなものでもなく、むしろ概念と「形像（Bild）」の中間にある。「形像は、これを描き出すところの図式を介してのみ概念と結びつかねばならないのであって、それ自体概念と完全に合致するものではない」（同頁）。そして『判断力批判』では、構想力は「概念を用いずに図式化する」などとも書いている（カント 一九六四、(上)二二一頁）。もちろん構想力は、概念の能力としての悟性から自由であるはずはなく、つまり、その自由さえも悟性に包摂されている。構想力は概念なしに作用しうるが、やはり概念の能力のもとにあって、直観を包摂し図式化する能力でもある。そして図式とは、確かに図像でもあり、図像なしには作動しないだろう。

図像という悪霊、不純、野蛮を排除しなければ、純粋で絶対的な理性は達成しえないかのように思考した哲学の伝統が確かに存在した。ヘーゲルもカントも、とりわけ美学と判断力の考察に深入りしていけばいくほど図式と図像に躓き、それでも美の概念を純化しようとして図式や図像を排除しようとしながら、他方では、それらを包含しうる哲学を模索していたように思われるのだ。たとえばハンス・ヨーナスは「図像」を保持し、想起する能力を、視覚が現実から距離をもち、中立性と抽象性をもつという特性（「視覚の比類のなさ」）に結びつけ、「図像」こそが概念的思考を可能にする、と結論して、ヘーゲルの図像の見方をまったく転倒させている。[6]

6　東洋の図像

ドゥルーズ＝ガタリの書物に現れた西洋哲学の「概念」／東洋思想の「図像」という対比から遡行して、ヘーゲルにおける概念と図像の関係の両義性に私は着目してきたが、当然東洋思想の側から、このことはどう考えられているかが気にかかってくる。もちろん多くの場合、宗教的教義でもある東洋の思想や知を、〈東洋思想〉として一括すること自体が、そもそも仮説的な総合であり、そのことは西洋の思想・哲学に関しても言えることだ。たとえば井筒俊彦（一九一四―九三年）のようにイスラム教を中心に仏教にまで及ぶ厖大な領域を渉猟し、西洋哲学にも通じて「東洋思想」を俯瞰することのできた知性が、どのように「東西」を対比していたのか、それをたどってみよう。

彼の学識を総合的に凝縮したかのような本、『意識と本質』で井筒は、いかにもろもろの「本質」が、「分節された」対象として「意識」の前に出現するかを、東洋思想と西洋思想を対照させながら問うている。彼ははじめにサルトルの『嘔吐』に現れた名高い場面に言及している。この小説の中では、ある日突然、マロニエの樹の根が、あらゆる背景や意味を剝奪されて、主人公の目の前に「分節されないもの」として出現する。突然、本質の外に、まったく剝き出しになったこの「実存」は、主人公に嘔吐を催させた。しかし井筒によれば、東洋の知性にとって、これはそれほど困惑するような事態ではない。東洋思想は、このような「非分節」の存在と、まったく親密である。「禅は、すべて存在者から「本質」を消去し、そうすることによってすべての意識対象を無化し、全存在世界をカオス化してしまう」（井筒　一九九一、一一九頁）。古代インド哲学において、「ブラフマン」は分節化されない根本的最終的存在であるが、さらに仏教にとっては、この存在はもはや無でしかなく、言語以前の分節なき無である。

井筒のこの本には、根本的元型的な「イメージ」について語る長い部分が含まれている。そのようなイメージは象徴的、神話的想像力によって形成されてきたもので、まさに生成的、発生的な場面に現れる「図像」である。井筒はここで、曼陀羅、『易経』の八卦、『楚辞』のシャーマニズムとともにあった「イマージュ空間」、カバラの伝統におけるセフィロートなどを参照しながら、ユダヤ教さえも包括する広大な東洋思想における「図像」の重要性について書いている。それらは深層意識において図像化された元型なのである。これらを井筒はユングの元型論にも結びつけている。分裂症者の描くデッサンは曼陀羅に似ている、とユングはみなしていた。ユングは、西洋と東洋を包括する根本的、元型的、発生的、普遍的な図像が存在することを確信していたのである。井筒もまた、ユングにならって、東洋の図像的知の普遍性を確信することができた。東洋の図像に対するヘーゲルの辛辣な批判について、ここで井筒は触れていないし、視野に入れてもいない。

このように確信された東洋思想における「図像」のほとんど超越的な地位に関しては、もちろん様々な反論、反証がありうる。ヘーゲルは東洋に対して、そのような図像すなわち象徴の優位を、むしろ概念に到達しえない「野蛮」とみなしたのである。そして「禅」のことを少しでも考えるなら、むしろ禅の実践では、高度に洗練された図像的な言語が、同時にほとんど図像そのものを無化するような、ある種の弁証法に達していたことが感じられる。禅問答は、意味の定着をたえず斥けて脱構築するような言語的実践という位相を含んでいる。道元の思考も、龍樹（中観派）の言語哲学の成果を鋭敏に踏襲していた。ストア派の言語哲学にも通じうる非実体の思考を徹底していた龍樹の「空」の思想は、まず言語自体の有意味性を斥け、同時に事物の因果性の次元から言語を厳密に区別する批判的思考とともにあった。言語は出来事を命名しうるとしても、言語において出来事は生起しない。あるいは出来事とは、言語の効果にすぎず、むしろ出来事は、言語の「空」の次元を名ざしているのにすぎない。概念と事物の対応は、言語自体の効果として生み出されるだけで、概念の実体性も、事物の実体性もその作用も、言語が与える「空」の次元に宙づりになっているだけである。むしろその「空」の次元に出現する図像と出来事だけが、空でありながら、確実な何かである。「人のさとりをうる、水に月のやどるがごとし。月ぬれず、水やぶれず」（『正法眼蔵』）。月も水も、言語自体の、ぬれることもやぶれることもない非実体性に還元されている。

ヘーゲルの思考にとって図像はある試金石であり、躓きの石とも言えた。東洋の図像を批判したヘーゲルの思考は、にもかかわらず図像を巧みに導入する弁証法でもあった。それなら問題は、図像を排除するか受容するかではなく、むしろその「使用法」にかかっているとも言えよう。それにしても、概念と図像を対立させながら、この二つを組み合わせる思考についても、どちらに優位をおいているのかと問うことができる。図像とはそもそもなんであるのか。それを操作する想像力（構想力）にとっては、図像の根底には図式のようなものがあり、しかも図像に関しても、その生成、構成、機能にかかわって、様々なタイプを分類することができる。そもそも形態（forme）、図像（figure）、図式（schéma）、イコン（icône）、像（image）等々が、何を意味するかによって、それをいかに定義するかによって、様々な問いをたてることができる。とりわけ絵画史や美術史は、そのような分岐に関して、豊かで多様な材料をもたらしうる。

井筒が、東洋思想における無分節的、非分節的、非本質的な図像的思考を俯瞰的にとらえ、それを通じて東洋思想を総合した成果は、豊かな学殖に裏付けられた眺望を与えてくれるとはいえ、あまりに包括的で、決して留保なしには受け取れない。そもそも井筒は、東洋における宗教と哲学を区別していない。彼が東洋思想として扱っているものはほとんど宗教的教義でもあって、むしろ彼は西洋の哲学と東洋の宗教を対比しているのである。そして西洋における宗教の源流の一つであるユダヤ教さえも、むしろ東洋に分類している。このような観点自体は批判すべきことではないとしても、宗教であり哲学であるものとして思想を扱うにあたっては、この観点自体をまず問題化しておく必要があった。

もともとまったく異なる条件と背景（コンテクスト）をもつ対象を、両方とも等しく「思想」としてあつかうことは、「比較」研究の前提としてあいまいさをかかえることになる。多くの場合「宗教」と切り離せない東洋諸地域の「思想」を、「東洋思想」として一括する姿勢は、すでに述べたように一つの仮説に立っている。それを東洋思想として一括することは、すでに何か「西洋思想」というものがあるという仮説を前提としていた。その意味で、井筒はすでに「西洋」という鏡を想定し前提しながら、東洋思想について論じたのである。『意識と本質』でも、まず西洋哲学における「意識と本質」のあり方を前提とし、それと比較しながら、井筒は東洋思想の特質を論じていった。比較の前提も項目（意識、本質）も、あらかじめ西洋哲学という鏡から取り出されている。ところがどんな思想的知も、それが生まれたのが地理的にどんな場所であれ、まず地域的固有性や同一性から出発して形成されること自体を前提してあつかうことはできない。東洋という「くくり」は、まず西洋を意識して、西洋の学生を前に東洋思想を講義した日本人には、西洋哲学という鏡に映すために必要だったかもしれない。しかし西洋哲学というこの「くくり」も、やはり一つの「前提」であり「仮説」にすぎなかった。この「仮説」も、あらかじめ検討しておく必要があったはずだ。

井筒は、東洋の図像的知について、蓄えた博識を発揮して俯瞰的に語ったが、それらの知が宗教的実践でもあって、様々な支配や闘争や改革を経てきたことに、あまり注目していない。それらの知において分節されたにちがいない超越性と内在性の相克に注目してもいない。ドゥルーズは、哲学の「概念」に対して、東洋の「図像」を批判するかのように語ったが、これが批判であったなら、批判はむしろ宗教にも哲学にも、東洋にも西洋にも貫通する「超越性」にむかっていたことを想起しなければならない。もちろん「東洋思想」においても問うべきことは、図像の優位だけではなく、それを通じて「超越性」と「内在性」がいかに分節され、戦わされたか、ということに違いない。そして内在性の知は、ギリシアの哲学にも、アメリカ先住民の知恵にも、『聖書』のなかにも「仏典」の中にも、いたるところに発見しうるものである。宗教はしばしば超越的知によって支配するが、超越性は哲学の中にも、いつも忍び込み、復活してきたものでもある。歴史のある時期からは、神でも救済でもなく、「理性」、「主体」、「存在」といった別の名においても「超越性」は復活し、忍び込んできたのだ。

7　仏教における内在と超越

日本の仏教研究において、一九九〇年代に、ある根本的な批判の運動が巻き起こったことがある。駒澤大学の袴谷憲昭、松本史朗など何人かの教授たちが、特に大乗仏教における密教の伝統の批判をはじめた[7]。古代インドにおける原始仏教の思想においては、およそ実体的存在（ブラフマン／アートマン）の余地がなく、生起することのすべては相互関係のなかにあり、相対性こそが絶対的とみなされていた。もちろん起源的実在のようなものもありえなかった。「縁起」とは相互関係のことであり、すべては他との関係に依存するばかりで実体をもたない。「縁起」は、すなわち「空」の根拠そのものである。インド哲学のサーンキャ学派のような傾向は「真如」として実在（基体）を認めていたが、中国や日本に伝わった大乗仏教は、むしろ原始仏教のもたらした改革に逆行するようにして、インド哲学の実在主義を引き継ぎ、「大乗仏教」の多数派を形成することになったと「批判派」は指摘していた。しかも、これは仏教の正統を歪曲し俗化した異端であり、この異端こそが日本に定着した密教であったと教授たちは指弾して「批判仏教」の異議申し立てを始めたようなのである。

日本の仏教は、中国で成立した代表的な仏典の一つ『大乗起信論』の如来蔵思想（「誰もが仏になる資質を有している」）や本覚思想（すべてが一なる「本覚」に包含されている）を踏襲している。この俗化され誤解された仏教が日本において主流となり、仏教文化だけでなく、日本の思想や、美学・芸術にまで広く浸透していった、ひいては主な知識人たちの思考もそれを体現するようになり、日本的イデオロギーのようなものさえ形成してきた、と批判派はいうのだ。この激しい根底的批判が、どの範囲で、どれほど理解され、どのように受け入れられたか、門外漢には計り知れないところがある。

「批判仏教」の立場からすれば、道元や親鸞は例外者であり、むしろ仏教のこのような「歪曲」に対する批判の先駆者だったのである。前世紀末になって現れたこの批判の鉾先は、井筒俊彦や鈴木大拙の仏教論にまでむけられていた。確かに仏教は、バラモン教の階級制度や苦行をともなう超越性の傾向に対しては、内在性のほうに転向する運動として始まったと思える。「すべては変化し、なにひとつ実体ではない」という「空」の思想は、内在性をめざして超越的支配を拒む政治的意味を帯びていた、とも考えられる。しかしすべてを「空」に帰するという教義と実践さえも、宗教としては（あらゆる宗教がその道をたどるように）やがて新たな支配も超越性も再建することになった。

鎌倉時代の仏教改革は、とりわけ法然、親鸞、道元のように、仏教をもう一度、内在性の肯定のほうに引き戻そうとする強靱な例外者たちによって牽引されていた。親鸞はしばしば鋭い逆説を用いる倫理的思考によって、道元は鋭敏に鍛錬された言語哲学と詩学によって、それぞれ独自の批判的思想を仏教に注入したと思われる。「共同幻想論」の思想を、独自の仏教論と合体させていた吉本隆明は、親鸞における往相・還相の思想をとりわけ重視しながら、超越にむかうこと（往相）ではなく、内在に密着すること（還相）を、仏教思想の中心におこうとしたのである。仏教のこのような内在主義は、中国の老荘思想とも共鳴しあった時期がある。老荘思想は、古代の帝国においてむしろ政治に参画し統治的な知をもたらした儒教に対しては、逃走や自律、そして内在性の知という性格をもっていたにちがいない。しかし「空」や「無」の思想さえも、世俗の葛藤に対しては超越でありうるので、内在と超越はつねに反転しうる。内在性（対超越性）をめぐる（魂の）「闘争」は、いたるところで続いてきた。それは図像において、概念において、芸術、思想、宗教、政治において、いたるところで続行されてきた。

「批判仏教」の問題提起は、仏教の門外漢にとっても、ある本質性をもつ「批判」として受けとめることができる。しかし「批判仏教」の発想と文体そのものは、あくまでも学的な次元にあって、原典を尊重し聖化しようとする原理主義や、異端／正統の論争のように感じられるところもある。その批判は綿密な文献学的研究の裏付けをもつにちがいないが、彼らの主眼であるはずの〈ほんとうの〉仏教のかたちが、門外漢にはなかなか見えてこない。誰でもが、草木にいたるまでことごとく成仏しうる（草木悉皆成仏）という思想とは、日本化され俗化された大乗仏教のものであり、それは仏教の徹底した「空」の思想に背反するものであること、仏教の原理ともいえる「縁起」の思想は、すなわち「空」の思想であり、それはたえざる知的な努力と、自我を超越する「利他」の原則を要請するということ。これが「批判」の骨子であったらしい。

「縁起」の思想とは、あらゆる〈何か〉は他の〈何か〉によって〈なる〉のだから、何かは決して実体ではない、というように導かれる。「なること」に着目するなら、それはたちまちあの「日本的生成主義」に帰着するように思えるが、実は「空」の思想にとっては、「生成」さえも「空」でしかない。「すでに去ったところに去ることはなされない。未だ去らないところにも、去ることはなされない。いま現に去りつつあるところにも、去ることはなされない。どこにおいて、去ることがなされるのであろうか」(中村 二〇〇二、三二六頁)、「いま現に生じつつあるものも、すでに生じたものも、未だ生じていないものも、けっして生じない」(同書、三三八頁)。龍樹の書物に現れるこの言語哲学は、ストア派に見られたような「出来事」の概念と驚くほど符合する(ドゥルーズの『意味の論理学』は、ルイス・キャロルとストア派から一つの言語哲学を抽出する試みであった)。出来事は「空」であり、実体(ものの状態)とは別の超越(論)的次元を示す。仏教の数々の論争の中には、確かに〈超越の哲学〉から〈超越論的哲学〉への移行が記されている。そして超越論は、超越性ではなく、むしろ内在性と結びつきうるのだ。結びつかないならば、その思考はただ超越性にとどまったにちがいない。超越をめぐるこの両義性は、仏教だけにかかわるのではなく、思想のあらゆる場面にかかわると思う。

そして生成主義とは、疑似的な内在主義なのだ。制作＝超越(超越者こそが創造する)であるとすれば、生成すなわち自生は、そのような超越(創造と被造物)の関係を斥けるだろう。しかし生成の自働性は、必ずしも内在的ではない。生成は、全体的生成となって内在を裏切ることがあるのだ。いずれにしても、超越と内在の非決定性がいたるところに現れる。〈ほんとう〉の仏教であることも、むしろこの両義性と非決定性を受け入れながら、超越するのではなく内在を掘り進むことでしかない。内在的にして超越論的な仏教は可能なのかどうか(この問いは、もはや仏教徒、仏教研究だけに属するものではない)。原典に、元型に、いかに忠実であるかという問い自体を、その意味を問うことが批判であるにちがいない。そうでないとすれば、正しい説、正しい理解、正しい由緒、正しい信仰（実践）を標榜することも、いわゆる本家争いにしかならない。「批判」と称して新たなドグマティズムをたてることなど、もちろん問題外で、決してそれが「批判仏教」のめざしたことではなかったにちがいない。

8　ドゥルーズにとって図像とは何か

もう一度『哲学とは何か』のあの言葉を思い起こそう。「オリエントの老いた賢人は、おそらく〈図像（figure）〉によって思考するが、哲学者は〈概念〉を発明し思考する」。ドゥルーズ＝ガタリは、オリエントにおける〈図像〉について、「〈図像〉は本質的に範列的、投影的、階層的、参照的なものである」と書いただけで、それ以上に批判を深めたわけではなかった。ヘーゲル哲学にとっての図像についても触れはしたが、その図像がヘーゲルの扱った「象徴」と、また東洋における「象徴表現」とどのような関係にあったか、そのことにまで思索を進めてはいない。『哲学とは何か』では、東洋思想における図像と、西洋哲学における概念をくっきり対比させているが、ドゥルーズ自身は、他の著書、特に『感覚の論理学』では、フランシス・ベーコンの絵画を通じて「図像」をもっと本格的に問題にし、美術史の核心の問いとして浮かび上がらせている。そこで図像とは、表象に反し、表象を脱する感覚的形成であり、本質的に「力を描くこと」にかかわる。図像は視覚の領野を逸脱して触覚においても作用し、それ以上に感覚器官の区別を横断する共感覚的対象を形成し、まったく肯定的なものとして提案されているのだ。

『感覚の論理学』のあとの大著『シネマ』の第一巻『運動イメージ』第一一章「図像あるいは形態の変形」（訳書によれば「フィギュール、あるいは諸形式の変換」）で、ドゥルーズはそれほど大きく展開してはいないが、映画に関して、やはり「図像」を問題にしている。「行動イメージの小形式」は「行動イメージの大形式」とともに、これらの形式に対応する「二つの〈理念〉が交通し交換しながら図像を形成するような関係に入る」（Deleuze 1983, p. 252／三二四頁）。ここで映画における「図像」とは、行動イメージの形式に「質的飛躍」をもたらすある種の「パトス的なもの」のことなのである（ibid., p. 246／三一六頁）。エイゼンシュテインの『ストライキ』の蜂起する群衆が虐殺される場面に挿入された「屠殺場」のイメージは、エイゼンシュテインが「アトラクション」と呼んだモンタージュであったが、それは端的に権力の暴力を形象化する「図像（figure）」である。「彼のアトラクションは、シチュエーションと行動をある極限へともたらし、それらの本質的な二元性を越える第三の次元にまで高める」。この章には黒澤と溝口をとりあげた頁も含まれ、中国や日本の絵画を引き合いに出し、そこに描かれる「宇宙の線」、「息吹」について語っている。日本の二人の巨匠は、それぞれに「行動イメージ」の形式的限界を記す「形象」を作りだした、と評価しているのだ。そもそもこの章の冒頭にドゥルーズは、「ここには行動イメージの問題を超える、あらゆる種類の美学的・創造的評価がある……」と書いている（ibid., p. 244／三一二頁）。行動イメージを超えるイメージとは、当然次に論じられる「時間イメージ」ということになる。あたかも「図像」とは、もはや「運動イメージ」、運動・行動の論理、感覚運動的図式にしたがう身体概念に収拾されないあらゆるものを示唆するかのように。

第二巻『時間イメージ』でも、ドゥルーズは手短に図像について書いている。そしてエイゼンシュテインの有機的、パトス的映画について、こう述べている。「それはある原始的言語あるいは思考であり、むしろ内的モノローグ、酩酊状態のモノローグであって、図像、換喩、提喩、暗喩、倒立、アトラクションなどによって作動するものである」（Deleuze 1985, p. 207／二二三頁）。さらには「映画のイメージが図像によって進むこと、そして一種の原始的思考を再構成するということ、これは多くの作家において、特にエプスタンにおいて見られるところである」（ibid., p. 208／同頁）と言う。この部分には「図像」についてこれ以上の詳細な考察はないが、『シネマ』に書かれたことを総括するならば、「図像」はとりわけパトス的なもの、原始的なもの、質的飛躍、等々にかかわり、映画のイメージに変形や断絶の効果をもたらすのである。

　少なくともドゥルーズは、「感覚の論理学」の名において、西洋の長い歴史の中で洗練されてきた〈具象的なもの（le figuratif）〉を逸脱する、何か不穏で過剰な表出として、それ自体「変形」の作用として「図像」を定義していた。しばしば「図像」は、西洋に対する古代エジプトのように、異様で未知の原始的な美学の兆候のように存在してきた。そのドゥルーズが、『哲学とは何か』では、それをむしろ東洋の叡智のしるしとして、超越性の形態としてとらえている。しかし、東洋のそのような「しるし」も、内在性をめぐるたえまない「戦闘」とともにあったはずで、それを見ないとしたら、奇妙な錯誤といわねばならない。東洋においても〈内在性〉に味方して〈超越性〉に抗する独自の闘いが確かにあったということを見ないとすれば。

　さらには『哲学とは何か』の最後の節「被知覚態、変様態、そして概念（percept, affect, concept）」における言及を思い起こさなくてはならない。ここではとりわけ芸術が論じられているが、芸術はとりわけ、ペルセプト（被知覚態）、アフェクト（変様態、情動）にかかわる領域だとされている（ペルセプト、アフェクトについては、Deleuze et Guattari 1991, pp. 154-155／二七五頁を参照）。「ペルセプト」はもはや知覚ではなく、知覚する人間の状態から自立している。「アフェクト」はもはや情緒でも感情でもなく、それらを経験する者たちから逸脱している。

こうして「図像」は、始めに東洋思想に見出された「図像」よりも、はるかに広大な、根本的な意味をもつものとして芸術的創造の焦点となっている。

〈図像〉はベルクソンのいう仮構作用のようなものである。それは宗教的起源をもっている。しかしそれが美学的になるとき、その感覚的超越性は、諸宗教の超感覚的超越性との隠された、または開かれた対立に入っていく。（ibid., p. 183／三二六頁）

都市は家屋のあとに登場するものではない。コスモスは領土のあとに登場するものではない。宇宙は図像のあとに出現するものではない。図像とは宇宙の能力なのである。（ibid., p. 186／三三一頁）

芸術は無限を復活させる有限を創造しようとする。それはひとつの構成平面を描き出すのであり、これ自体が美学的図像の作用のもとで、記念物または構成された感覚をもたらすのである。（ibid.／三三三頁）

ここでも図像について実に多くのことが言われ、むしろ図像は力強く肯定されているのだ。絵画論、映画論、そして『哲学とは何か』を通じて、「図像」は、哲学における「概念」の確固たる地位を脅かすようにして、知覚的、パトス的、原始的、宇宙的なものを横断する力の兆候を示唆し、ある系列をなして思考を牽引しているようなのだ。

図像は、確かに宗教的起源をもつにもかかわらず、あるいはその超越的、投影的性格にもかかわらず、カオス的要素をもって、カオス的可塑性を帯びて、内在性の側に参入しうる。図像はこれほど多くの特性、両義性をもちながら、概念とイメージ、哲学と芸術（そして宗教）のあいだを往還してきた。それらの安定や均衡を脅かしながら、同時に異質な生気を吹きこんでもきた。もちろん図像をめぐるこの不穏な、両義的な歴史には結論も正解もない。

内在性／超越性の様々な様態を想定しなければならない。西洋（哲学、概念）／東洋（宗教、図像）の対比については、様々な事例をまさに両義的に理解する作業が必要になる。哲学にはたえず内在性と超越性の闘争がともない、そのことがまさに哲学の争点となってきた。東洋の宗教的思想の中でも、やはりこの闘争が繰り広げられ、例えばバラモン教の超越性に対して、仏教は内在性の信仰という性格をもっていたが、仏教の内部でも、やはり超越／内在をめぐる新たな抗争や改革が進行していった。そのような過程で、思想もまた、政治・文化の様々な位相において、制作（創造）という性格を、あるいは生成（自生）という性格を帯びることになる。これを決定する様々な地理的、風土的、歴史的、政治的要因があったにちがいないが、様々な位相や場面で、これらの変遷は有機的な性格をもち、あるいはむしろ無機的（非有機的）性格を、あるいはそれらを混成した様々なヴァリアントの性格を呈することになる。政治における全体主義さえも、自己生成的という意味での有機的性格を帯びることもあれば、むしろ強い決断や欲求による超越的、作為的という意味での非有機的性格を帯びることもあるだろう。

様々なヴァリアントを考えていくにつれて、内在性／超越性、有機性／無機性のような用語が、ほとんど無効に見えるようになる。丸山眞男が日本の政治思想を「古層」に照らして規定しようとした試みは、日本的生成主義をむしろ有機的植物的な生成として、超越者を排除する内在的形成としてとらえていた。しかし一つの全体主義的政治としては、それはやはり天皇制下の軍国主義として組織された超越性の政治という形をとったのであり、この超越性は同時に内在性としても作動したのである。この両義的な全体主義は、「苔の生す」ような有機性のイメージや感情に導かれていた。ドイツのナチズムの形成は、これに比べるなら、ほとんど倒錯的なほどに法的な性格をもち、あたかもすべて法にのっとるかのようにして、例外状態が着々と作り出されていったという意味では、ある非有機的性格を強く帯びていたのである。有機性、そして無機性、非有機性という用語は、このように使用するときすでに生物・非生物の機構と重なりながら、そこから逸脱して、あいまいな比喩や隠喩を含むようになっている。したがって、これらと同時に生命とは何か、身体とは何か、という問いさえも再考することを私たちはうながされる。

有機的な身体の創造性とは、どんなものか、私は芸術について論じながら、しばしばこの問いに自分の考えを収斂させていた。もちろんすんなり収斂するはずがなく、身体をとりまくこの世界の社会、政治、歴史に、思考の触手をのばしていくことをせまられてきた。このような思考の過程を反芻しながら、やはり哲学の思考から様々な補助線をとりだして、新たに問いと答えを作図することを試みようと思う。

第二章　芸術と器官なき身体

1　芸術の「係数」

マルセル・デュシャンが「創造過程」という短い報告で言及した「芸術係数」（デュシャン 一九九五、二八五頁）。それほど複雑なことを意味していたわけではないようだ。芸術作品をめぐっては、「意図されたのに表現されなかったこと」、そして「意図されないままに表現されたこと」があり、二つの間の量的数的関係というものがあって、それが芸術家と鑑賞者の立場の誤差を表現することになる。これは単純化していうなら「芸術家が表現しようとしたもの」と「実際に表現されたもの」との関係と言いかえられよう。もちろん「意図されたこと」も「表現されたもの」もないならば、芸術作品は存在しないに等しい。「意図されず、表現されることもない」事象は無数に存在しうるが、それらはいかに美しくても、芸術作品として存在するとはいえない。夜空に浮かぶ月は美しいが、芸術作品ではない。庭の薔薇は美しいが、これも芸術作品ではない。しかし庭師が、まるで作品のように丹精を込めて育てたのなら芸術作品ではないのか。例えば音楽家は、風や波の音さえも音楽として聴くのではないか。さしあたって、これ以上に問いを複雑化することは避けよう。

迷宮のような作品を残したデュシャンの言うことだから、どうやら「芸術係数」も一筋縄ではない。作家はいつも何かを表現しようと意図しながら、意図しないものまで表現してしまう。鑑賞者は、同時代の批評家であれ、後世の愛好家であれ、決して作家の意図に忠実に作品に対するわけではない。そして「表現されたもの」は、作家よりもむしろ鑑賞者によって決定される。ほんとうはこの「係数」は、はるかに多くの係数を呼び寄せて、分岐し増殖することになる。そもそも作家の「意図」がたった一つであるわけはなく、「意図」などないかもしれない。作家は一つの意図にしたがって作品を作るとは限らない。作品には、数々の意図されたものと意図されないもの、あるいは意味するものと意味しないものが含まれることになる。その結果「表現されたもの」を前にした鑑賞者も、意図され、意図されなかった数々のものを知覚し、理解し、想像し、解釈しながら、一つではないものを受容しうるのである。「芸術家が表現しようとしたが表現されなかったもの」と「彼が表現しようとしなかったのに表現されてしまったもの」という二要素の「係数」を考えるのは、すでに芸術的表現とその〈受容〉の直線的、透明な関係を解体するアイロニーであり、それ以上に問題提起である。簡潔な提案のようにしか見えないが、そこから表現の迷宮が開ける可能性がある。

もちろんデュシャン自身の作品はさらに屈折した視線や思考の行き交う場所で構想されていたにちがいないし、私たちはこの「係数」から出発して、そういう視線と思考の場を再考することを促される。しかしそういう係数をできるかぎり網羅して、作り手と受け手の間に起きることを正確にリスト化するようなことは、いま私の関心ではない。すでに「現代美術」の神話になっているデュシャンの芸術（およびその思考）を脱神話化する批評を試みようというわけでもない。私の関心は少々のことに限定される。この頃新たに読み直したデュシャンの「係数」の話は、落ち着かない不安な状態に私を突き落としたので、それについて書き始めている。

私が表現しようと意図したことが、伝わらない。これは芸術だけの問題ではなく、毎日どこでも起きていることだ。私が意図しなかったことが、他者によって表現されたとみなされる。これはふつう「誤解」や「曲解」と呼ばれるが、決して否定的にではなく、作品が思わぬ方向で理解され評価され、つまり思わぬ成功を収めることだってありうる。ランボー、ヴァン＝ゴッホ、カフカ、エミリー・ディキンソンのような名前が、すぐ浮かんでくる。しかし後世における大成功のことは別として、彼らの作品は彼らが意図した通りに読まれたのか。結果として広く読まれることになったが、彼らが望んだようには読まれなかったのか、よくわからない。そもそも彼らは誰のために書いたのか。誰にも向けずに孤独に書いたかもしれない。あるいは神に向けて書いたかもしれない。いや自分の中にいるたった一人の異様な読者のために書いたかもしれない。自分が何を表現しているか、誰よりもよく理解していたかもしれない。後世に多くの読者や愛好家を引きつけるようになったが、誰ひとり作家の深い意図を正しく読みとったものはいないかもしれない。いやそれは買い被りというもので、たぶん彼らはとにかく必要に駆られて、何を表現すべきか、どんなふうに理解されるか、そんなことはおかまいなしに描き、書くことで精一杯だったかもしれないのだが、やがて作品は、数奇な独創的表現として受けとられるようになったのだ。

いずれにしても、完璧な表現（意図）も、完璧な（正しい）理解も決して成立するわけではなく、どんな読者も、部分的には正しいが恣意的な読みをするだけで、どんな作家も、自分の表現をすみずみまで知悉し、統御しうるわけではないことを（あの厳密な詩人マラルメは完璧な作品を書き上げようとして、むしろその挫折の物語を記してしまったらしいのだが）、まず前提として進むしかない。

2　「係数」に還元されないもの

そもそもデュシャンの「係数」の考察は、出発点からいかがわしいのだ。作家（芸術家）は何かを表現しようと意図したりするだろうか。それを誰かに向けて、あるいはただ自分だけに向けて表現することは確かにありうるが、これについても特定しえないことのほうが多い。大方の場合、表現される内容も、その宛先も、じつははっきり特定されないまま、表現は始まってしまうのではないか。そして書きながら、描きながら、しだいにその内容も定まってきて、（もっぱら愛する人に捧げる手紙のような作品であったりする場合は例外として）やがて宛先や読者のイメージも定まってくるのではないか。そしてそれを受容する読者や鑑賞者も、じつは何を受容することになるのか、なぜその作品に出会ったのか、どういう状況や条件や前提のなかで作品に出会い、それを読み解くことになるのか。そんなふうに問い始めると、「芸術係数」は、問題を定式化し単純化するどころか、数々の係数からなる複雑な方程式に化けていくようなのだ。

それでも、デュシャンの「係数」は、意図されたものと意図されないもの、（その結果）表現されるものと表現されないもの、という四つのファクターのあいだの「へだたり」にとりあえず注目して、その「へだたり」をまず芸術表現のプロセスの核心にもってきたところは、したたかだと思う。そこから私たちは、意図されるものと意図されないもの、表現されつつ表現されないもの、読解されつつ読解されないもの、読解されないまま表現を突き動かすもの、表現されないまま、読解されないままにとどまりながら、たえず振動や兆候を発し続けて、さらに表現や読解を求めるようなもの、等々を思い浮かべてみることができる。それらのあいだの関係、係数、たえまない一致やずれを思い浮かべることもできるのだ。

それにしても、表現されたことは、表現されなかったことを、影のようにつきまとう何かとして伴っているにちがいない。表現されなかったことのほうが膨大で、豊かで、意味に満ちていたかもしれない。しかし表現されず、可視化されず、形を与えられなかったものは、多くの場合、端的に無意味だと断じられるし、そう断定する実践的、行動的な論理は芸術の世界でも優勢である。デュシャンの「芸術係数」は、芸術を作り手と受け手（売り手と買い手）の取引に還元しているという意味では、かなりプラグマティックな思考であるが、しかしそれにとどまらないのが曲者なのだ。読者（鑑賞者）に伝達されないばかりか、そもそも表現されなかったもの、意図したが表現されなかったもの、意図さえされることがなく表現されることもなかったもの、意図され、十分に表現されたのに、鑑賞者には理解されなかったもの――そのようにして結局表現されなかった無や無意味さえも、まったくの無というわけではない。デュシャンは、それが想定外の表現として伝わってしまうことさえ考慮していたのである。

しかし無はやはり無であり、闇の中に消えてしまう。何も残らない。埃のように宙を浮遊し、あるいは地表に静止し、やがて埋もれてしまうだけである。部屋の片隅で、光の縞の中にそれが霊のように漂っていることもある。いつのまにか私の問いは、表現されずに放置されてしまったものは、一体どこに行くのか、どこに消えたのか、という疑問となる。けれど、どこにも行きはしない、それはもともとなかったものに等しい。そんなものにこだわってどうする？という声も聞こえてくる。夢の中には、書き留めておきたかったことが数々去来したのに、言葉にできるほど形がはっきりして、物語のように展開することは、まったくまれなことだ。確かに何かを発見していると夢の中で信じていることがあり、目覚めてもしばらくその感触が滞っている。こんなイメージがどこに潜んでいて、どう浮かび上がってくるのか。目を瞑っているのに、瞑ったまま目を瞠っていたかのようだ。何かの真相を突き止めた。物事の隠れた脈絡が、ある人の怪物的な本性が、世界の秘密のからくりが解けたと興奮し、驚愕していることもある。夢の中のきわめて偏向した知覚は、しばしば体調や体感（つまり身体の諸状態）に強く影響されている。そんな夢さえも「表現」と呼ぶことにしていいものか。それは無意識や半意識の「表現」であり「表象」であるにちがいない。それはまだ芸術ではなく、作品でもないし、「芸術係数」を算定できるところまで達していないだろう。

芸術作品は、それ自体、夢のように非現実的なものだから、どうしても、ある種の芸術家、詩人や作家は、夢について非常に敏感である。夢をそのまま記録したかのような作品も多い。カフカの作品の一部には、夢の記録と思える不条理な場面がしばしば登場する。しかも、寝込みや起きがけに見知らぬ誰かが侵入してくるといった場面が多いのだ。やはり夢と芸術の間には、何か本質的な関係がある。しかし、いまはこのことをこれ以上詮索しようとは思わない。夢は、夢を見る本人にむけて何かを表現しているのか、という問いも、そもそもおかしな問いであるにちがいない。「表現」という言葉の用法を誇大に拡張することになる。それなら「表現」とは厳密には何を意味するのか、しかし厳密に問いを立て、厳密に答えることは、いま私の思考のめざす方向ではない。

失われた時、失われたものとは何か、表現されたものとは何か、表現された生、表現されたものの死。数々の、数えきれない襞の中に埋もれたままのもの……やはり「係数」には還元できない。

3　表現しないのに、表現されてしまうもの

表現しようと思ったのに表現されなかったことはもちろん数々ある。無数にあって、表現されたことに比べれば、とにかくそのほうが多いくらいだ。表現しようとは思わなかったのに、表現され読解されてしまうこと、それは僥倖とでも言うべきか。怪我の功名？　作家にとって、必ずしも喜ばしいことでも、名誉なことでもないだろう。そもそも作家は、多くの人々に読まれ、褒められ、愛されることを必ずしも願わないのではないか。作品が評価されることは、あるいは評判になったりすることは、どんなに目覚ましい反応が返ってくるにしても、作家が作品を書いているときの濃密な時間（苦しみ、もがき、怖れ、もつれ、とまどい、後悔、楽しみ、喜び、熱狂、解放、失望、絶望、希望……）に比べれば、空疎で散漫な出来事にすぎないかもしれないのだ。それでも〈意図しないことが表現されてしまう〉ことは、やはりありうること、避けられないことだ。そもそも作家は、文学者ならば自分の言葉について、言葉という共同性に属する手段を用いるかぎり、なおさら自分の〈表現〉について、すみずみまで自覚して責任をもてるはずがない。その言葉はすでに他者に注入され、他者から盗んできたものだ。そこで作家自身にとって未知のもの、非知の要素がどうしても潜在し、それが他者に読まれることによって、顕在化することになる。表現されなかったのに、表現されてしまう、という逆説的な言い方は、あまり厳密ではないが、厳密には逆説でさえなく必然なのだ。

表現されなかったものは、表現しようとした書き手とともに、消えてしまうだけだが、少なくとも、それは表現されかけた。意識の中のかすかなとっかかりとして折り畳まれ、襞のように、異物の

ように、痕跡を残していた。それは消えてしまう。それを表現しようとした書き手も、やがて老いて、呆けて、死んでしまう。それでも何人かの例外的な書き手が、似たような体験を似たようにではなく掬い上げ、表現することになる。そういうことも起きる。ひとりが表現しえなかったことを、見知らぬ他者が表現する。それでもやはり、このことは誰にも気づかれないまま、何も伝達されないまに終わることがある。「どこに消えてしまうのか」と、また私はたぶん無意味な問いを書いてしまった。消えたものは、どこにもいかず、どこにも残らない。それだけのことだ。まだすっかり消えてはいない。しかしこれから消えていく人間たちが、少しだけ、いっとき、消えたものたちの表現されなかったことのおぼろげな知覚を保存し、それを次の世代に伝えることもある。

そして（作家によって）表現されなかったのに、じつは（読み手にとっては）表現されていることもあって、読み手の中に様々な意味を生み出して拡散していく。たとえば過大なほど多く人々の記憶に刻まれている言葉、「わが神よ、なぜ私を見棄てたのですか」、「人間は考える葦である」、「私は考える、ゆえに私は存在する」……。こういう言葉とともに表現されなかったものは何か。表現されなかったのに、表現されてしまったものとは何か。

デュシャンの「係数」にもどってみると、彼は「芸術家が実現しようと意図したこと」と「実際に実現したこと」の「差異」について語り、すぐ後でそれを言い換えて、一方に「表現されていないが、意図されていたもの（ce qui est inexprimé mais était projeté）」をおき、他方に「意図せずに表現されたもの（ce qui est exprimé inintentionnellement）」を対置して、この二つの関係を芸術係数と定義したのである。まず作家は、自分の表現・実現を全面的に透明に把握することができないということを彼は前提としている。これは作家にそのような能力がないということではなく、作家の表現が作家自身にとってもつ意味や価値は、読者（鑑賞者）が受けとる意味や価値とまったく同じではありえないということに由来する。端的に言って、作家と読者（鑑賞者）は同じ地平に存在するのではなく、同じ観点を共有するわけではないからである。極端なケースを仮定するなら、作家の意図とも表現ともまったく無関係な何かを、読者は受けとることがありうる。たとえば画廊に既製品の便器をもってきて展示したとしても、鑑賞者は彼独自の文脈で、これを傑作として受けとることがありうる。または作家によって、ある表現が意図されているが、鑑賞者にとってそれは無であることもありうる。いや何も表現されていないわけではない。少なくともそれは無ではない。鑑賞者は首をかしげる、あるいは笑ってすませる。それなら、彼を疑わせ笑わせる何かがやはり表現されてしまったことになる。まして便器に「泉」などとタイトルがつき、作者名まで記してあるならば、まちがいなくそれは「表現」なのだ。

表現・実現・意図・意味といった用語を細かく検討していくならば、ますます迷路が待ち構えている。いったい芸術において表現されるもの、作家が表現するもの（こと）といっても、意図すること、意味すること、表現すること、実現することが、それぞれ異なるとすれば、それらのへだたりに浮上するものは何か（そもそも意図、意味、表現、実現という語の意味さえもしばしば定義が難しい）。それらのへだたりの間隙で振動し、浮遊しているたくさんの〈もの〉や〈こと〉がある。

デュシャンの「係数」は、このような問いを渦巻かせるようだが、そんなふうに錯乱する思考ではなく、むしろ私たちはその「係数」を明確にわりきる立場のほうに注意をむけることもできるのだ。作家はもはや表現など意図しない。たとえ作品とは思えないオブジェであろうと、あるいはコンセプトであろうと、それについて鑑賞者が何か思考し、想像するならば、そこに芸術は成立するのだ。すると芸術が成立するために、まだ芸術家が必要なのか、と問われるような極限状況さえも出現しうる(「芸術家は死んだ、芸術せよ」)。そこでデュシャンは、芸術とはもっぱら「鑑賞者」がつくり出すものだ、という主張を後にも繰り返すことになる。「鑑賞者」に与えられる何らかの効果、それだけが芸術作品の価値であり、必要で十分な内容である、というところまで、「係数」の意味は還元されたことになる。

4　何が終わり、何が始まったか

デュシャンもその一人である〈前衛芸術〉が次々登場するより前の時代に、エドガー・アラン・ポー、マラルメ、ヴァレリーたちは、芸術表現が読者に何を伝えるかについて、完璧に意識され、計量された作品をめざして、芸術家の自意識を極限まで強化しようとしたことがあった。彼らの意識化の試みは難渋しながら極限まで達して、ついに(唐突に)放棄されたかのようだった。そういう試みの後に、うってかわって無意識や偶然を積極的に迎えようとしたダダイズムやシュルレアリスムは、そのような〈自意識〉とは断絶しようとした(あるいは「自意識」はさらに屈折し、別のものの「意識」と化した)。いつの頃からか、批評も理論も、もはや芸術作品の〈意味〉を問うたりはしなくなる。〈解釈〉への抵抗が、切実な要求になっていった。しかし意味の問題が決して一掃されたわけではない。デュシャンの「係数」も、作品の意味を問うているわけではないとしても、意味が意味した通りに伝わらないこと、意味しないことが意味になることを、明敏に考慮した結果の提案だったのだ。

しかしいまここでは、すでに一世紀以上にわたって〈現代〉の芸術、美術がさまざまに問い、試みてきた破壊や逸脱や脱構築、そして芸術の非主体化、非物質化、概念化を再検討する、といったことを試みようというわけではない。

およそ〈表現〉の行為と過程を哲学的理論的に考えるなら、哲学のみならず、美学、言語学、記号学、記号論、文芸批評、精神分析そして他の人文諸科学がもたらした成果を多少とも参照することになるが、それらの成果は豊かすぎて、ある程度まで共有されるようになった少々の共通認識をのぞけば、芸術作品と制作行為に劣らず多様で混乱している。意味、指示、表出、喩、表象、像、概念、物語、文法、シニフィエ－シニフィアン、言語行為……そしてとりわけ歴史。これらを問いながら言語理論も芸術理論も、この一世紀のあいだに飽和状態に達して、ほとんど使い道がなくなるまでに混沌としている。じつは芸術そのものが、そういう道を歩んできたのだ。展示された便器とは、すでに芸術の屍のようなオブジェであった。私たちの場所は、廃墟であり砂漠であり、無や屍さえ取引される場所であることを忘れるわけにはいかない。だからといって、わざわざ歴史的脈絡を離れてナイーヴに問いをたてなおすことに意味がないわけではない。

いまから二世紀前、すでにヘーゲルは『美学講義』の冒頭で「芸術の最盛期は〔…〕過去のものとなった」といきなり断定して、長大な歴史的体系的芸術論を展開していた。「反省力の行きとどいた近代生活」の「一般的な形式、規則、義務、権利、原則」は、「芸術の生きにくい時代」をもたらした。しかしだからこそ芸術を学問的に考察することが必要である、とヘーゲルは述べている（ヘーゲル 一九九五―九六、(上)一二三―一四頁）。そういう時代に抗して、芸術が何を実現してきたか反省しながら、芸術を疎外する時代の美学を批判的に考察することが必要だというのだ。一世紀前のデュシャンの考察も、やはり、近代まで続いてきた、ある芸術的傾向の終わりを指摘しながら、「終わり」にふさわしい芸術のあり方を示唆していたともいえよう。

見方をずらせば、デュシャンの言ったことは、コミュニケーション理論の基本のようなことでもあった。コミュニケーションはもともと不全である。メッセージは決して正確に伝わらない。そもそもメッセージそのものが、決して正確に形成されるとはかぎらない。しかし部分的にでも、不正確にでも、とにかく伝わったことは、何らかのコミュニケーションを形成しうる。統計的には様々なエラーを含みながらも、何とかコミュニケーションは成立し、エラーさえもメッセージに揺らぎを与え、コミュニケーションをあいまいにしながら、同時に豊かにしているかもしれない。とにかくコミュニケーションは決して、送信者や受信者によって一方的に制御しうるものではない……。このようなことはコミュニケーションの基本的な条件であり、事実でもある。

こうして芸術もまた、ある種のコミュニケーションとみなされるが、このコミュニケーションの要素も、条件も、単なるメッセージの送信受信には決して還元できない。もちろん、そんなことはあの《大ガラス》のように、まさに迷宮機械のような作品を作り続けたデュシャンには、まず前提であったにちがいない。それでもまだ芸術を、ひとつのコミュニケーションのように扱う見方は、広く流通している。わかるとか、わからないとかいう評価が、あたりまえに口にされる。当然のように〈意味〉が問題になるが、作品の意味とはそもそも何か。俳句一句をとりあげてみても、「古池や……」という記述の意味はまったく凡庸に見えようと、そんな意味自体がその句の芸術的価値ではないということは、わざわざ〈暗喩〉の価値などをもちださなくても、すぐに察知される。しかし理論や批評も、次々用語を変えはしても、あいかわらず〈意味〉をめぐってしのぎを削っている。意味ではなく暗喩や換喩を、その構造を問題にするようになっても、決して意味の次元から飛び立つことにはならない。

それなら必ずしも〈意味〉にも〈コミュニケーション〉にも還元されない芸術の〈価値〉とは何か。作品によって表現されるものとは、決して意味ではない。作品は、意味をもつメッセージを形成するのではない。たぶん、まだ何らかの意味、メッセージを含みながらも、それに還元されない脈絡や振動や影を、同時に様々な作用を、作品は形成している。もちろん作品の受け手も、単なる意味をもつメッセージ以上に、そのような影や脈絡や振動や作用を受けとりたいのではないか。しかしいずれにせよ、作り手の観点と、受け手の観点は決して一致することがないので、ここに完璧な〈コミュニケーション〉のようなものは存在しないし、作り手も受け手も、決してそんなことを待望してはいないのではないか。

それにしても単にコミュニケーションでありメッセージであることを疑わないような〈作品〉しか流通しないとすれば、そんな〈市場〉には、もうあの「芸術係数」も成立しないだろう。表現されようとして表現されなかったものの場所など、そこにはもう存在しないのだ。デュシャンは「芸術係数」について語りながら、あえて芸術を発信者と受信者のコミュニケーションに還元するような味気ない観点をアイロニックに提案したが、同時にこの還元は〈意味〉に及び、発信者も受信者も制御できず、確定できないような〈思考〉だけを、芸術の内容として残している。デュシャンは、まるでコミュニケーション理論の初歩のように単純な係数を提案するようにして、結局は芸術の、まったく定義することも制御することもできない〈未知数〉を示唆していたのだ。

5　芸術の有機性と非有機性

そのうえ芸術家ばかりか、ついには芸術作品も消滅してさしつかえないという仮説を暗示しながら、デュシャンはあたかも最後の芸術家のように、最後の作品を残し、芸術の最後をしるすかのように生きようとした。もちろん芸術も、芸術家も、作品も、その鑑賞や流通の場所も、そんな仮説などなかったかのように、あいかわらず存在している。ついでに作品の〈意味〉さえも、それが生み出す〈コミュニケーション〉も、なお基本的価値であり続けている。しかしそれらがまだ存在しているかどうか、機能しているかどうかは、もはや確かではない。そこで「また終わるために」、「最後」の芸術も、芸術家も繰り返し出現するしかない。

それに、もし芸術の意味が、それを見た鑑賞者の中に生み出される観念であるとすれば、芸術の実体は、むしろその観念のほうにある。その観念と、作者の中にあった観念との〈係数〉に注目するなら、もはや芸術作品の本体はまったく非物質的な〈観念〉の次元にあるというしかない。しかしこれはデュシャンの言ったことを、さらに抽象化してみた極限の〈係数〉でしかなく、もちろん作品という物質の物質性、もの自体という性質は決して消去されることがない。その〈もの自体〉は沈黙していて、意味もコミュニケーションも拒んでいる。それは半分だけ観念であるにすぎず、あとの半分は感覚、思考、行為にかかわった素材の残骸なのだ。視覚（網膜）の権能のほうに偏りすぎた美術を、純粋に精神的なものに還元しようとするような立場を表明したデュシャンの思考も、このことと無関係ではない。

作者が意図するにせよ意図しないにせよ、表現を受けとる側にもたらされる、ある効果、印象、変異、等々……それは芸術的「創造」を構成するあらゆる有機的な連関の外に脱落した、ある観念的効果までも含みうる。デュシャンの「係数」は、芸術をそこまで最小化され稀少化された効果にまで還元している。彼の発想は芸術的創造の神話や天才までも包括する巨大な有機性を解体して、非有機化することになった。アリストテレスからゲーテまで貫かれたような〈芸術が自然を模倣する〉という美学の原則は、自然の生物・生命の有機的調和を前提として、有機的な表象が生み出され、有機的な関係の中で、作品の鑑賞や解釈が成立するという事態とともにあった。もちろん人間・社会が歴史の中で、そして個人の生の過程で新たに構成する〈有機性〉は、自然の果てしない反復や進化における有機性と必ずしも一体ではなく連続的でもない。むしろ自然の有機性に対して、人間はたえず非有機性を介入させ、同時に有機性を再構成するのだ。

マルクスは「それ自体が人間の肉体でない限りでの自然は、人間の非有機的身体である」（マルクス 一九六四、九四頁）と書いたが、自然の有機的生命を含むこの「非有機的身体」は、人間によってある「有機性」として調和的に統合されることになる。もちろんこの統合は理念的なものにすぎず、実は人間のもたらした非有機性の効果であり、統合はたえず破綻している。すでに「疎外された労働」において、あるいはやがては環境破壊において、非有機性のはらむ葛藤や倒錯が、あからさまに露呈することになる。

絵画は、長い間、視覚対象の真実や快楽を追求しながら、個々の画家たちの意図や思考を超える歴史的文脈においては、ある表象の体制を生産し、そのような体制の要求のもとに芸術の様々な要素や過程や技法をしたがわせてきた。そのような要求や統制は、ある有機性の美学を作り出していたにちがいない。たとえば、ヴォリンガーは、西洋絵画の具象的な伝統を、自然の有機性への有機的な感情移入に結びつけている。しかしそれぞれの画家たちの追求においても、たえず機能し続けた有機性の要求が、いたるところで、作品の技法において、画家の意識において、破綻を見せるようになる。たとえばマネにおける視点の散佚、セザンヌにおける視覚の非有機化、そして表現主義、キュビズム、抽象絵画を経て、様々なかたちで構成上の非有機化が試みられることになった。

もちろん〈非有機性〉、〈非有機化〉の一語で、これらの多様な変容や実験の全貌を説明することはできない。〈有機性〉は、単に生命の形成の諸特徴を規定する用語である以上に、それを模倣するようにして芸術が実現する様々な過程を規定しうる概念である。同じく非有機化（そして無機化）も、様々な次元で、様々な様相を帯びて現れる。有機化が統合的で自己生成的な〈組織〉という性格をもつならば、非有機化はむしろ統合を解体することになるが、それは必ずしも非組織ではなく、別の組織をもたらす様態でもありうる。有機性が、器官の組織としての身体の特性であるならば、無機性は「器官なき身体」のような様相を呈するかもしれない。デュシャンの試みの多くが、美学におけるあらゆる有機性の価値を無機化しようとするものであった。そのユーモア、アイロニー、冷ややかなエロス、観念化、機械化、アンフラマンス（極端に薄いもの）、非実体化、作品と作者を消滅させる実験、新しい芸術の神話、そして神話の終わり……

6　死と芸術

『ハムレットマシーン』を書いたハイナー・ミュラーは、舞台上で目の前の俳優がほんとうに死ぬことを期待して、観客は劇場に足を運ぶのである、と言ったとか。もちろん舞台上で俳優が死の場面や死者を演じるのはよくあることだが、たとえ役者の「本望」であろうと、ほんとうの死は、めったに実現しないことだ。しかし俳優が、突然せりふを言えなくなってしまうこと、偶然滑って転び、演技が中断したりすることはありうることだ。演技とは、まったく脆く無防備な行為で、同じことの反復ではありえない。繰り返そうとしても繰り返せない。実はそういう危うい不確実な場に、劇場の観客は身をおいている。劇場に足を運ぶことは、不穏な期待にうながされているかもしれない。

デュシャンの「係数」には、もはや作者の表現意志の場所がない。そういうデュシャンの示唆とも無関係ではないが、作家の不在、芸術家の消滅と、このこととは関係があるかどうか。たとえばコンサートをやめてしまった演奏家の追求は、まったく別の次元に移ってしまったのだ。聴衆とともに成り立つ音楽の伝統的なコミュニケーション空間から遠く離れて、まるで聴力を失ったようにして、もうひとつの聴力の世界を切りひらくこと。その演奏は、過去の作曲家たちの音を、音の観念から離れて、純粋に物質的な出来事として再構築するような作業となりうる。いつしか音楽における音の連鎖は、ある観念や感情の記号となり、記号として聴取され、もはや〈音〉として聞かれることがなくなっている。これは視覚芸術についても、言語についても起きてきたことだ。そこで音の記号性や意味性に、その有機的な連続性に、ある断絶を引き起こすこと。それはもう聞かせるための音楽ではなかった。音楽ではなくただ音を、音の集合を現前させること。音という出来事だけがある。出来事は非物質的である。「物質的な出来事」などありえない。それでも、あえて物質の出来事そのものに聴力を集中させる。

音の連鎖は、観念・感情によって覆われている。神話さえまとっている。芸術そして音楽の神話があって、音さえも神話化されている。そこで、まず音楽を音自体に還元しながら、音楽を再構築すること。極端に遅く弾かれたアダージョやフーガは、もはや音楽ではなく、音の配置、物質的振動の配分とその感覚だけに音楽を還元する。音から、あらゆる感情や観念や神話をはぎ取ること、音そのものの出来事を「聞く」こと。音を物質化し、物質化されたものを同時に非物質化しなければならない。物質に還元された精神性。精神的形態に還元された素の物質――と、そんなことをグレン・グールドの演奏について考えたが、音楽家にとって私は的外れなことを言っているにちがいない。しかし古典音楽において完成された分厚い有機性をあのように大胆に非有機化し、別の有機性（つまり非有機性）を発見する音楽の試みを、他に私は知らない。

「作者の死」。ほぼ半世紀前に書かれたロラン・バルトのテクストは、作品（テクスト）が〈作家の表現〉として存在するという習慣に対して死を宣告していたのだ。ここで問題になっていたのは、もはや作者の表現が、受け手にどの程度、どのように伝わるかという（芸術係数の）問題ではない。短いテクストの最後でバルトは、作者を存在しないものとして扱い、読者をその不在化にかかわるものとして提案している。作者ではなく読者の中にこそ、作品のエクリチュールを構成する多様な要素が集まってくる、と彼は述べている。「ひとつのテクストは、いくつかの文化に由来し、たがいに対話、パロディー、反駁などをおこなう多数のエクリチュールからなるものである」（Barthes 1994, p. 495）。古典的な批評にとっては、作者が誰で、どんな人物、どんな性格であり、どんな社交、どんな生活をしたかを知ることが不可欠であった。しかし、もはや作者が〈存在しない〉なら、読者という確固たる存在もいないのではないか。作者が読者であり、読者が作者であるというような反転さえも起きるのではないか。作品の表現（内容）を決定するのは鑑賞者である、と述べたデュシャンの〈宣言〉と、バルトの〈死の宣告〉とはもちろん関係がある。しかし批評家バルトのこの宣言は、あくまでも批評の観点からのもので、彼は「作者の死」を前提とした批評の方法を練り上げていったが、それより前にデュシャンのほうは、はるかに根本的に、いっそうニヒルに、芸術の成立する場を白紙にもどすような考察を、芸術家の側から実践していたのである。

作品は作者の表現ではなく、作者は作品によって、自己、あるいは主題を表現するものではない。作者の死と、作品の不在。読者だけがいる。あるいはもはや読者もいない。まず作者が死に、読者は作品を受けとるが、その読者も死ななければならない。誰も読まない作品ばかりが残る。やがてそのようなことを可能にした文化という枠組みも、その歴史も消滅するが、もうしばらくは消滅しない。「また終わるため」である。

何も描いていない真っ黒、あるいは真っ白の絵。わずかな廃物のアサンブラージュ。楽器も歌声もない、沈黙を聞くためのコンサート。薄闇の中に細い糸が一本、曲線を描いてぶらさがっているだけの展示。誰かわからない人物を待つ無為の時間だけしかない演劇。がらくたが転がっているだけの空間で、わずかに叫びが聞こえるだけの舞台。作品のない空っぽの空間をみせるだけの展覧会。作者がいないどころか作者が話しかけてくる。作品がなく、作者しかいない芸術。物語も描写もない小説。どこにもたどりつかない旅の物語。いつまでも動かずに呼吸しているだけのダンサー。あるいは踊る代わりに鶏を一羽絞め殺すダンサー。同じ単純な身ぶりと姿勢の映像を延々と反復するだけの映画。美術館で一番美しいのは窓越しに見る外の風景だと画家が言う。キャンバスを自動車の屋根にくくりつけて嵐の中を走った嵐の絵画。他人の描いた絵をもらってきて、それを消しゴムで消した画面を作品にする画家。そういう作品、表現、パフォーマンスが始まって、すでにその一部は芸術史の中に確かな意義と地位を与えられている。何もなかったのではなく、それらの〈無〉はどうやら強い意味をもっていたのだ。そこに何かを鋭敏に発見する受け手も登場したのだ。

7　わからない芸術、果てしないもの

確かに私は、同時代のダンスに対して、鍛え上げた美しい身体の目覚ましい動きを見せられるよりは、動くことをやめてただ弛緩した無防備な中性の身体を見たいと願ったことが、たびたびあった。厳しい訓練も、そんな無為の時間のため、無為を準備するためであったというように。決して私は芸術家の不在を願ったわけではなかった。しかしダンサーが表現しようと意図するものよりも、意図しないで表現されてしまうものに注意が向かっていたことは確かで、確かにこれは表現と意図の「係数」にかかわることだ。それにしても表現の「意図」とは何か。それは「係数」の定式のなかの変数として、一律に理解され、計測されるようなものではありえない。踊らないダンスを私が求めたにしても、ダンスのかわりに、映像やオブジェやお喋りをもってきて、ダンスにまつわる場所性、社会性、政治性に批評的に介入しようとするようなパフォーマンスを見たかったわけではない。おそらく私はもはやダンサーに属さない純粋なダンスを求めていた。もちろんそれをダンサーに要求するなんて無謀な夢にすぎないが、そういうダンスに出会ったように思った瞬間が確かにあった。

充実や過剰ではなく、むしろ無、空、死に傾くかのような作品の例ばかりあげてみたが、それはし

ばしば、ある充実の上に張りつめている稀少性でもあった。この考察は、デュシャンをきっかけに始めたが、彼の「芸術係数」の発想は一見簡潔で、芸術の問題を一気に単純化し稀少化するように見えても、反対に彼は迷宮のような作品を残したのだ。じつはどれほど迷宮であったかどうかさえわからない。彼独特の批判に見えない批判的思考、抵抗に見えない抵抗が、そしてその失敗と成功、成功に等しい失敗が確かにあったにちがいない。二〇世紀にあってなお独自の絵画を完成させた画家たちに比べれば、デュシャンの関心はもはや絵画ではない、何か別のものに向かっていた。彼の作品のネーミング（《彼女の独身者たちによって裸にされた花嫁、さえも》、《(1)落ちる水、(2)照明用ガス、が与えられたとせよ》）は詩的で巧妙だったが、考えた跡が残らないように、よく考えられていた。何も作らないかに見せかけ、韜晦し、散漫で怠惰な素ぶりで多くのことを拒絶しながら、厳密な制作を続けた。しかし「観客こそが芸術を作り出す」というふうに彼の提案した〈意識転換〉は、芸術（家）の神話を破壊する挑発であると同時に、読者や観客や、作品の顧客に対しては、奇妙に好意的で、芸術家の内心の葛藤や苦闘などを、あえて無にしてしまう演技でもある。「芸術係数」は、まさに文化政策や芸術ビジネスのマニュアルに書き込まれてしまいかねないアイディアでもある。「係数」の思考自体が、技法となり商法となり、処世術にもなりうる。このことさえもデュシャンの迷宮には含まれていた。

　こうした過程を経ながらも芸術は、どういう道をたどったのか。もちろん芸術は、いまだわけのわからないものなのだ。今から一世紀以上前から、すでに〈これでも芸術なのか〉といわれる作品は数々登場していたし、むしろそのような反応をめざして作品を発表し、作品でないものを発表する（非）芸術家たちも次々登場し続け、芸術が何か「わからないもの」であることは、ほとんど「常識」として定着することにさえなった。

しかし問題は、古典的芸術と比較して、現代の作品がわからないものになったということではない。古典絵画の巨匠たちのほうが、ずっと理解しやすいということではなく、むしろ芸術はもともと何かわからないものをずっと抱えてきた、ということなのだ。そのわからなさは、芸術を解するための教養や感受性を備えているかいないか、そんなこととは無関係に持続してきたもので、芸術家にとっても、鑑賞者にとっても、やはり芸術は計り知れない何かであり続けている。芸術家には自分の背中が見えず、鑑賞者にはそれが見えるが、鑑賞者も自分の背中が見えておらず、芸術家はそれを見て作品を作ったかもしれない。それぞれにとって知りえないこと（非知）があり、非知はたえず交換され合成されて、知とともに、何かとほうもないものを形成しているかもしれないのだ。このような場を構成する「係数」は、すでに要素が多すぎて定式化するのが難しいが、デュシャンの「係数」はそのきっかけだけは示唆していた。意図されずに表現されるもの、芸術家の死。現代の思想を貫く主題は、決して現前しない「存在」が、にもかかわらず「隠れなく」出現するという過程であるとしても（おおハイデガー！）、問いを一般化することについては、なお注意深くなければならない。ここまで芸術について考えてきたことも、この「現前しないもの」という主題のまわりを迷走しながら回り続けているともいえよう。しかも芸術をめぐる問いのこの「あてどのなさ」は、あてどないままに問い続けることを要求しているように思えるのだ。

8　無意志のシーニュの探求

芸術家が「意図」しながら表現しえず、「意図」せずして表現するものについて、デュシャンはさりげなく（しかし挑発的に）語ったが、そもそも芸術は、必ずしも知的、意志的な活動ではない。つまり自己を超越した〈霊感〉のようなものに導かれなければならない（それゆえカントにとって「芸術」は「天才」の所業でなければならなかった）。ジル・ドゥルーズは『プルーストとシーニュ』で、特にこの〈無意志的であること〉を執拗に探求し、またプルーストの思想としても強調している（ただしその文脈はカントとはかなり異なっている）。哲学とは、概念をあやつる知的意志的思考であるにちがいないから、ドゥルーズはあえて反哲学的な思考を、かなり怪物的な知性でもあった文学者プルーストに読みとったと言える。

小説家は言語によって何かを表現しようと意図し、読者はそこに表現されたものを理解し、ときには書き手が意図しなかったものまで読みとるかもしれない。何か表現されるべきことがあり、規則（文法、その他の読解のコード）にしたがって言語を用いて書き手がそれを表現し、その規則をわきまえた他者が、そこに表現されたことを読解する。デュシャンは、その基本的図式をはるかに逸脱する複雑な思考をしたアーティストにちがいないが、「芸術係数」として彼が提案したモデルは、メッセージをコード化し、コードにしたがってメッセージを受けとるというコミュニケーションのモデルを踏襲したうえで単純化している。ただし、それが機能不全に陥ることに明敏な注意を向けているのである。芸術がコミュニケーションの不全とともにあるしかないことを指摘しているデュシャンに私は注目してきたが、デュシャンのこのモデル自体はまったく機能主義的で陳腐なものだと言えよう。ここでコミュニケーションは、端的に知的で、意図的、意志的な行為とみなされている。そこに障害が発生し、必然的にその意図は裏切られる。ところがもともと芸術的活動は、それほど知的でも、意志的なものでもない。

プルーストの小説は、いたるところで数々のシーニュ（しるし）に注意を向けている。社交や恋愛における様々なシーニュの交換、マドレーヌの味のような感覚的体験をめぐって記憶と時間の次元に現れる様々なシーニュの機能、そしてプルーストが小説の中に描き出した様々な芸術家たちのシーニュの創造。ドゥルーズにとっては『失われた時を求めて』という作品自体が、そのような多次元にわたる無数のシーニュを作り出し、読解する実験の繰り返しである。そのようなシーニュは、思考すること、読解することを強制する。もちろん自然界でも、たとえば動物たちは様々なシーニュを発信して求愛するのだから、そこにもシーニュは存在するが、とりわけ人間界は膨大なシーニュの世界であり、シーニュのシーニュからなる世界である。そこには確かに意図も表現も目的もあるが、その多くは生命の欲動から自然に発生してきたもので、ごく一部が知的な次元をもっているにすぎない。カントも、美は「動物的であってしかも同時に理性的であるような存在者であるところの人間〔…〕だけに該当する」などと書いて、確かにそのことをわきまえていた（カント 一九六四、(上)八二頁）。つまりシーニュを用いるのは、むしろ動物的な知性でなければならない。

たとえば顔とは、数々のシーニュのたえまない、めくるめくような場所ではないか。毎日私たちは思わず表現してしまい、素早く理解し、誤解や曲解もしてしまうのではないか。身振りのシーニュは決して知的に意図されるものではない。ダンスのような表現は、すでにいくぶんか理知的に構成された身体的シーニュであるとしても、身体のあらゆる潜在性からじかにわきあがってくるシーニュでもあり、もともと知的に理解すべきものではない。シーニュは生きた身体とじかに接している。顔のシーニュは、何かを意味しようとして、顔の筋肉をどう操作するかを知ったうえで意図的に形成されるものではない（もちろん鏡を見て演技を訓練する俳優は、そういう技術さえも獲得してしまうことがある）。ただし、シーニュは身体そのものではなく、シーニュであることによって、すでに非身体であり、身体から隔てられている。

様々なシーニュを読み取って、私たちは喜んだり、悲しんだり、怯えたり、怒ったりする。シーニュはそのような反応をうながし、強制する。シーニュは意志的なものでも、知的なものでもないが、もちろんこの社会の〈コミュニケーション〉の中で機能しながら、知性によって、意志によって操作されうるものとして洗練されうるのである。芸術もまた、たえずシーニュを形成し読解する〈技術〉となり、意志的、知的な活動になり、精神化され、抽象的なもの、崇高なものにまで達していくが、しかし芸術は決してこの精神的傾向を第一のものとすることはないのだ。芸術的な美は、本能から感覚、情動、そして純粋な観照の対象にまでいたるが、それらのどの位相も超越してただ純粋な思考の対象になることはないし、単なるコミュニケーションのモデルに収拾されることなどなおさらありえない。それは意図された知的な情報の交換ではありえないのだ。

デュシャンの「芸術係数」は、コミュニケーションの不全を「係数」として把握することを提案していたが、むしろその〈機能不全〉こそが芸術の本質だと言ってもよいのである。芸術にとって、結局それは決して〈機能不全〉ではなく、コミュニケーションに還元されない表現、意図、実現、伝達こそが、その〈機能〉なのである。もはや〈機能〉という言葉も的確ではないとすれば、シーニュが生み出され、そのシーニュが様々な効果を生み出すこと自体が、芸術において生起する出来事であり、作品というオブジェ自体が芸術なのではない。作品というオブジェがなくても、そのような出来事が起きさえすれば芸術たりうるのであり、それはダンスや演劇や音楽のような行為（パフォーマンス）には端的にあてはまることだが、モノとして存在する作品（美術作品、書物、建築）も、やはり制作というパフォーマンスとそれを鑑賞し読解する人間の中に生起する〈出来事〉によって芸術たりうるだけである。

しかし、こんなふうに芸術とは何かを、まだしつこく定義しようとするように思考し書くことは私にとって実は不本意なことである。これもやはり知的で、意志的な、反芸術的行為になってしまう。以前には、文学・芸術について、確固とした体系的な理論を獲得したいと思って、そのための読書や執筆に多くの時間を費やしたことがあった。いまはもはや、そういう理論や哲学の価値を信じられなくなったわけではない。その方向でも、行くところまで行く試みがあるべきだし、あらゆる知的冒険は、それ自体無謀で、無償の芸術的行為に似た側面をもつものだ。しかし現代の最も鋭敏な批評家のひとりだったバルトさえも、数々の方法論的探求を試みた末に、『テクストの快楽』などと書き始め、思考の切っ先を丸く、しなやかにしてしまう。理論の作業は分析的で、要素を外延し、おしなべて知的意志のふるいにかけることになる。様々に内包され複合された芸術のシーニュを理解するうえで、分析理論は決して適切な方法ではないのだ。それならどのようなアプローチを考え出すか。これについてもたくさんの試みが行われてきた。あのカントにとってさえも、美（芸術）をめぐる判断力は、最後の第三の「批判」でやっと扱うことのできた難問であった。しかも彼がその「批判」に成功したのか、それとも難破したのか、言うことは難しい。

9　「崇高」の試練

カントは『判断力批判』を書いて、美的判断とは何かを問い、その判断に悟性と理性がいかにかかわってくるのかを徹底的に考えた。美的なものは快適なものにちがいないが、美を享受するにあたって、感覚的刺激には〈無関心〉でなければならない。美的判断の対象は、あくまでも美的なものの〈形式〉であって、感覚に訴える〈内容〉ではない。カントの美学は出発点からストイックである。また美的判断は、なんらかの概念にしたがって行われるものではないので、あくまでも主観的である。しかし判断の能力は構想力（想像力）と悟性からなるものだから、主観的でありながらも普遍的である、というふうにカントは話を進めていく。美をめぐるカントの思索は、出発点からアポリアをはらんでいた。カントは「すべての問題を心情、想像力、理性の能力といった主観的なものに還元する根本的な欠陥をもってはいる」と、ヘーゲルはカントの「主観主義」を端的に批判することになる（ヘーゲル 一九九五—九六、㊤三九四頁）。

「主観的」で「普遍的」とはすでに背理ではないかと誰でも思うにちがいないが、この背理を乗り越える厳密な論理を構成しようとしたカントの思考は、かなり異様で、怪物的でもある。ここでもカントは「判断力」にア・プリオリな根拠を見いだし、それを証明しようとするのである。そして判断力を作動させる心的能力（構想力、悟性、理性）を調和的に働かせる、という意味での〈合目的性〉を確証することにむかっていく。自然の美を前にして感動するような判断力は、必然的にすぐれた道徳的理性とともにあって、美的判断力と道徳的理性は、たがいに協調し促進しあう。カントがいちばん言いたいことはこれにちがいなかった。自然と人間、感性と理性を調和させるような原理は、思考の

「内的合目的性」でもあるというのは、いかにも教化的・神学的ニュアンスに染まった思考に見えて、少しうんざりさせられる。ただしカントはそれを神に委ねるのではなく、あくまで哲学の原理に委ねようとするのだ。自然の合目的性は、自然の意図にも、もちろん神の意図にも属するものではなく、それらとは絶対に異質な理性の原理に根拠をもたなければならないとして、「目的論的判断」について執拗な考察を続けるのだ。

ところでデュシャンが、芸術家の表現「意図」について、さほど考え込んだ様子もなく、さりげなく重要な示唆をしたのに比べるなら、カントは芸術家の立場について何を語っただろうか。芸術家（天才）は、一定の規則が与えられない何かを産出する。そして、そんな着想がどうして彼の内に生じたのか、彼は自分でもわからない（カント 一九六四、(上)二五七頁）。要するにカントにとって、芸術家とはいくらか自然そのもののような存在なのである。芸術家は、表現を意図的に実現しえないということ、このことは美（学）的判断が概念的判断ではないことと関係がある。もちろんカントは、デュシャンと違って、判断力が、芸術家と鑑賞者のあいだで「ずれ」をともなうことなど少しも問題にしていない。むしろ美学的判断が、概念なき判断でありながらも、いかに、悟性、理性、構想力といった諸能力を協働させ、協調させるかについて考えを進めていった。判断力から認識能力の協調（合目的性）へ、そして自然をも含む壮大なスケールの「合目的性」へと論理的につき進む彼の筋道には、〈ずれ〉も、障害もないのだ。そして「合目的性」の最終的根拠は、決して自然の側にあるのではなく、あくまでもそれを判断する人間の理性の側にあるという。しかし美をめぐる判断力について考えたカントの思考は、他の「純粋理性」と「実践理性」の批判に比べて、かなり屈折して、難破しかけているように見えるところが少なくない。

カントの美的判断をめぐる思索が遭遇するいちばんの急所は、「崇高」について論じているところだろう。美的な判断は、対象の「形式」を美として認識するのであり、認識する以上は悟性によってそれを判断するにちがいないが、「崇高」なものに出会うときは、その巨大なもの、果てしないもの(火山や暴風、津波や洪水、ピラミッド、深淵、高山、銀河……)を、もはや形式のないもの、そして理性の基準に適合しない法外なものとして受けとるのだ。この体験は判断力に混乱をもたらし、快ではなく、むしろ不快をもたらし、諸能力の不調和を露呈させる。にもかかわらず、この不調和は、いっそう高い次元の合目的性を喚起して、もはや感性的次元にはない超感性的なレベルの合目的性を認識させる。いやこの超感性的なものとは、もはや認識しうるものではなく、ただ「思惟され得るにすぎない」ものだとカントは書いている(同書、一八七頁)。「崇高」とはそのように法外なもので、はじめは自然の美を基準としていたかのようなカントの美学は、「崇高」を通じてそのような自然に対する美的感動をはるかに超脱し、超感性的な無感動(アパテイア)に、むしろ道徳的理性のほうに判断力を収束させていくのである。

カントの美学に遡りながら、もはやデュシャンの「芸術係数」とはなんの関連もないところに私はたどりついたようだが、そうとはかぎらない。カントが美的感動や美的判断について考えたのは、決して純粋理性や実践理性の思索を、芸術的領域にまで応用し貫徹させるためではなかった。むしろ純粋理性から実践理性への移り行きを考えるには、感覚的対象を判断するという意味での芸術的活動を考えることが、ぜひとも必要であったかのようなのだ。その感覚的対象を、カントはまず「関心」から分離してしまう。絵画に描かれた女性に恋したり、官能的関心をもって裸体像を見たりすることをあらかじめ禁じるかのようにして、美的判断を問題化している。次に「崇高」を問題にするときも、それを自然の途方もない力の脅威の感覚から分離して、超感性的な（そしてア・プリオリな）合目的性のほうに考察の中心を移していく。崇高における法外なものは、超感性的次元の合目的性にとっては合法的、調和的なものとして現れる。感覚、感動の次元は、結局ア・プリオリな理性のほうに収斂させられ、精神化されてしまうのだ。

それでもカントは、このかなり危うさを秘めた『判断力批判』の考察を最後の課題として自分に課した。カントは書いている。一切の表象は、「主観的には感覚的満足と苦痛とに〔…〕結びつけられ得ることは否定できない」。そして「感覚的満足もしくは苦痛に結びついている表象は、すべて生の感情を触発するものであり〔…〕」、「感覚的満足と苦痛とは、それが構想力から生じるにせよ、或はそれどころか悟性から生じるにせよ、結局は身体的なものである、ということもまた否定できない。身体的器官に対する感情を欠くと、生はその実在の単なる意識にすぎなくなり〔…〕」、「それというのも、心はそれ自体だけで完全に〈生の原理そのもの〉であり、また生を促進しもしくは阻害するものが心意識のそとに求められねばならない場合でも、それは同時に人間そのものにおいて、従ってまた自分の身体との結びつきにおいて求められねばならないからである」（同書、二〇三頁）。カントはこのように生と身体を、感覚的対象としての美を決定しうる何かとして強く意識している。しかし感性の限界を露わにするかのような「崇高」を問題にするときには、結局「超感性的な」次元の「合目的性」にそれを収斂させてしまう。崇高なものにおける「無感動（アパテイア）」さえも、やはり生と身体の様態として把握するような方向には、カントは決してすすまない。あの明敏で謹厳なカントが、それでも思わず生と身体について考え、書いてしまったことが確かにあった。私は「芸術係数」の問題から遠く離れてしまったようだが、もちろん〈芸術係数〉が私のこの芸術論的試行錯誤（ブリコラージュ）のほんとうの主題なのではない。自然と人間を包括する「合目的性」が、ある壮大な根底的有機性として構想されているならば、「崇高」と「無感動」が交錯するところには、別の根本的な非有機性が発見されている。デュシャンの芸術は、一貫してそのような非有機性の次元にあり、芸術係数のような思考も、それと密接に関連していた。

10　肉体化と精神化

芸術家も作品も不在であろうと、観客が何かを、たとえ何もなくてもその無でさえも鑑賞の対象と見なすなら、そこには芸術があり、芸術的対象が、あるいは芸術的現象・出来事がある。デュシャンの「係数」から出発して、そんな最小限の状態にまで、芸術を還元することができる。芸術における「無為（désœuvrement）」が問題としてとりあげられるようになったのは、このことと無関係ではない（モーリス・ブランショ、ジャン＝リュック・ナンシー、フレデリック・プイヨード……）。désœuvrementは作品、行為、成果などを意味するœuvreから脱すること、むしろ作品の不在を意味する。それは単に仕事をしないで無為に時間をすごすことでもあった。芸術とは何か、芸術作品とは何か、もはや自明ではなくなった時代から、脱作品の試み、あるいは作品の脱構築が始まり、それさえも芸術表現として、かなり頻繁に実践されるようになった。

芸術の厳密な定義は様々にありうるとして、芸術とは何かを知らないものがどこにいるだろうか。それでも正解があるわけではない。いまなお改めて芸術とは何かを問うとすれば、そんな「無為」さえも考慮にいれなければならない。そんな問いを笑い飛ばすように、作品自体を破壊し、あるいは消滅させる装置を内蔵した作品さえも現れた。しかしそれも消滅する以前には作品であり、破壊行為さえも、その記憶さえも作品である。作品でなければ、ある表現であり、ある出来事であり、それは法外な額で取引される商品にさえなる。

じつはカントは芸術（そして作品）とは何かと、それほど厳密に問うてはいない。美とは、感覚的快（感）であり、それには関心も概念もあってはならないということを前提に、どこまでも哲学的に思弁していくが、とにかく美とは感覚にとって「快」であるというシンプルな前提から始めたのだ。そして芸術作品より以前に、まず自然の美に関する「判断力」について問うているのだ。そもそも芸術に数々の傾向や様式があり、それらに数々の要求や趣味や観点が対応するのを拒むことなどできないが、カントの〈関心〉はひたすら一徹に、芸術をめぐる判断力において想像力（構想力）と知性がいかに作動して、美に向かうのかということであった。そして『判断力批判』の後半では、特にそれらの能力がいかに、どのような意味で自然の「合目的性」とともにあるのかを、かなり執拗に証明しようとしている。たとえば芸術が、人間の社会と歴史の文脈で何を表現し、どんな抗争にまきこまれるかといった問いはそこにはない。むしろヘーゲルのほうが『美学講義』において、歴史的弁証法に照らしながら、この問いにかかわる美学史を考察している。美とは何かと問うなら、個人の能力の範囲を超えて歴史と社会にわたる果てしない問いが渦巻くにちがいないが、カントの問いはずっと限定され、美的判断における「ア・プリオリなもの」と「合目的性」という終着点はほぼ予想されていた。それでもなお、カントの批判の根底には、もっと曖昧で混沌とした要素が渦巻いていたように思う。

じつは美的判断の前に現れる感覚的対象は、すなわち感覚に、感情に、そして身体と生命にかかわる表現である。しかし「概念によらない」どころではなく、デュシャンの生きた時代に、芸術は脱作品化しながら、ますます概念的性格を強めていった。それでも生命的身体的表現という性格を決して失うことはなく、一方ではむしろそれを強めていったのだ。〈概念化〉の方向は、もはや古典的な表象のように自然（というモデル）と有機的な関係をもつことなく、むしろ非有機化し、非物質化することによって極度に精神化されたともいえよう（抽象絵画）。そして一方では、物質と肉体に対する直接的な関係を強く意識する抽象表現主義さえも生み出したのである。つまり新しい芸術は、作品と美のあらゆるコード（規約）を脱しながら、極端な精神化と身体化を同時に、加速的におしすすめることになったのだ。

芸術が美にかかわり、美が快（Lust）に、つまり快感、快楽、楽しみ、そしてしばしばその反対の不快、苦痛、恐怖にかかわるかぎり、それは強く感覚、感性、身体に関連し、身体をじかにあつかわない場合も、やはり身体の、身体における出来事の表象を生み出している。二〇世紀美術は、具象としてはスーチン、フランシス・ベーコン、ルシアン・フロイドのように新しい〈肉〉の表象を生み出し、またジャクソン・ポロック、デ・クーニング、アンリ・ミショーのように抽象された曲線やデフォルメの効果によって〈肉〉の力を表現する芸術として、やはり身体の存在を強調しながら、一方ではモンドリアン、マレーヴィチ、カンディンスキー、バーネット・ニューマンのようにむしろ身体性を排斥し、純粋な形式と精神性に集中するかのような抽象的傾向を生み出したのである。しかしこのような絵画表現において、身体も精神も、もはや古典的な枠組みから離脱している。身体化と精神化は、まったく異なる方向に分離していくかのようであっても、実は不可分であり、交錯し共振している。

　キリストの身体を描くことによって精神性を表現するような古典絵画も、もちろん肉体を排除していたわけではなく、化肉した神を讃える図像において、肉体と精神は、ある有機性にしたがって稠密に結合され、肉体は精神化され、精神は肉体化（化肉）されていたのだ。それはまさに崇高な図像にちがいなかった。神に見捨てられ、苛まれ、血を流す肉としての人間の像は、もちろん〈快〉などではなく、〈美〉でさえなく、はるかに〈美〉を逸脱していた。それでも、それが一つの芸術的伝統として持続し、あらゆる芸術的革新の場にもなってきた。それは確かに何か「法外な出来事」の図像でありながら、〈快〉も〈美〉も超えた次元に、ある高次の調和を実現し、信仰を補強し、その調和は信仰によって保証された。それは超越の図像であったが、この超越は生命と身体の内在性に向けて強引に折り畳まれていた。

　長くキリスト教とともにあった絵画のそのような調和的枠組みを棄てるかのようにして、新たに強化され純化された精神と肉体の現代的表現は、古典的な有機性の美学の外にでることによって、精神と肉体の関係も変更することになった。かつて古典的な有機的結合の中で、精神と肉体は堅固に結合され浸透しあいながらも、同時に厳しく分断され制限されていた。肉体は、肉体そのものではなく、キリストの精神としてのみ表現されたのである。そして精神はキリストとして肉化され類型化され、概念化され崇高化されたのであって、じつは肉から厳密に分離されていたのである。精神と肉体を分断しつつ調和させることは、葛藤なしにはありえなかったが、決して矛盾することではなかった。当然ながら画家たちが描いたキリストは、しばしばアンチキリストでもあった。それはときに異様な身体的実存とそれに対応する思考を表現していた。キリストの図像はしばしばそのための口実であった

（チマブエ、エル・グレコ、グリューネヴァルト……）。

11　無機性ではなく非有機性のほうへ

たとえば舞踊におけるニジンスキー。その肉の生々しい現前、バレエのコードから脱落する異様な身ぶりや緩やかな速度は、確かに身体存在の表現を新しい次元に導いたにちがいない。そして精神もまた同時に、身体との新しい非有機的な関係を構成することになった。純粋な精神化、形式化にむかう抽象芸術の試みさえも、変容した身体の新たな表現でありえた。たとえば、精神は単なる物質や気体のようなものに、つまり非有機性よりもむしろ無機性に還元されることさえあった。これは「崇高」をめぐる逆説（カント）とも関係している。身体の計り知れない表出を感覚する美的判断は、もはや知的に計量することのできない何かに出会いながら、新たな知的活動として、つまり「精神」を再発見するのである。恐怖、驚異、そして崇高は、新たな精神となる。新たな精神とは、ついに発見された身体でもある。しかしこれらの新しいもの、発見されたものが、二〇世紀芸術の光と喧騒のなかで、あるオーラを帯びるようになったにしても、それはすでに古典的な時代にも、芸術家たちがたえず遭遇し、問題にしていたことである。たとえばフラ・アンジェリコ、レンブラント、ターナーたちは、美術史の時系列を超脱する突然変異のような作品を残している。逆に現代の美術家たちの中には、近代以前の美術との連続性をむしろ再発見するようにして、いわば永遠の美学的課題を引き受けるように制作を続けた人々が少なからずいた。

たとえばイヴ・クラインは、作品をたちまち行為に還元し、非物質的なアートを考案した。あの青のモノクロームは、物質を非物質化する実験そのものでもあったが、行為としては柔道で鍛えた身体を宙に投げ出し、あるいは青の顔料でじかに裸体の痕跡を転写し、炎や嵐の痕跡をそのまま絵画にするというように、彼もまた作品概念を脱構築しながら、物質と身体の表出を有機的な精神化の脈絡から引きずり出し、精神を色彩に、純粋な知覚と出来事に還元するような制作を続けた。身体と精神の関係を非有機化することを課題とするかのような実験を続けたのだ。非物質化と身体化の両極が、むしろ彼の追求において隣接することになっていた。

確かに現代美術においては、しばしば加速された極端な肉体化と精神化が試みられた。作品が非物質化し、非形式化と脱形式化が強化されたことは、肉体と精神のそれぞれに深く関与していたのだ。肉体が、あるいは精神が新たに発見されたのではなく、肉体と精神の表現を規定していた結合と分離の、有機的な枠組みが問われることになった。もちろん有機性そのものがただ排除され解体されたのではなく、新たな有機性が発見されなければならなかった。新たな有機性は、新たな非有機性でもあり、それは空間と時間の古典的な調和的結合から脱落していた。この有機性とともに〈時間〉の特性も変貌し、時間は空間的表象を斥けて、直線にも、円環にも、何らかの単位にも還元不可能なものになった。有機性と非有機性のあいだの新たな干渉や結合は、しばしば新たな〈時間〉の意識やイメージとして表現されることになったのだ。

芸術家の主体性、芸術の精神性、芸術表現の伝達可能性（芸術係数）に関する批判的発想が、芸術の神話、表象、通念を転覆することにつながり、そういう発想自体が、〈無為〉として芸術的行為となった。性急な前衛的実験は、市場や消費者を意識した（スペクタクル社会の）単なるスキャンダルやパフォーマンスの域を出ない反復的挙動の数々にすぎないことがあったにしても、この転換は現代の芸術にとって、必要で必然的なものでもあった。

芸術は本来、スキャンダルであり、それは芸術的行為の果てしなさ、測りがたさ、決定不可能性と切り離すことができない。芸術的〈崇高〉とは、すでにスキャンダルでもあった。それは美学や精神性や社会的コードをまとってしばしば中和されてもきたのだが、このスキャンダルそのものが価値と見なされるような転換が起きることは必然でもあった。天才とはスキャンダルであり、芸術とは、そのまやかしや見せかけとはスキャンダルである。カントもヘーゲルもそのことを確かに感知しながら、あえて芸術の考察に挑んだのである。スキャンダルは、さっそく回収されてしまうが、それでも回収されないことをスキャンダルはもくろみ、なおかつ崇高であろうとし、概念と規則、解釈とコミュニケーションを拒む〈法外な〉肉であり、精神であろうとする。様々な逸脱、挑発、スキャンダル、売名行為……、そして芸術家のナルシシズム、神話と主体性も次々回復され更新される。デュシャン、イヴ・クライン、アンディ・ウォーホルたちは、芸術のトリックスターでもあった。

それでもなお「崇高」は再発見され再開される。崇高とは死のことでもある。死とは、あまりにもありふれた無であり、破壊、断絶の出来事であるのに、否定しようもない、まぎれもない崇高なのだ。芸術の死、作品の死、そして芸術家の死はもちろん崇高なのだ。しかも崇高ほどいかがわしいものはない。崇高を気取る芸術家ほど、鼻持ちならないものはない。そして芸術は死滅し、芸術は続く。スキャンダルは、多かれ少なかれ永遠に必要であり、この社会は芸術という法外な活動を必要とする。この必要はほとんど政治的なものだ。したがって芸術は政治から逃れられず、政治も芸術から離れられない。つまり芸術は政治的でなければならず、それは避けられないことでもあるが、しかし政治の必要を斥ける政治でなければならないのだ。芸術のスキャンダル、倒錯、崇高、欺瞞、頽廃、裏切り……。しかしそれも政治と権力のいかさま、破廉恥、残酷さに比べれば、なんとはかない〈無為〉であることか。

私は、有機性、無機性、非有機性という言葉を、かなり不用意に使ってきたかもしれない。有機性とは、もちろん生命の組織にかかわることで、自然的、自己生成的な組成のことである。生命の有機性は、それ自体驚くべき精巧な組織であり、人間ももちろんそれを共有しつつ変化をとげてきた。そして有機性はそれ以上の外延をもつ無機性の宇宙に包囲されながら、無機性と共存し、つねに無機性にさらされている。有機性はいたるところで阻害され、停止し、分解し、破裂する。死とは有機性の停止であり、無機性に回帰することである。フロイトは「死の欲動」を、無機物に回帰しようとする反復の本能と定義して、快感原則と対立させようとした。そのような「欲動」の存在を認めるかどうかは別として、人間の生は、あたかも生命的有機性に逆行し、有機性を停止させるかのような平面を含んでいる。フロイトにとって死は無機物への回帰であるが、それ以上に死は非有機性の位相を、深く有機性に浸透させる。心的な生としての精神は、有機的生の延長にありながらも、それとは別の非有機的次元をもっている。そして人間の創造や技術は、様々な機械や記号、そしてとりわけ言語は、ある非有機性の次元を拡張していった。カントが問題にした「合目的性」は、まず自然界とその中の人間について構想されたものだったが、たとえば「崇高」は、すでに美として感知されるような有機的合目的性を逸脱して、非有機的な次元を含んでいる。

しかしすべてを自然の有機性の延長で、人間も社会も国家さえも包含する有機性において考えようとする傾向は根強く存在する。「根」とはすでに植物的有機性の隠喩なのだ。国家は、いつでもそのような有機的知識人や芸術家を必要としている。大自然を包括し、それに包括されるかのような有機性とは、宇宙的なスケールをもつかのようだが、そのような有機性とは仮構されたもので、ある種の観念的同一性を入れ子状に、果てしなく複製するばかりで、その過程に必然的に生じる様々な非有機性の〈多様〉に思考を開こうとはしない。フロイトが躊躇し懐疑しながら「死の欲動」と呼んだ反復強迫は、むしろ「非有機性の創造」とでも呼んで、例外的傾向ではなく本質的な過程として再考すべき現象だったのだ。もちろんフロイトは、その本質性に気づいた先覚者であったにちがいない。

12　有機性と合目的性

有機性とは、何よりもまず生きる身体の状態でもある。その身体は、様々な位相をもっている。運動し、労働し、生産する身体、思考し、感覚し、知覚する身体、医学的視点の対象となる生理的身体、性として生殖活動をおこなう身体……。芸術の対象となる身体は、しばしば精神化されて精神を体現する身体であった。かつて日本に輸入された仏教の図像や彫刻は、信仰や教養とともに造形芸術をもたらしたが、この芸術は仏教の精神性を注入されていた。それでもなお、それは身体を扱い、身体を精神化する芸術であった。芸術表現は「精神化された身体」を対象としていたが、ときには身体そのもの、その有機的存在が剝き出しになることがあった。十字架のキリストの、剝き出しの肉の図像は、しばしばそのような両義性をもっていた。精神もまた肉体の表出であるかのようで、むしろ感情であり、強度に有機的な特徴を帯びていることがあった。

つまり芸術表現は本質的に精神的なものであったとしても、その基盤となる対象は身体であった。しかし、そのとき〈身体〉と名指されているものは何か、それは自明ではない。たとえばミケランジェロ、レンブラントは、あたかも肉それ自体を、その重さ、その脆さ、その深さとともに発見するような絵を描いている。身体はこのように芸術表現と結合することによって、さらに別の実存として現れた。同時に身体の有機性も、何か別の次元に移されたのだ。

芸術における身体の図像をめぐるこの問いは、芸術のありかたそのものに深くかかわっているにちがいない。すでにキリストの図像をめぐって、芸術にとって、身体にとって、何が起きたかと問うことができる。磔刑の絵は、まさに「崇高」である。そしてカントが問題にした「崇高」は、判断力に混乱をもたらし、有機的調和を破綻させる兆候であり、有機的調和の美学にとって試金石、あるいは躓きの石でもあった。

カントにとっては、美をめぐる判断力とは、自然を認識する悟性とも、道徳の原理を決定する理性とも異なる第三の認識の領域だった。「主観的にして普遍的である」その判断を検討しながら、それを通じて、最終的には悟性も理性も包括する自然の合目的性を証明するというカントの目論見は、いかにも壮大であると同時に波乱含みだった、と繰り返し言おう。美の判断は当然、芸術の問題でもあり、〈崇高〉が、美の判断にとって何か法外な次元を注入したように、〈天才〉に他ならない芸術家は、自分が何をしているか理解しないまま「構想力」の領界を拡大し、悟性や概念の規定の届かない範囲に遠く逸脱して、なにか変則的なものを作り出すとカントは言うのである。このような〈崇高〉も〈天才〉も、最終的には彼の〈三批判〉を調和させ統合するという目論見のなかに、強引に収拾されてしまうのだが、じつは〈崇高〉と〈天才〉は、芸術の構想力に法外な緊張をもたらし、深い亀裂を穿ち、芸術的創造に生気を吹き込む不可欠な契機になってきたようである。

カントも少しだけ触れていたように、そのような「生気」、「生命」は、生ける身体の力そのものにかかわっている。カントの目論見の中心はそのことではなく、あくまでも諸能力の合目的的な協和であったが、生命的身体的な力は、むしろそのような合目的性さえもおびやかすのだ。生命的身体的な有機体は、いまも解明しきれない有機性のシステムとして、それ自体が、ある合目的性をもつように見える。しかし、そのような有機性と連結され、それを包括し、それに包括されるような超感性的な合目的性という別の〈有機性〉をカントは構想しようとしたのである。それはもはや〈有機性〉ではなく、〈非有機性〉と呼ぶべき特性であったかもしれない。しかしカントは自然の合目的性（有機性）とそれを包括するかのような理性の合目的性を、あくまで連続する有機性として、根本的な区別を設けていない。結局、合目的性は、すなわち理性でなければならず、まさにそれをカントは証明しようとしたが、『純粋理性批判』のようには、証明を貫徹し、完結することができなかった。人間の理性まで包括するような巨大な合目的性を構想するとは、やはり神学的な夢であり、カントは決して神学的ロマンを棄てて哲学することができなかったように思えるのだ。

13　協和も全体性もない

私自身の〈哲学的な夢〉をそれに対比するならば、それははるかにささいなものだ。生物、自然の有機的な連鎖は驚異的に複雑で精巧なものにちがいない。確かにその有機性の延長線上にある人間の生命、身体、そして精神は、その有機性に規定され、その有機性を模倣しながら、あたかもそれを非有機化するように進化してきた（マルクスが書いたように、人間は、自然を「非有機的身体」としてきた）。精神の基盤は有機的身体にちがいないとしても、それは有機性から離れる非有機化でもある。精神、思考、言語、技術、政治は、それぞれに非有機化の過程でもある。死さえも非有機性、いやとりわけ死こそが非有機性である。

有機体は、遺伝子の安定的な更新を目的とするかのように、細胞を死にいたらせる仕組みを含んでいると言われる（田沼 二〇〇一を参照）。しかし死のそのような可能性は、人間の生の有機性に、本質的な非有機性を介入させる。この非有機性は、有機性を停止させ、そこに亀裂を入れる。そこに別の身体を構成し、有機性自体を変容させるかのようである。芸術の基盤にも、身体・生命があり、それらの有機性があるが、芸術もまたこの有機性を非有機化し、別の身体と生を作り出す。あるいはそのような身体と生のイメージを作り出す。非有機化されたものは、再び有機化される。非有機性は馴致され、統合され、つまり有機化される傾向がある。そこで非有機性と有機性を識別することは、しばしば難しい。〈別の身体〉は、別の有機性（organisme）を構成し、あるいは有機性とそれに統合される諸器官（organes）を斥けるようにして、「器官なき身体」として現れるかもしれない。有機性には数えきれないヴァリエーションやタイプがあるように、非有機化、非有機性の介入にもまた数多のヴァリエーションやタイプがある。また新たに修復され、再構成される有機性も多様に存在するからには、人間の世界において、有機性（化）と非有機性（化）は、錯綜し混合しているので、しばしば識別することも、評価することも容易ではない。

生きる身体は、様々な機能をもつ様々な器官の集合であり、そのようなものとして認識されているかぎり、この認識にとって、すべての器官は、生命の営みという目的に合うように厳密に統合されている。生命とはそのような「合目的性」のたえまない維持、修復、組織、再組織の活動であり、その組織作用が弛緩し停止することが死である。そして死さえも、その「合目的性」のなかに組み込まれている。カントは、諸能力（悟性、判断力、理性）の協和を、生命の活動に勝るとも劣らず、合目的性、合法則性に一致するものと考えることにおいて異様なまでに徹底している。しかしそのような協和を、決してあらゆる哲学が認めたわけではないし、カントのように執拗に合目的性を論証することにこだわったわけでもない（ましてダーウィン以降の進化論にとっては、もはや進化の目的も合目的性も問題にならず、ただ環境のなかの生物の変化と適応と淘汰があり、その果てしない連鎖があるだけである）。むしろ「崇高」と「天才」をきっかけに、芸術とは何かを考えてみるだけでも、そのような合目的性の論理は破綻してしまうようだ。カントは決して合目的性を諦めないが、すでに崇高なものはそれを逸脱するかのようであり、天才による創造は合法則性を破壊するかのようである。おそらく、身体と生命に貫通しているとみなされてきた合目的的な自然の観念を再考する余地さえも、そこにはあったのだ。

様々な生物のあいだの、そして器官のあいだの、そして自然と人間の生との（有機的）協和を保証する全体性のようなものは果たしてあるのかどうか。生命（自然）の営み、進化に、何か予定調和的な合目的性を認めることは、たとえカントのように神学を斥けて、哲学の領域に厳密に認識を限定するとしても、やはり理性の逸脱ではないか（合目的性は、あくまで人間が自分で自分に指示するものだというふうにカントは率直に説明しているが）。

確かに哲学は（デカルトに見られるように）、おおむね身体を、精神とは異質で、精神の統制下にありうるものとして、厳密に精神から分離してきた。カントもその立場を大きく変えてはいない。しかし「判断力」は、そもそも快・不快の感情にかかわるものだから、当然それは身体の領域にかかわっている。こうしてカントはあえて、悟性でも理性でもない感覚の領界にふみこもうとしていた。快・不快とはまた、調和・不調和にかかわる感情でもある。精神は、悟性、理性として、感情、身体から分離されているが、カントはもう一つ「構想力」という、像を形成する能力を認めている。それはむしろ直観的能力として、悟性、理性といっしょに作動するというのだが、「構想力」の役割についても、カントはときにあいまいな言及をしていて、それが悟性の厳密な統制下にあるとも、はるかに自由奔放にふるまうとも、両価的に述べている。悟性、理性、判断力のあいだにある「構想力」とは、果たして他の三つの能力と区別されるもう一つの能力であるのか、むしろそれら三つの能力が場合によっては「構想力」としても作動しうるのか。[1] ほんとうは構想力のほうが根本的で、そこから他の三つの能力が分化して、独立の能力であるかのように作動するにすぎないのではないか。そのような方向に考えていくなら、ニーチェのようにすべてを「力への意志」から発するものととらえるような発想にさえも、「構想力」は合流しうる。

「諸能力」は、あたかも「器官」のように別々の機能を担うものとして区別されている。それらは身体器官のように、合目的性にしたがって有機的に作動するかのように。諸能力は厳密に分割されながらも、厳密に協和するとみなされている。しかし諸能力は、それほど厳密に協和するものではないことを前提として考えてみるなら、どういう世界が出現するのだろうか。身体と精神はそのように分断されうるものではなく、また協和しうるものでもない。実在するのは身体でしかない、というところまで精神を身体に還元する唯物論的内在的見方と、そのうえでなおかつ精神の領界を、身体と同じくらい自立的で、還元不可能な領界（スピノザの「第三の認識」）として認めること、決してこれは矛盾することではない。精神と身体の分割と、序列をまず疑ってみることができる。スピノザにしたがって、精神と身体を同じ実体に属する属性と考え、その様々な様態と考えるならば、有機性と非有機性も等しく様態であり、あたかも非有機性は有機性に対応し並行する別の様態であるかのようなのだ。分断されて把握された精神と身体に対して予定され強いられるかのような統合を停止させる哲学的転換にしたがうなら、もはや身体も、芸術も、合目的性の序列や体系には収拾しえない。そのことを、しばしばひそかな革命のように表明していた思考や表現の出来事が数々あったのだ。

デュシャンのあの「芸術係数」さえも、そのことを示唆していたと考えてみたい。精神と身体の新たな係数。精神は絶対に身体の一状態であり、しかも身体に似たところがどこにもないということ。それほどに身体（有機性）は多様であり、精神（非有機性）も同じく多様であること。しかし多様なもの同士が、様々に厳密に、ゆるやかに結合し共振している。統合や連結は、持続や修復や進化が可能な程度に、厳密に、そしてゆるやかに実現されるが、決して協和は完全ではなく、合目的性などないこと。それを人間が発明する技術や機械の合目的性との「類比」によって仮想する必要さえないこと。むしろ様々なタイプの諸能力の分化、分裂、散佚、隣接、連結、編成、統合があり、そこには調和も不調和も、総合も混沌もありうると考えることができる。あまりにも理性的秩序と一体であるかのような意味を帯びてきた「精神」を、単に「非有機性」と呼ぶこと。非有機性はあくまでも有機性の様態であるが、有機性を離脱する平面を構成している。非有機性はあくまでも有機性に決定されているが、逆に有機性に介入し、別の有機性を構成しようとするかのようにふるまう。これは幻想にすぎないか。しかし人類は幻想を、その非有機的な生にたえず組み込んでいるので、それを単に幻想と呼ぶことはできないのだ。

14　有機的合目的性が破綻するとき

もう一度、芸術における〈崇高〉という問題をふりかえってみよう。アントナン・アルトーは近代演劇の革命を構想しながら、〈崇高〉ではなく、むしろ〈残酷〉について、〈残酷演劇〉について語り、それを実践しようとした。もちろん美学も、判断力も、彼の問題ではなかった。〈残酷〉とは、恐ろしいこと、耐え難いこと、痛ましいこと、そして実際に苦痛や恐怖を与えうることである。それは想像なのか、現実なのか。しかし感覚にとって苦しみは苦しみであり、〈想像〉の苦しみなのか、〈現実〉の苦しみなのかと問うことにあまり意味はない。もちろん〈残酷〉は身体の存在にじかにかかわる。しかし感情の次元に深く浸透しながらも、それを逸脱している。アルトーにとって、同時代のフランスで行われていたような演劇は、〈戯曲〉の上演として、まったく文学的表現の延長でしかなく、台詞も演技も、書かれた言葉に支配され、身体はそのための記号にすぎないところまで切り詰められている。感情もドラマも、ある支配的慣習的な社会的表象と調和する言語と、それに従属する身体とともに、まさに合目的的に実現されるだけだ。文化と呼ばれようと、娯楽と呼ばれようと、そのような合目的性のなかで、戯曲、演技（声と身振り）、俳優、観客、舞台、劇場が密接に歯車をかみあわせている。もちろんいたるところに例外も逸脱もあっただろう（少々崇高な舞台）。しかしそれも別の原理や方向を提起するようなものではなかった。

アルトーの〈残酷〉さえも、まったく前衛的、革新的な提案というわけではなかった。そもそも自然は残酷であり、神話や宗教や儀式は残酷であり、悲劇も叙事詩も〈残酷〉を忘れたことはなかった。わざわざ〈崇高〉という、美学的判断にとって法外な（すなわち残酷な）何かをとりあげざるをえなかったカントさえも、そのことをわきまえていたにちがいない。カントは崇高の「法外さ」さえも、人間の「諸能力」と自然との、合目的性の名における哲学的総合にぜひとも回収したかったが、芸術家たちは、しばしばそれとは別の方向に歩もうとしてきたのだ。しかし、そのように自然と身体の観念を統制することは、いつも哲学的精神の主要な任務であったかのようなのだ。

それにしても問題は、身体という抑圧され統制されたもの（奴隷）の権利を新たに肯定するというようなことではない。いつも支配や統合の体制に組み込まれてきた宗教や哲学にとっては、身体を統制することは主要な目的の一つであったにちがいないが、人口の大部分が身体を忘れて精神的になったことなど決してない。芸術家はいつでも同時に精神的であり身体的であり、そのようにあるしかなかった。そして精神とは感情であり、もちろん感情は身体にじかにかかわっていることを知らないものなどいなかった。むしろ哲学や宗教は、そういう〈常識〉に反しておそろしく非常識な倒錯的主張を広めながら、支配を強化しようとしてきたかのようなのだ。

感情は身体の変様の表出であり、その変様の〈表象〉であること。スピノザはそんなふうに感情を定義していたが、もちろん精神も、感情から分離されてはいない。感情から分離されたものを精神と呼ぶことにしても、この分離は完璧ではない。相対的に身体から自立しているかのような〈精神〉という名の身体の活動があり、その表象があるだけだ。その身体が、感情をもち、思考するだけだ。身体しかもたないかに見える原生生物も、ただ反応するのではなく、選択し、意識をもつかのようにふるまう。生物学的には、「精神」も、動物行動学のなかの一現象にすぎない。

確かに精神は、身体と分離されているかのようなみずからの〈表象〉をもち、〈精神〉自体をながめることができる。しかし、この可能性さえも一つの〈表象〉にすぎない。同時にそれを単なる神経組織の作用として〈表象〉することも可能なのだ。精神は自立した主体であるかのように自己を意識するが、自己を意識する機構（システム）自体は、身体の長きにわたる進化の過程に出現したものにすぎない。依然としてそれは身体（神経）の作用にすぎず、身体が、そして脳が活動していなければ、どんな思考も感情も表象も実現されることがない。そこに一個の身体があることだけが明白で、精神というようなもの、そして自己や意識というようなものがあることは、ある安定した生理的システムと社会システムが交錯するなかで、あたかも確かであるかのように表象され観念されるようになっただけだ。「なっただけ」といっても、確かにこのシステムは有機性を離脱したかのような非有機性の構築をなし、その蓄積は膨大で、深遠で、複雑で、安定的でありながらも流動的である。ひとつひとつの精神にとって、それは代えがたく唯一のもので、人類は他者と自己の精神を、そのようなものとして扱うようにうながされている。他方では、それをうながすどころか阻止しようとする力も働く。

そしてこのシステムの総体の複雑性に比べて、その表象や活動の単位は、これもシステムの機能に違いないが、実に単純化され、規則化されていることも、システムの安定性と不可分な特徴なのだ。じつは身体の作動の厖大で複雑な集積が、とりわけ言語作用を通じて、精神と身体という分割しえないものの分割を固定している。そのように厖大な総体が、一つの自己に対応する感情と知性、空間と時間、意識と無意識というように基本的な〈カテゴリー〉として単純化されている。それはあまりにも単純化されているのだが、しかしそれを基本にしなければ、たとえば一つの自我を、自在に現れたり消えたりし、たえず変化する無数の自我の集合などとして扱うなら、すべての社会的活動やコミュニケーションは混乱し停止してしまうだろう。

芸術はいつでも同時に知性的であり感性的、直観的であり理念的、技術的でもあり、しかも〈崇高〉や〈残酷〉に立ち向かうときには、精神と身体の調和的な結合が決定的に引き裂かれるような状態と対面し、人をそれに対面させることにもなった。あの「芸術係数」という問いは、意図したこと、意図しないことという分割を通じて、じつは精神と身体という古典的問題に深くかかわっていたのである。

精神と身体を分割することの動機は、たぶんに社会的で、社会を構成する傾向そのものと等価である。それが統治の必要にかかわっているという意味では、その動機は政治的でもある。美にかかわる判断力を問題にしたとき、カントは確かに、分割不可能な〈諸能力〉の調和的運用を、その「合目的性」を、あえて問題にしようとした。そのようにして自然、生命、人間、身体を貫く有機的形成を問題にしていたのである。有機性は貫徹しながらも、いたるところで破綻する。たとえ破綻を含んでいても有機性が貫徹されるほうにカントはあえて賭けていたともいえる。しかし有機性の延長でもあり、その否定、その破綻でもあるような非有機化を、もう一つの原則とみなすような哲学が出現することは、必然的な要請になっていた。あらゆる時代錯誤、神話の回帰、ロマン主義、等々の混沌をともなっていても、ニーチェは確かに、そのような兆候を誰よりも明確に、力強く体現することができたようなのだ。

15　スピノザのほうへ

作品を前にして何かを知覚し認知した精神に、何かが生起すること、それが作品の受容にとって、あるいはむしろ芸術の成立にとって最小の要件である。デュシャンは、作品（または作品とみなされるもの）を制作した芸術家の意図と、鑑賞者の認知との間の誤差（係数）を考えながら、むしろこの認知の成立を全面的に鑑賞者の反応に委ねたように見える。しかし決して芸術家の側の緻密な思考や計算を無意味だと考えたわけではない。それどころか、さらに別の思考や計算をうながしていたのだ。芸術家が主体的、意図的に表現しようとしたことが、そのまま鑑賞の対象にもなりうることを前提とするような芸術のあり方は、デュシャンの中では確かに終わってしまったのだ。

ヘーゲルの美学にとって、芸術作品はあくまでも、ある理念と、それを表現するための感覚的対象（図像、音、言語）との関係として定義されるもので、この関係にしたがって、芸術形式を大きく「象徴的」、「古典的」、「ロマン的」というように分類した彼の美学にとっては、芸術家ではなく、鑑賞者を主体と考えるような見方は問題にもならなかった。しかしそのように組み立てられたヘーゲルの芸術論にとっても、すでに芸術は何かしら終わりつつあるものでもあった。彼にとってそもそも芸術とは、感覚的手段を通じて、ある仮象によって真理を認識させる作為なのだ。真に「宗教と理性のうちにある精神」ならば、そのような感覚をめぐる作為などなくても、じかに真理を認識しうるであろう。芸術は、宗教と理性に見放された人間が、他の間にあわせの手段で真理にいたるための手段にすぎない、という見方をヘーゲルは悪びれることもなく表明していたのだ。ところが、すでに彼の時代の国家と個人は、ますます矛盾しあい、抗争しあい、浸透しあい、国家は社会のすみずみまで「散文的日常」の網目を広げていた。そのような時代にあって、芸術はますます困難である。そして国家と個人（主体、主観、内面、自由）の矛盾がもし全面的に「止揚」されるなら、歴史の抗争は終わってしまう。その終わりは芸術の終わりでもありうる。一体芸術を正しく必要とし、歓迎する場所はどこにあるのか。ロマン的芸術とは、ヘーゲルにとってすでに終焉に向かう芸術であり、デュシャンはその終焉から、ロマン的幻影を排し、まさに終わりを終わるようにして、それでもなお始めようとしたかのようなのだ。

しかし、芸術の状況のすべてが、そのような歴史的表象に還元されてしまうわけではない。そして身体あるいは生が、芸術とどんな関係を持つかという問題は、なお残っている。絶対理性の美学にとっても、「美」とはあくまでも「感覚的なあらわれ」である（「美しいものとは理念の感覚的なあらわれと定義できます」（ヘーゲル　一九九五―九六、(上)一一九頁））。そして「生きた有機的自然」こそは、その現実的なあらわれであり、あらゆる美のモデルであるにちがいない。カントがまず美学的問題として扱ったのは、自然の美であり、その美をめぐる判断であった。その有機的自然の「有機性」にも、ヘーゲルは、もちろん弁証法を適用して、段階を設けずにはいなかった。「生きた動物の体を目の前にしたとき、私たちに見えてくるのは、生命の統一点ではなく、さまざまな器官だけです。生物はいまだ不自由さにつきまとわれた存在であって、目に見える物としてあらわれる器官を否定して、主体を一つの点としておもてに出すことはできません」。これにたいして、人間の身体は、すでに器官の区分を超越した、より調和的な有機体であり、それは「魂」とともにある。「〔人間の〕体のどこを見ても、人間が魂と感覚をもった一個体であることがわかります」（同書、一五六―一五七頁）。ところがこれでもまだ十分ではなく、機械化され文明化された近代の散文的世界にあって、「日常の生活領域にある個人は、美の概念の根底をなす独立した全体的な生命力と自由を発揮できない」（同書、一六〇頁）とヘーゲルは書いている。そこで国家社会のなかで引き裂かれる内面的私的個人には、芸術が、絵画そして音楽が、そして最も高度な詩が登場して、引き裂かれた人間を和解にもたらさなければならない。

最も複雑に引き裂かれて、最も精妙な調和（総合）を達成した美学的個人とは、最も高度な有機性を実現する身体でもある。しかし有機性はただ調和にむかい、調和を実現するだけではない。ヘーゲルはあらゆる芸術の中の最も高度な達成を詩的言語に、とりわけ「劇詩」に認め、モリエールやシェイクスピアにその例を見ていたが、それらが示す頂点とは、芸術の解体の始まりでもある、と述べている（同書、(下)四七三頁）。こうして完成された芸術の有機性は破壊され、調和も全体性も失うが、そのときすべてが混乱に陥ってしまうわけではない。もはや有機性ではない、統合も調和もない非有機化が介入し、その連鎖が現れる。同時にもはや有機性ではなく、器官の統合を斥けるような否定と肯定を経ながら、やはりもろもろの矛盾を克服する芸術の弁証法の中に、そういう身体さえもヘーゲルは見ていたかもしれない。彼の『美学講義』は、もちろん近代以前の芸術しか扱っていないが、すでに様々な解体や終焉の兆候をとらえてもいるのだ。

しかし結局、高度な有機性を達成する統合と全体の「理念」を彼が放棄することはない。そのような「理念」から逸脱して非有機化される身体さえも、しばしば芸術によって表現されてきたかもしれない。超感性的次元に構想されたカントの「合目的性」からも、ヘーゲルにとっての歴史的終焉（弁証法的完成）からも遠く離れた地点に、別の「美学」を私たちは構想するしかないし、すでにそれは果敢に試みられ、実現されてもきた。それがまだ美なのか、まだ感覚的なのか、むしろ超感覚的な何かなのか、決定することはできない。そのような何かを、たとえば「器官なき身体」とか「非有機的美学」などと仮説的に名づけることしか、まだ私たちにはできない。近代の哲学は、カントとヘーゲルの美学の思考によって、まさに芸術論のアポリアを通じて、ある極限に達したとも言えよう。その極限に位置することになり、もはや原理として総合も合目的性も拒絶する思考の矢を放ったニーチェが、詩と演劇と音楽とともに思考したことは、どうやら必然であった。

16　芸術の解体と非有機性

「感覚的なあらわれ」を通じて現れるものとは、もちろんヘーゲルにとって理念であり、真理にちがいなかったが、芸術によって表現される、そのような理念あるいは真理が何であるかについての説明はほとんど見えなかった。それが哲学の理念や真理と、どう異なっているかの説明はなく、理念や真理を表現するために芸術という手段があるにすぎないかのように、ヘーゲルは芸術を語った。感覚的なもの、建築、彫刻、絵画、音楽そして詩（言葉）は、芸術表現の手段、素材（質料）として形式を与えられるが、この表現はあくまでも理念と真理の要求にしたがうのだ。

古代ギリシアにおいては、特に彫刻と叙事詩が、理念と感覚的素材の間のもっとも完成された調和を達成していた、とヘーゲルは考えた。調和とは、すなわち共同体精神と自立した主体との間の調和でもあったが、この調和は、キリスト教によって、その延長線上のロマン的芸術形式によって引き裂かれる。共同体から分離し引き裂かれる個人、「肉体と精神の苦痛、良心の呵責と悔い改め、死と復活、精神的・主体的人格、親愛の情愛、心と感情」のようなキリスト教的葛藤は、芸術における理念的なものと感覚的なものの間にも、さまざまな屈折や襞を増殖させる。やがて絵画における色彩の強度や、音楽において内面化された音の運動が、そのような葛藤をより透明に表現することになる。ヘーゲルの語る芸術史において、キリスト教からロマン的芸術にいたるこの壮大な弁証法の頂点に位置するのは〈詩〉であり、とりわけシェイクスピアやゲーテに代表される言語表現としての戯曲（劇詩）なのだ。詩的言語こそが、引き裂かれた内面のイメージをもっとも直接的に、正確に表現するのであって、絵画の色彩とイメージも、音楽の醸し出す内面的表現も、「劇詩」に比べれば、絵画はまだ視覚的描写によって外面的であるから十分に理念的ではなく、音楽は感覚的高揚によってかえって理念の表現を阻害するという難点をもっている、とヘーゲルは、あっさり芸術の優劣を決めつけている。

そのような思弁を通じてヘーゲルは「劇詩」を最高の芸術に位置させ、理念の活動そのものに他ならない哲学の隣りにおいている。いわば、理念の十分な表出に等しい言語芸術の覇権を予定していたように『美学講義』を展開したのである。ところが、ヘーゲルの美学の目論見に対する一大反乱がおきたかのように、そのような言語の覇権は次々糾弾されていったのではないか。もちろんヘーゲルは西洋のイデオロギーを、入念に代表し洗練した思想家でもあり、いまヘーゲルをとりあげるのもそれが理由である。こうして言語の王位剝奪、失墜、衰退という事態が、現代芸術の歴史、美学的抵抗をつらぬく一大モチーフになってきたのではないか。もちろん視聴覚メディアの大々的な普及は、このことと関係があるにちがいない。芸術全般の解体、信用失墜もこれと無関係ではないだろう。そのことはまた、変質した言語表現や、もはや芸術とは思えない芸術の登場とともに生起したのである。したがってもはや問いは、言語か非言語か、ということではない。もちろん精神か身体か、理念か自然か、有機性か無機性か、という択一でもない。

いずれにせよ、すべて生にかかわる現象は身体にかかわり、いまでも地球で生起するすべての出来事は自然の一部なのだ。その自然のなかの身体のさまざまな連結と切断、あらゆる観点からとらえうる統合と非統合が、たえず反復され変形され再構成されている。身体そのものにおいても、身体とそれ以外のものとの間でも、その連結と切断は刻々変化し、そしてそれらすべてが巨大な自然のなかで進行している。人間の生死、世界の生死は、すべて自然的有機性のなかにあり、それの変形や拡張でもあるが、人間はこの有機性の連鎖を否定し、中断し、そこに不連続や間隙をもたらし、非有機性の連鎖を介入させてきた。精神、思考、言語、技術は、すでに非有機化であり、有機性を操作する非有機化である。この非有機化は自由の可能性でもあるが、それ自体制御不可能な次元をも生み出している。それは崇高でもあり、残酷でもあり、自由でもある。もはや有機的な統合という幻想は、本質的に無効であるにちがいない。統合ではなく、横断、隣接、共振の係数。そのための技術、芸術、美学。「複製技術」の登場によって大きく変質した芸術について考えながら、「美学の政治化」についてヴァルター・ベンヤミンは語った。ここで私はむしろ「美学の非有機化」について考えてきたが、ベンヤミンの提案と共振するところは多い。非有機化は、いつも有機性の過程とともにありながら、有機性を否定し、そこから離脱し、有機性に介入しようとする。これはすなわち、政治が有機的に、そして非有機的に作動する過程でもある。芸術はもはや「第二の自然」、「第二の有機性」ではありえない。非有機性は肉体の幽霊のように、有機性を離脱していくが、むしろ有機性の幽霊が非有機性を阻害（疎外）し、同時に有機性さえも阻害し排除することがありうる。有機性と非有機性のたえまない結合、連鎖、交替を正確に見つめ、そこに肯定的な作動を追求することが必要になる。

第三章　人間あるいはシンギュラリティ

人間の複数性は、それが一人一人の新生《ネイタリティ》の事実に基づくかぎり、人間の生の根本条件の一つである。新生を通じて、人間の世界には絶えず見知らぬ者、新しい者たちが参入してくる。かれらがどのように行為し、また他者の行為にどのように応接するかは、すでに世界のなかにあり、まもなくそこを立ち去ろうとしている者には予見しえない。

（ハンナ・アレント『過去と未来の間』）

1　私たちとは誰か

いま「私たちとは誰か」というふうに問いをたててみる。当然ながら「私たち」とは時間的に、そして空間的に規定され限定された存在である。この時代、この地理的、地政学的条件によって規定された存在としての「私たち」について考えることになる。そのような「規定」が、どこまで、いかに私たちの心身に及んでいるかも考えずにはすまない。数々の書物を手がかりにするが、ミシェル・フーコーの『言葉と物』のなかの、「人間の終焉」、「人間の消滅」について書かれた名高い一節が、いま頭に浮かんでいる。「人間は、われわれの思考の考古学によってその日付けの新しさが容易に示されるような発明にすぎぬ。そしておそらくその終焉は間近いのだ」（フーコー 一九七四、四〇九頁）。ほぼ半世紀前に現れた、このやや大げさに見える〈宣言〉に照らすならば、その後「人間」はどうなったのか、どう変わりつつあるのか。この「終焉」は「私たち」に何を意味しているのか。どう、かかわってくるのか。

フーコーのこの一節を私に思い出させてくれた河本英夫氏は、「シンギュラリティ」（特異性）について語ったカーツワイルの本のことも話題にされた（ここではカーツワイル 二〇一六を参照する）。最近のコンピュータ技術の水準では、メモリーのサイズが毎年約二倍に増えている。五年たてば二の五乗で三二倍になる。コンピュータ一台のサイズに五年後には三二個分が入るようになる。一〇年たてば約一〇〇〇倍になって、さらに飛躍的な変化が起きる。二〇三〇年代から四〇年代には、一人一人の思考と記憶処理能力が、つまり人間の脳の内容がそっくりダウンロードされるほどの容量が実現されるだろうという。私たちはどんな変化も、ほぼリニアーな変化にそって想定してしまうが、技術の進歩は冪乗に進んでいくもので、そういう曲線上に出現する突然変異は、予想もつかない成果をもたらす。カーツワイルのいう「シンギュラリティ」とは、そのような奇跡に似た集中的変異のことで、それがもはや奇跡ではないと彼は説得しようとしている。

新しい技術の登場とともにある未来の予測、未来像を提出する本は次々と出続けているが、もちろんそのような試みは数世紀前から存在した。いま思い出すのは一九六〇年代のマーシャル・マクルーハンのブームである。思想的な書物というよりも、むしろ経営学につながる技術革新や社会変動を説明する本として流布していたので、若い私にはいかがわしく思えるばかりで、まじめに受け取ることはできなかった。

後にドゥルーズやフーコーを読むようになって、あるときからマクルーハンの本に真剣に向かうことになった。ドゥルーズ＝ガタリは『アンチ・オイディプス』の中で、マクルーハンをまったく肯定的に引用していたのだ。マクルーハンは、テレビが出現したことによって、「メディア」というものの性質が根底から変化すると考えた。社会学者として、そもそもメディアとは何かということを、人類の始まりからたどりなおして考え、もともと人類はずっとメディアとともにあった、というふうに発想した。確かにテレビの前にも映画、電信、電話、写真、等々のメディアが次々世界を変えてきた。情報交換を媒介する手段、技術が、人間の世界を大きく変質させる。特にテレビというメディアによって人類自体が大きく変質してしまうという、その変化の感覚がいつしか共有されるようになっていた。端的に、みんながテレビにくぎ付けになり、頭の中がテレビになってしまうという脅威も与える。当然それに対する人文主義的な抵抗や批判もまきおこった。

しかしマクルーハンは、憂慮するには及ばないと軽快に忠告した。人類はいつも「メディア」とともに生きてきた。人間が身につけている服だってメディアではないか。衣服とは身体のいわば延長線上、皮膚の延長線上にあるメディアである。道路によって、ある場所からある場所へ移動できるということは、道路もメディアである。人間の機能や能力を拡張するものを、すべてメディアと呼ぶことができる。そんなふうにメディアの歴史を普遍化する観点を彼は提案していた。人間はずっとメディアとともに生きてきたのだから、テレビが現れた今も、同じようにテレビと親和して生きていけばいい。そうでないと「バナナの皮に滑って転んでしまうように」、テレビを有効に役立てるかわりに、テレビに滑って転んでしまう。マクルーハンはユーモアをまじえた文体で、ヴィヴィッドな思考をした学者でもあった。

いつのまにか人間はテレビにすっかり親和してしまった。そしてマクルーハンだっておそらく想定しなかったような異次元の技術とメディアが出現し、世界はさらに一変している。意外なことにマクルーハンは、活字というメディア（「グーテンベルクの銀河」と彼はそれを呼んだ）は、デカルト的な、明晰な主体的思考を世界に流通させるのに大いなる役割を果たしたが、テレビは、いまやむしろ触覚的、身体的、直覚的なイメージの思考を切り開いていくと主張して（初期のテレビのあのざらざらした画質を私たちは覚えている）、いわば新しい人間像を思い描いていた。その後に完成された高精度のデジタル技術の特性に比べると、むしろアナログな、有機的と思われる特性のほうに注目して、テレビは超近代的な非人間性などではなく、むしろ先住民の共同体のように直接的、身体的なコミュニケーションをもたらすと、マクルーハンは考えていたのだ。

フーコーのあの「人間の終焉」という言葉、カーツワイルのいう「シンギュラリティ」、そしてマクルーハンの「テレビ」――それぞれまったく異なる文脈で発想されたものだ。私自身は、コンピュータ技術の目覚ましい進化について、何か独自の提案をしうるような準備はまったくない。それでも、この時代に、そのような「進化」のさなかで生きている「われわれ」にとって、この時代とは一体どういう時代なのか、あるいは「われわれ」が生きるこの世界はどういう世界なのか、科学技術の専門家ではない「しろうと」の立場から考えていくことは必要なのではないか。むしろ大多数の「しろうと」がこのような「進化」にどう巻きこまれていくか、そのことが「進化」にとって重要なファクターであるにちがいないのだ。

フーコーが、カントの『啓蒙とは何か』を引き合いに出しながら考えたことがある（フーコー 二〇〇二）。カントは「われわれとは誰か」という、非常に新しい哲学的問いを提起していたと、彼は言うのだ。啓蒙の時代を生きる「われわれ」とは一体誰なのか。この時代とは何か、この世界とは何か、とカントのように問うならば、やはり私たちも、私たちとは誰か、あるいは私とは誰か、どんな人間かと問うことになる。「私」は、もちろんこの時代やこの世界と様々な関係を結んでいるが、必ずしもそれと関係がないかのように生きてもいる。そしてフーコーはさっそく問いを変形する。この時代にわれわれは、自己とどのような関係をもつのか。カントの『啓蒙とは何か』の考察は、いつのまにか「自己との関係」という問いに収斂していき、そのことが『啓蒙とは何か』の核心のモチーフにもなっている。最晩年のフーコーの思索は、この「自己との関係」、「自己への配慮」という問いのまわりをゆるやかに回り続けた。おびただしい技術の進展のなかで、技術の現状や予測について知ること以外に、そのなかで右往左往している「私たち」の「自身」との関係とは何か、について考えるという課題が確かにあるはずだ。最先端の技術にいかに適応するかを考えたり、それとともに未来を予測したりする思考ではなく、曖昧模糊として意味のない問いに見えようとも、哲学こそはそういう課題を引き受ける思考でもあるはずだ。

2　メイヤスーの相関主義批判

カンタン・メイヤスーの『有限性の後で』(Meillassoux 2006)。いつしかそれは「思弁的唯物論

(matérialisme spéculatif)」を提唱する書物という位置づけになっている。タイトルがかなり挑発的であるだけでなく、小著ながら近現代の哲学を総括して批判する野心的な内容を含んでいる。

その批判は、カント哲学のいわゆる「コペルニクス的転回」を標的にしている。われわれは物自体を知ることはできず、われわれの主観の前に現れたものしか知ることができない。カントにとって、あらゆる認識は、あくまで主観に即して相関的(corrélationnel)である。ただしその認識には、あるア・プリオリな時間と空間の形式という条件が備わっている、というわけでカントは経験論の「相対主義」には決して同調しなかった。

メイヤスーは、この相関主義(corrélationisme)が現代の思想に深く浸透していて、ニーチェやドゥルーズさえも、みんなその圏内にいたと言う。かなり荒っぽい断定だが、カント以降の哲学は相関主義に凝り固まり、〈物自体の認識はあり得ない〉という立場の中に閉じ込もってきたとメイヤスーは断定している。

そこで彼の主張は、もうそろそろ相関主義を見直して、その外部に出なくてはいけない、物自体を認識しなければならないということになる。自然科学を見よ。自然科学は人間の外の世界を認識する。人間のいない宇宙を認識し、人類の存在以前と以降を問題にする。もちろん、実験や観測に基づいて、そして数理的な思考の積み重ねによって、それを実践している。ところが相関主義は、人間のいない世界の認識、人間以前あるいは人間以降の世界の認識を排除している。人間は人間の主観を超えた世界を認識できないと断定してしまうと、非論理的にであろうと、逆に主観を超えようとする要求がはびこるようになる。相関主義に逆行し、宗教的な世界観に基づいてこの相関主義を一気に超越しようとする原理主義が蔓延するようになる。現代のこの悪しき兆候は、相関主義への反動がもたらしたのだと、彼は書いている。

しかし「相関主義」のせいで、その反動として宗教的な原理主義が跋扈する、という因果関係の説明には、むしろ社会的あるいは歴史的な考察が必要で、そんなふうに簡略に二つの地平にある二つの傾向を結びつけることはできない。それにしても、そのような批判的モチーフが、彼の相関主義批判をうながしている。

以上のような文脈で、メイヤスーはむしろデカルトに戻ることを提案している。自然科学者でもあり数学者でもあったデカルトは、その認識の基礎として「私は考える、ゆえに私はある」という第一原理を考えた。その延長線上で、世界を演繹的に、厳密に、理性的に、判明に知ることができると主張した。カントは、デカルトの作り上げた、そのように強固な知の地平をひっくり返したとも言えよう。カントはむしろ知的近代の線的展開に、一つの〈裂け目〉を浮かび上がらせた。デカルトの認識をさらに厳密につきつめ、『純粋理性批判』では科学的な認識自体をまさに批判的に考察しようとしたとも言える。近代とは決して一枚岩、一直線ではなく、それ自体に、ある種の裂け目、折り目、断絶点がある。デカルトのもたらした近代と、カントのもたらした近（現）代とは、すでにかなり異なる性格をもっている。

メイヤスーのように、人間以前にせよ以降にせよ、あるいは同時代にせよ、人間と相関的でない世界を考察しようとする発想は、ほとんどSF的と言えないこともない。しかも「相関主義」に関する彼の断定は、哲学の学的解釈という範囲を超えて、ときに粗略な党派性に近づいているように見える。デカルトがもたらした近代的認識の大きな可能性を、「相関主義」が極端に狭めてしまったという批判は、いくつかの傾向と連動している。その批判とリンクするようにして、例えば〈人類の絶滅〉という問題、あるいは太陽が五〇億年後に燃え尽きてしまい、そのとき仮にまだ人類がいるとすれば……と問うような発想が、わりと頻繁に思想的な話題に上るようになってきた。私がこうして考え始めたことも、そのような動向をうすうす感知してきた結果でもある。

最近の「絶滅」に関する議論よりはるか以前に出ていたジャン＝フランソワ・リオタールの『非人間的なもの』（リオタール 二〇〇二）も、太陽が絶滅する前に人類が他の星に大移動する、というような可能性を、哲学的な問題として考察していたことを思い出した。

「太陽の死は精神の死です」と彼は語っている。「精神」としての人間は身体をもち、死すべきものであり、苦しむ存在である。科学技術は「人間の死後にも存続する、身体なき思考を可能にすること」を追求し続けるかもしれない。しかし、どんな哲学も、すなわち倫理学でもあるならば、人間のいない世界の倫理はありえないし、その世界には哲学もありえない。人間のいない世界の哲学、人間はいるが精神はない世界、精神だけはあるが身体はない世界の哲学、もちろんどれも荒唐無稽な仮定であるが、それらについてさえ様々な問いを哲学は立てることができるし、その中からさらに問いを選ばなくてはならない。

現象学者でもあったリオタールは、科学技術の仮想する未来を思考実験として迎えながらも、やはり、人間の世界の外について、あるいは身体をもたない人間について哲学することは意味がないと主張している。例えばフーコーにしても、「人間」が消滅した後には何がくるかということさえも示唆しているように見えたが、生物としての人類の絶滅について考えたわけではない。「人間」の出現も終焉も、あくまで彼が考えた「言葉と物」の関係の歴史の中で浮かび上がってきたことにすぎなかった。

しかし、そういうSF的次元を真剣に考えてみようという提案も、メイヤスーの思索にはどうやら含まれているようなのだ。「相関主義」から脱出し、物自体の認識、絶対的な認識というものをわれわれは目指すべきだとも、彼は述べている。といっても自然科学ではなく哲学が、そのような認識をどうやって獲得するかは、この本にほとんど書かれていない。哲学がむしろ自然科学者にならって、数学や物理学、化学や生物学の方法や観点を吸収して「物自体」の認識を目指すというのでは、哲学自体の場所はどこにあるのかという問いが、当然ながらわいてくる。哲学に未来があるかどうか、未来の人類にとって問題ではないとしても、哲学はそれ自身の未来を、人類の未来と重ねて考え続けるしかない。

3　表象の時代

フーコーの主張を、もう少し振り返ってみよう。フーコーにとっては『狂気の歴史』以来、西洋の一七〜一八世紀が一貫した研究テーマになっていた。『言葉と物』では、古典主義時代の一七世紀とそれ以降、特に一八世紀後半から、学問的認識にどういう変化が起きたかを、精密に、そして大胆に考察している。それにには様々な学の進展を網羅的に研究しなければならなかったが、とりわけ彼は、生物、経済、言語の学の基本的な認識の傾向を「エピステーメー」として抽出するという、それ自体独自の観点を作り出したのだ。

このような観点に即して、フーコーは、「人間」というもの、認識対象としての「人間」は、一八世紀以前には存在しなかったと言うのだ。一七世紀のエピステーメーは「人間」ではなく、「表象」をめぐるものであり、それが人間の知的活動によることは自明でも、人間そのものが認識の焦点になってはいなかった。そして「人間」そのものを焦点とするエピステーメーが現れても、それもいつまでも続くわけではない。最後のページに彼はこう書いた。「賭けてもいい、人間は波打ちぎわの砂の表情のように消滅するであろう」。かなり挑発的なこの文だけを読むと、まるで人類が絶滅することを予言しているように聞こえるが、そんな黙示録的予言をしたわけではないし、人間存在の正当性についての是非を述べたわけでもない。そもそもこれらの指摘は、すべて西洋史の範囲の中に限定されていたことでもあり、その普遍性もこの視野の中でしか通用しないことは前提でなければならない。フーコーは、あくまでその範囲（西欧）に厳密に研究のコーパスを限定したうえで、人間をある特別な認識対象とした「エピステーメー」の終わりを指摘していたのである。

西洋の知の歴史の中に、「人間」という問題が浮上したと言われるのは、「古典主義時代」のあとのことであり、次にはさっそくそれに終止符を打つ段階がやってきている。「さっそく」といっても、「人間」が早々と消滅してしまったわけではない。デカルトが切り開いた近代に、ある意味でカントは裂け目、あるいは折り目を入れ、新たな襞を刻み付けるような転換をもたらしたのだ。「人間」の登場は、むしろカントの時代に重なるが、フーコーは『言葉と物』における時代区分を、そのまま哲学や政治思想に適用することをむしろ注意深く避けていた。

例えば、ルネサンス時代の人文主義的な思想によって、神の支配する中世から人間は離脱していった、という説明は世界史の通念として広く流布している。しかしフーコーにとって、ルネサンスはまだ「人間」を認識するような時代ではない。「表象」の時代の認識は、そこにデカルトが位置するとしても、まだ全知の神によって保証されていた。フーコーにとって人間の認識は、あくまで一八世紀末から一九世紀初頭、ほぼフランス革命前後の時期に初めて始まるものだ。しかし決して革命が、あるいは哲学が、それをもたらしたわけではない。

フーコーの言う、表象をめぐる認識とは何か。彼が「表象の時代」と呼ぶ一七〜一八世紀にはたとえば生物学はまだ存在せず、自然誌（histoire naturelle）つまり博物学しかなかった。ここでは動物よりも植物が大きなテーマだった。植物を目で見て、花や葉の形態を調べる。雄しべ、雌しべの数を数える。そのように、あくまで視覚によって分類することが認識の原理である。視覚による観察の成果にもとづいて、分類し配列して生物の分類表を作り上げる。こうして植物、動物に関して、「自然誌」として、ある全体的な認識を作り上げること。

しかし生物学が成立するには、このような表象をめぐる認識から離れて、動物を解剖し、もはや表層（「表層」は「表象」でもある）ではなく、深層の生命の営みそのもの、そして生殖の機能がどういうものかを探っていかなくてはならない。植物に関しても、目に見える雌しべや雄しべの形態ではなく、胚の仕組みを分析することによって初めて生物学に達しうる。このようにして、やっと生命の活動そのものに認識の焦点が定まっていった。フーコーにとっては、これこそが根本的な転換だった。

経済に関する認識と、言語に関する認識に関してもほぼ相似的な変化がおきた。経済においては、価値や欲望の比較的な大小ではなく、価値を生み出す「労働」こそが経済的価値を決定しているものだという認識が形成された。古典主義時代の言語については、フーコーは『ポール＝ロワイヤル文法』を取り上げている。そこでは、基本的には名詞が大きな意味を持ち、名詞が世界を「表象する」という機能が、言語の本質であるかのように認識されていた。しかし比較言語学を通じて新しく生まれた言語の認識は、むしろ言語における「屈折」に、例えば動詞の活用に注目している。名詞の表象的機能ではなく、むしろ屈折の方式とともにある差異こそが言語の本体とみなされている。やがて言語学にはソシュールが出現して、「語が何を表象するか」ではなく、語のあいだの音声上の差異こそが言語学の問題である、というように明瞭な形式的定義を与える。いまでは構造主義の原点として広く認知されている指摘であるとはいえ、これも認識上の根底的転換にかかわることにちがいなかった。

表象の言語にとっては、言語自体はまったく透明であり、その透明な言語が世界を鏡のように映しだすことになる。それ以前には、例えば日本語に「言霊」という語があるように、言葉そのものに魂があり、言葉そのものも一つの厚みをもつ〈生きた〉存在であるとみなされる世界があった。言葉が意味するものと言葉自体とはどこか相似している。漢字、表意文字では、木という記号は実際、木に似ている。言語という意味するもの自体が意味されるものに似ている、世界は相似に満ち満ちている。ルネサンスの認識とは根本的にそういうものだったとフーコーは書いている（もちろん西洋外のアニミズム的思考と、ルネサンスの認識は同じものではない）。

やがてヨーロッパの知性はそのような傾向を脱け出し、一七世紀には、表象作用と、透明な記号を出現させた。「表象」に属する古典主義時代には、それ以前の時代に比べて、人間の認識はずっと厳密に、「表象」の原理によって統制されていったと言えるのだろう。『言葉と物』の歴史学は、合理主義、民主主義、そして資本主義という歴史の常套句を一貫して避けている。近代（厳密には「近世」というべきか）とは合理主義でも民主主義でもなく、むしろ「表象」を操作する言語が登場した世界だと言うのだ。しかしその「表象」がやがて散佚していく。認識は、表象の背後にあるものに及び、生命、労働、言語が認識されるようになり、こうして初めて生命、労働、言語の結び目として「人間」の存在が浮上する。つまり言語を操作する人間、生命を生きる人間、労働を巡って生産、蓄積、消費を行い、せめぎ合う人間。こんなふうにして「人間」というものが初めて認識の俎上に上ったと言うのだ。フーコーの提案は根底的で、歴史の見方の大転換をはかるものであり、いまも繰り返し検討するに値する。ただし「表象」の時代のあとの「人間」の時代、あるいはそのあとにさしかかっているらしい私たちの時代にも、「表象」と「人間」は消滅したのではなく、繰り返し回帰し、保存されている。比較的短い時期に、「表象」と「人間」が相次いで登場したのならば、当然この二つのエピステーメーは、接点も交点ももち、浸透し、交替することがありえたにちがいない。歴史は確かに転換し続けていても、〈人間の表象〉さえも頑迷に保持されていて、同じ認識態度が繰り返されている。だからこそフーコーの提案自体も、再検討し、更新していかなければならない。

4　表象から人間へ

『言葉と物』の第一部は、表象とともにある認識によって規定される時代を説明している。「表象」という認識の襞、折り目。しかし「表象する」人間は、決して表象する自分自身を認識しようとはしなかったかのようだ。第二部では、まず「表象の限界」をフーコーは論じている。今度はまさに「人間」が認識対象となる新しい世界がやってくる。この変化は、一八世紀末から一九世紀初頭に設定されている。ここに近代のもう一つの襞、折り目が現れる。『言葉と物』を刊行した後のフーコーはことあるごとに言っていた。表象の時代が終わって、人間の時代がやってきた。その人間はどこに行ったのか。どこにも行かずに終焉しつつあるが、人間の時代が終わったわけではない。われわれはまだ長い近代を生きている。認識対象としての「人間」が出現し、消滅しつつある時代を、未だ生きている。まるで死にいたらない瀕死の時間が、ずるずると引き延ばされてきたように。いずれにせよ、表象と人間、という二つの折り目が、近代を規定している。しかし、この折り目を私たちは、しばしば混同しそうになるのだ。表象が終わったのではなく、人間が終わったかのように。人間が終わったのではなく、むしろ人間が始まったかのように。人間は終わる途上にあるのではなく、すでに終わったかのように。人間は終わったのに、まだ表象だけは確固としてあるかのように。とうに終わったはずのものが、次々回帰してくる。

フーコーは、『言葉と物』の最後のほうに「人間とその分身（l'homme et ses doubles）」という章を設けている。この章のタイトルはアントナン・アルトーの『演劇とその分身（*Le théâtre et son double*）』からきているにちがいない。表象のあとに出現した人間が、こんどは消滅しつつある。人間が認識されたあとに、人間とその分身とはいったい何か。フーコーはここでニーチェの「超人」に言及している。フーコーはニーチェの熱心な読者だったにちがいないが、ドゥルーズほどには表には出さなかった。「人間」のあとにやってくるものを、ここで「超人」と呼ぶよりも、むしろ人間の「分身」あるいは「他者」と呼び、たくさんの例を挙げている。その重要な例の一つは「無意識」という「分身」、つまり精神分析なのだ。

「人文科学」というものは、まさに人間の瀕死の時間に、表象ではなく、まさに人間を認識しようとするかのように登場したのだ。心理学や社会学はそれ以前には存在せず、それらの領域はむしろ哲学の領域として考えられていた。「人間とその分身」の章のあとには「人文諸科学」という最終章がくる。やっと人間が認識対象になったところで、当然ながら人文諸科学が出現するが、人文諸科学のあり方は実に曖昧である。確かにそれらは、人間の認識をもたらすことになった生物学、経済学、言語学にうながされ、これらから派生するようにして現れた認識である。しかしすでに「表象」から訣別したはずの時代に、まだ人間について「表象」を作り上げている、まだ表象の彼方に移動できないままでいる、そういう認識が人文諸科学であるとフーコーは批判している。人間の分身とは、人間の他者であり、そこに新しい認識の焦点が浮かび上がると言いかけたところで、人間とその様々な分身が登場してきた世界にありながら、人文諸科学はまだ表象の上に眠り込んでいる、と言う。「人間学的眠り」と、かなり辛辣な批判を込めて彼は書いたのだ。

そして、フーコーは暗示するにとどめているが、このくだりにはモーリス・ブランショへの反響が感じられる。ブランショはまったく独自の観点からハイデガーを読み、フランス語の思想にいちはやくハイデガーを導入して、独自の批評と創作を続けていた。フーコーはハイデガーもよく読んでいたようだが、ブランショに対する親近感は非常に強く、ブランショが投じた非人称的なもの、中性、死についての思考は、フーコー自身の「人間以降」の認識に少なからず影を落としているのだ。

「表象から人間へ」、そして「人間」からその様々な分身、他者、あるいは「非人間」へとフーコーの思考は焦点を移していった。こんなふうに表象の外へ、人間のほうへ、ついで人間の外へと、認識は、そして思考は脱落し、脱出してきた。次に思考する者たちはどこへ行くのか。いやどこにも行かずに、同じ場所にとどまるのか。すでに乗り越えたはずの認識の上に、いつのまにか眠りこけてしまうのか。フーコーが問題にしたのは、西欧の数世紀にわたる時代に、言葉と物の関係を構成していた認識態度の転換にほかならず、決して大げさな歴史的事件などではなかったはずだ。それにしても「私たちとは誰か」を考える上で、フーコーが画した「人間以前」と「人間以降」は、示唆に富んでいる。目立たない古文書を読み解くなかで見えてきた、きわめて控えめな転換にすぎないが、それをふまえて大きな転換につなげることもできる。それはカーツワイル流の予言よりも、はるかに理解しづらく、まさに表象しがたい分析であるが、だからこそ根本的転換を浮き彫りにしていたとも言える。

5　近代に折り目を入れる

『言葉と物』よりだいぶあとに書かれた本なのだが、ジョナサン・クレーリーの『観察者の系譜』（クレーリー　二〇〇五）という本に書いてあったことで強く印象に刻まれたことがある。西洋近代は決して一枚岩ではない、少なくともそのなかに、ある大きな断絶や、いくつかの折り目があると考えたほうがいいという問題に照らすと、クレーリーのこの本も、やはり近代の中に一つの折り目を見るという見方を提出していたのだ。

クレーリーは、美術における遠近法（透視図法）と切り離せない技術としてカメラ・オブスクーラを考察している。写真機《カメラ》の原型になった、暗箱あるいは暗室に小さな穴を開け、その中の壁面に外の景色を投影させる技術は、早くから知られていたが、すでにルネサンスの時代の画家たちは、これを利用しながら絵を描いていた。近世以降の認識の布置を「遠近法」に重ねて考えたクレーリーは、カメラ・オブスクーラにおける「観察者」のあり方に注目した。この観察者は、暗箱によって外界から隔離された空間で、世界を静かに、視覚的に観察する者である。この状況では、観察する主体と客体が完全に分離されている。このような隔離、分離、不動性によって世界の明晰な表象が得られる。そしてこのような装置に対応する認識態度が広く確立されることになった。まさにデカルトの認識さえも、そういう性格を帯びていたかもしれない（暗箱の中に閉じこもった人間とは、安部公房の『箱男』という小説を思い出させるが、『箱男』は、むしろあの時代の日本人の心理的自画像のようなものだった）。

ところが、その「暗箱」の世界に、ある断絶がおきるとクレーリーは述べている。たとえば、一九世紀初めに生まれたグスタフ・フェヒナーは、心理学的問題を物理学的に考察し、心理現象を数理的に認識すること（精神物理学）を試みて、後にフロイトなどにも注目される成果を残した。残像を研究しようとして太陽を見つめ続け、目を痛めたりしたこともあり、かなり風変わりな人物であったようだ。フェヒナーが言うには、人は赤い対象の赤色を目で知覚するが、背後から木づちで頭を殴られても赤色を見る。つまり色彩とは、ただ目が見るものではなく、実は身体が生産しているもの、内部から生理的に作り出しているものだと指摘する。人間の知覚は、ただ外界からやってくる物理的情報に還元できるものではない。五感というよりもはるかに複雑な身体の作用によって、身体の内部で作り出されているのだという。

もう一つの例として、フェヒナーはゲーテの色彩論を挙げていた。それはニュートンへの批判でもあったが、色彩は単に網膜に与えられる光の波長という視覚的効果に還元されるものではない。たとえば様々な残像、色覚における色彩間の干渉をとってみても、色彩（色覚）ははるかに多層的な感覚の束の中で、人間の身体を通じて生み出されるもので、視覚はカメラの乾板のように光に反応するわけではない。独特の問題意識をもって、色彩の研究をしたゲーテは、光自体ではなく、むしろ光を受けとる身体の能力に着目していた。知覚の対象は、あくまでも知覚主体の身体の不透明な厚みを通じて獲得されるという認識は、表象の形成に身体の厚みを介入させるものだった。ここにも「観察者の系譜」にとって全く新しい段階が訪れたことが見てとれる。カメラ・オブスクラ（暗箱）の図式から、むしろもう一つの〈暗いひろがり〉、つまり身体の厚みへと認識の焦点が移ったこと、ここにも近代というものに一つの亀裂、折り目が発見されていた。

6 人間の認識以降

しかしこれらの「折り目」に着目するだけではなく、やはり「人間の認識」以降の問題を考えなくてはならない。「私たちは誰か」という問題に戻るなら、私たちは「表象」による認識のあと、さらには「人間」の認識のあとの地平、あるいは「生命」や「労働」や「言語」を何か特別なものとして発見し、人間の「身体」を発見し、やがてその「人間」が消滅しつつあるかのような認識の地平にいることになる。そうだとしても、私たちは、もはや表象的な体制から遠く離れてしまったかというと、そんなことはない。フーコーの批判などまるでなかったかのように、表象的認識は跋扈し、ますますさかんである、とも言える。〈新たな〉表象とその体制が次々、再生産されるかのようである。生命、労働、言語とともに発見された「人間」という枠組みからもすっかり自由になったわけではなく、「人間」の観念から自由になったわけでもない。ヒューマニズムも人権も、ますます問題であり続けているし、それを否定するものたちが、フーコーを引用するわけではない。私たちは、まだ近代のそれらの折り目を複合したままかかえている。前代未聞の複雑な認識の地平に巻きこまれていると同時に、いつも人は複雑なものを単純化する性向をもつから、そのような複雑さをしばしば忘れてしまうことによって、いかにも「人間的」であり「表象的」なままであり続ける。

現代も進行中で、まだ終わっていない「人間の終焉」という第三段階については、フーコー自身もそれほど多くを語ってはいない。それを示唆するものとして彼は「無意識」にも触れていた。人間の新しい段階、人間の「分身」としての欲望的人間。当然精神分析の知が示唆されているが、精神分析が、このような「分身」として無意識を十分に解き明かすことができたかどうか、それは確かではない。フーコーのこの示唆にしても、少なくとも「私たちは誰か」を考えるために参照しうるものでありうる。ドゥルーズはフーコー論の中、最後の「付記——人間の死と超人について」の数頁で、まさにこのことに触れている。しかし彼も「人間の死」のあとに来るものが何か、それほど詳らかに展開してはいない（ドゥルーズ 二〇〇七）。

「人間」は、様々な力の組み合わせとして出現した。この社会のあり方、人間の認識、エピステーメー、知や技術の体制もまた、様々な力が組み合うところに出現するにちがいない。その結果として新しい段階というものが訪れる。このくだりで、「人間」の次に登場するのは何かについて、ドゥルーズははっきり述べていない。ごく暗示的にだけ、ケイ素、シリコン、つまり高度化する情報技術の可能性を考え、そして「脳」の問題に触れている。シナプスの間隙の認識は、脳のみならず、新しい人間のイメージを生み出す。そして言語というものの新たなステータス。ケイ素、つまり無機的なもので満たされた、あるいは言語（情報）の存在で満たされた人間。「人間」の出現と終焉のあとに、出現（再生）する非有機的人間。

ドゥルーズは一方で、情報、いわゆるコミュニケーションをめぐる疑似哲学的思考を嫌悪し、敵対視していた。哲学を横領するものたち、新しい管理と支配、マーケティングの「哲学」。それでも彼は、新しい技術や機械とともにある言語の新しい情況には、肯定的に対応しようとしていた。そして「脳」の認識は、心理学や精神分析が決して与えなかった思考のイメージをもたらしている。ドゥルーズは映画論の最後でも、脳の問題に言及し、「脳」の映画について論じていた。「脳」という思考機械の認識とともにありうる異種の言語を想定し、言語の形式や制約を超えた非文法的な言語あるいは思考を思い浮かべていた。二冊からなる『シネマ』は、席捲するデジタル技術によってかつての栄光を失った映画の二つの時代をただ回顧して分析する以上に、そこから別の人間の知覚とイメージを発見し、別の仕方で思考する試みであった。その意味では、映画論を遠く逸脱する射程をはらんでいた。

諸力の新しい組み合わせとして、新しい人間が出現するということ。ドゥルーズにとっては、ベルクソン主義との関連でも、人間の「潜在性」が新しいものを生み出すという発想は根本的である。「諸力の組み合わせ」とは、まず「潜在性」として作動する。「潜在性」でなくなった力とは、いかに「強力」であろうと、すでに何かしら損なわれ、劣化した力である。「器官なき身体」というあの奇妙な概念も、そういう発想の中で生まれた。それには有機的／無機的という区別を超える身体という意味があり、無機的ではなく、非有機化が別の意味をもって、別の有機化をうながすことになる。身体そのものがたえず新しい組み合わせの中に入っていき、変質を遂げるということ。身体の個々の形態は、一見してそれほどラディカルに変わるはずがなくても、人間の身体そのものは、いやおうなく新しい力の組み合わせに入っていき、たえず「器官なき身体」を形成していく。同時に思考と脳の関係も、新しい力と合体して別のものになっていく。このような潜在性の可能性に関して彼はまったく肯定的だった。

あえてSF的ヴィジョンの中に入っていき、人間が新たに、どういう力の組み合わせの中に入っていくかを、思考の俎上に上らせることが必要かもしれない。SFというジャンル自体が、ある意味ではそういう試みの一つでもあった。

リオタールは「非人間的なもの」を問題にし、カーツワイルは「シンギュラリティ」という言葉を使うが、ほとんど定義不可能な変化を遂げ、そこに登場する人間の状態を構想するという可能性は、ドゥルーズの問題でもありえた。何よりも「脳」こそが、「シンギュラリティ」でありうる。しかしそれは電子メモリーの飛躍的増量に対応する技術の潜在力としてのシンギュラリティとは異なる「潜在性」のことである。カーツワイルのいう「シンギュラリティ」は、表象についても、身体についても、人間についても問うことなく、従来とまったく同じ生産や能力の観念を保存しながら進んでいるように見える。超能力のように見える未来の能力のモデル（シンギュラリティ）自体は、まったく旧態依然のものに見える。

7　技術と人間

「シンギュラリティ」について語るカーツワイルの本を読んでいると、技術がどこまでも進化するということを、彼が全く信じ込んでいることに驚く。ある種テクノナルシシズムと言いたくなるような傾向も見えてくる。彼の主張自体よりも、無限の可能性を信じるその信念のほうが驚きなのだ。科学技術のすさまじい進歩は指数関数で考えなくてはならない、と科学（工学）の成果をもとに彼は予測しているが、この信念自体はそれほど科学的なものではない。

たとえば、ナノボットといわれるような、ナノスケールのロボットを作り出して、それを口から吸引したり、体内に投入したりする。脳の記憶は進化にしたがってだんだん容量を増やしてきたが、ナノボットによってそれをさらに飛躍的に増大することができるという。記憶の限界などないといわんばかりの可能性を、カーツワイルは唱えている。そしてある局面では、技術の状況は現実にそういう進化をとげているだろう。大量のナノボットを脳の中に注入して、思考の活動を精密にスキャンすることもできる。すでに外部から脳のスキャニングをすることができるようになり、脳科学は長足の進歩をとげているが、まだ分からないことが多い。脳内を至近距離から精密にスキャンすることによって、思考や記憶のほとんどの機能を人工的に作り出し、再現できるようになる。ついには個々の人間の記憶と履歴の全体がダウンロードされ、保存され、移送されるSF的な世界が実現されるだろう。

技術の進化は、そのように到達不可能に見える遠い目標をまずたてておいて、そこに少しでも近づくための試行錯誤を繰り返すことによって実現されてきたのにちがいない。そういう極端な仮説的立場にも有効性があること自体は否定すべくもない。「身体」についても、カーツワイルの構想は、細胞がますます精巧に修復できるようになり、究極的には死がなくなるということまで折り込んでいる。「不死の人間」が、技術の最終目的の一つなのだ。脳に関しても、細胞のメカニズムが分かってくるにつれて、その作用を人工的に再現し拡張する可能性が考えられていく。しかし完璧に機械化されて、もはやデータの蓄積と処理しかしない身体とは、もはや身体ではないだろう。もちろんそれが身体であるか、ないかということは、技術の野望にとって問題ではない。目標はあくまでも最高のパフォーマンスを達成する不死の身体なのだ。

こういう認識の姿勢には、身体とは何か、思考とは何かということに対する、致命的な誤解が含まれているかもしれない。人間の思考は、きわめて複雑で特別な進化の果てにあるもので、人間が作り出したものではない。それは神という名前さえもたない〈自然〉ではないか。生命に関しても、脳に関しても、どこまで解明が進んでも、それをそっくり複写し再現しうると思うことは、まったくの錯誤ではないのか。シンギュラリティにむかって猛進していくかわりに、むしろこのように問う立場もあり続けるだろう。コンピュータのメモリーに完璧に複写されうる不死の人間、ついにはそのような技術を、技術自体の生み出した脳によって実現する人間とは、技術者にとって究極の夢にちがいない。しかし、それを疑う人間の〈常識〉がそれにたちはだかる。

常識を疑わなければ新しいものの創造はないとしても、かろうじて常識の重みが、知性の暴走を抑制するという局面も確かにある。哲学もまた、常識を深く疑うと同時に、常識の深みと重みに根ざす知でもある。そして「常識」とは何か、決して正解があるわけではない。技術か、人間か。人間の答えがあり、技術の答えがある。常識とは、いわば有機的な知識なのだ。ある種の生命観、そして歴史、社会の有機的な構成にしたがおうとする思考である。そのような有機性に対しては、非有機性の側からの批判がたえずむけられるし、むけられねばならない。しかしカーツワイルの言うような「シンギュラリティ」だけが、非有機性の可能性ではない。膨大な電子メモリーに還元された不死の人間とは、極限まで非有機化された有機性である。しかし私たちが、人類史を導くかのような言語に、精神に、技術に見出してきた非有機性とは、あくまでも有機体とともにあり、有機体の別の様態としての非有機性である。この非有機性は、決して生命の有機性を超越するのではなく、あくまでもそれに内在する。しばしば有機性を超越するように見えるが、それもむしろ有機性に潜在していたものであるかのようである。

たとえば、将棋やチェスのようなゲームでは、ＡＩが人間を負かすところまで技術は進化した（正確に言えば、人間はそれほど高度なプログラムとメモリーを作ることができるようになった）。しかし将棋がいかに複雑な計算を要するにしても、人間が思考すること自体は、それと比べても桁違いに複雑なのだ。どんなに弱い指し手であろうと、一人の人間が将棋を指すときのパフォーマンスは、ＡＩのそれとは、ちがう次元をもっている。計算の能力と、思考の能力とは、同じ能力ではない。しかしこの違いはどう的確に、説明され、論証されるだろうか、いやはたして論証しうることだろうか。生命、人間の身体、そして脳の「働き」の複雑さは、どのように複雑で、この複雑性は何を意味しているのか。脳とＡＩでは「思考」の性質がまったく異なっているのか、それとも処理可能なデータの量的差異があるにすぎないのか。それなら質的差異のほうは十分解明され定義されたのか。人間は、能力の劣るコンピュータにすぎないのか。この劣等者は、自分よりも優秀なものを作り出すほど優れているというわけだろうか。

たとえば人間はほとんどいつも、毎日ある種の気分（あるいは感情）の中で、気分が悪ければ良くしようと思い、あるいは何か欲望があればそれを実現しようと思い、気がかりがあれば解消しようとして生きている。つねにそういう波立ちとともにある気分とは、それ自体複雑な、まさに様々な力の組み合わせから出てくる（スピノザは、それを端的に「喜び」と「悲しみ」と呼び、精神と身体の両方を規定する状態と考えている)。気分や気遣いの波動の中で、つねに複雑な曲線をたどりながら思考が行われている。そして、やがて死に至る。いかに突然の死があろうと、とにかく死は周到に準備されている。病気や不慮の死に遭わなくても、細胞分裂の回数には限界があって、その回数を超すと終わりを迎える(分裂しない細胞は、もっと確実に死へと定められている)。つまり死は避けられない。毎日人間は睡眠をとるという不能率なこともしている。つねに情動の波立ちがあり、休み、弛緩する必要があり、そのリズムの中に思考がある。「非人間的なもの」を考察しながら、リオタールは「人間が苦しむ」ということを、思考の還元不可能な特徴として挙げていた。しかし苦しみ、感情、情動さえも、デジタルな操作によって全部再現し操作してみせるという、そのような技術さえも構想することができるだろう。また細胞分裂の回数という決定的限界(テロメア)を超える技術さえも考えられていくのだろう。

それにしても人間に、そして生命、身体に固有の〈様態〉とは何か。将棋のような活動さえも、勝つことに集中する情念や緊張に導かれて思考や計算は進行し、それを同時に楽しむような〈自己との関係〉さえもそこでは作動している。ところが設計されたプログラムにしたがうゲームには、実は勝利と敗北の違いさえなく、駒の配置というデータの差異があるだけだ。人間に情念があり、愛があり、欲望があり、苦しみがあるということは、もちろん不完全性のしるしでもある。そして究極的な「不完全」とは、まさに人間が死ぬということである。死がなくなったとすれば……。不死の人間を想定する技術は、死がなくなる世界とは何を意味するか、考えることはないし、そんな必要もないのだ。マクルーハンのように、メディア(機械)と人間が異種交配を行い、より創造的な楽しい(人間的な!)生活を営みうるという構想はいまも続いている。そして人間と機械が相互浸透する度合は圧倒的に深まり、それは異次元の非有機的生を実現しているとも言える。しかし人間の思考作用はきわめて複雑であるとはいえ、これを単なる記憶装置の運用として定義することも、まったく不条理とは言えない。

8　変形装置としての人間

ＡＩは、例えば犯罪の予測にさえも、すでに実用化されている。すでにアメリカの都市では、蓄積されたデータに様々な条件を加味して、いつ、どこで、どういう犯罪が起きる可能性があるかを確率的に予測し、パトロールに役立てている。もちろん完璧ではありえないが、予測や防止に役立つことがある。そういう予測システム自体が、無用な緊張を生み出して、過剰防衛のような危険を生み出すこともありうる。テレビ番組では、そのような例についてナレーターが、「ＡＩがなぜこういう判断を下したのか人間には説明できない」と、ことあるごとにコメントする。例えば、アルツハイマー症になるかもしれない脳の前駆症状について、ＡＩが精密な画像解析によって、人間よりもはるかに正確に発症の確率をはじき出す。しかしその判断の根拠は説明できないとナレーターが強調する。そのようにプログラムされたＡＩが、あたかも自立した人格や生命であり〈他者〉であるかのように。

ここには明らかに、ある種の誇張があり操作がある。そのようにＡＩを、いわば神秘化し、ＡＩが自立的に思考しているかのような表象が与えられる。しかしＡＩのそのような機能も、人間によってプログラムされなければならない。ＡＩは、プログラムによって膨大なデータを処理するだけだ。それが将棋というゲームであろうと、ＡＩはゲームに勝とうとする意志さえもたず、負けるにしても、それもプログラムにしたがっただけだ。つまりＡＩは、思考したわけではない。ＡＩの「成功物語」には、人間の思考は何かということに関する基本的な誤解が潜んでいる。しかしそのような誤解が、ＡＩの研究開発を妨げるわけではない。むしろ促進するぐらいだ。

もちろん思考は、人間の特権でも、人間だけの特技や奇跡でもない。奇跡のようなデジタル技術によって「考える（かのような）機械」さえも発明されたが、人間の最もナイーヴで無用な思考も、それと同質のものではない。しかし、高度なデータ処理の能力を「思考」とみなし、逆にそれを模倣するようにして思考する、そのような思考さえもこの社会は生み出したのだ。私たちは機械が思考するはずはないと確信する。しかし機械の思考能力に驚嘆するようになる。やがて機械の真似をするようにして思考するようになる。それも思考と呼ぶか、呼ばないか。こんな問いを思考するか、しないか。

人間は思考するだけではない。人間には情念、感情、気分、情動などと様々に呼ばれるものが備わっている。コンピュータの能力に比べれば、情念などまったく余計なものにちがいないが、思考は情動とわかつことができない。デカルトは、情念と精神を分割したが、スピノザにとっては思考も情動も、身体の様態にほかならない。

情念が何かは脳科学にとってもかなり難しい問題であるらしい。脳のそれぞれの部位が何をしているかに関する認識はかなり進んでいる。それは脳の現働的作用（パフォーマンス）に関する認識ではあっても、情動と呼ばれるような働きのベースはむしろ潜在的で、一定の場所に局在して成立するものではないらしい。それぞれの部位のあいだに、おびただしい相互作用があって潜在性から現働性にいたる情動を作り上げている、その仕組みがなかなか解明しがたいということのようだ。脳科学者ダマシオは、まさにスピノザを参照しながら、そのことを問題にしていた。情動というものがベースにあり、その複雑な動きのなかから理性のようなものが、なんとか出現するというスピノザ的な、反デカルト的脳科学の試みにとって、情動は、脳に局在する部位の機能などではない。

人文科学、哲学の認識は、このような未来に対して、単に「人間」中心主義を保守するのではないとすれば、どのような見方を提出できるだろうか。いわば人間に属するあらゆるソフトウェアがハードウェアの作動に解消されていく、あるいは精神的な過程も、究極的にはすべて物質の作用に還元されていく、という技術万能の発想は果てしなく進むとして、それは人間にとっていったいどんな意味をもつのだろうか。不死の人間、そして個性、精神、情念、思考がすべて一個の巨大なメモリーに還元されるような技術を仮想することは、哲学にとって何か意味のあることなのか。それを前にすれば、ベルクソンが、あくまでも科学の分析的、分割的、固定的な知性にあらがってうちたてた「記憶」（メモリー）の哲学は、ドン・キホーテのように英雄的な試みに見える。

同時代のフランスの女性哲学者カトリーヌ・マラブーは、母親の認知症の体験から出発して、脳の器質的な病や損傷について考えている（マラブー 二〇一六）。アルツハイマー症も含め、器質的な病によって、ほとんど人格そのものが変わっていくような症状がある。認知症は、ほとんど精神そのものの喪失（あるいは死）のように見えることがある。これに関しては、もはや精神分析も心理学も同じく無効に見える。むしろ脳科学の解明してきたことのほうが、はるかに有効ではないのか。こういう事態について哲学は何か有効なことがいえるのか。脳の物質的過程に対応して、精神の領域には、リビドー、欲望、欲動、抑圧、去勢のような条件によって規定される無意識という基盤があるとして、このような観点から症状を考察することの意味はまだあるのか。

精神分析に関しては、かつてドゥルーズ＝ガタリの『アンチ・オイディプス』の徹底的な批判もあったが、いま、精神分析も、あるいは心理学さえも、脳科学の認識のほうからはどう評価しうるのか。また哲学は、それについて少しでも言うべきことがあるのか。マラブーは脳科学が解明してきたことのなかでも、とりわけ「脳の可塑性」に注目しながら、それを哲学的文脈に結びつけて提案しているのだ。脳の可塑性とは恐るべきもので、脳の損傷によってすっかり人格が変わることがあるし、ときにはその損傷を克服するようにして、奇蹟のような現象を起こすこともある。オリヴァー・サックスは、そのような現象の例を数々とりあげて、脳のイメージを刷新することになった。

『妻を帽子とまちがえた男』という本を、サックスは書いている（サックス 二〇〇九）。妻を帽子と間違える、要するに、人間と物が識別できなくなるという症例がとりあげられている。イギリスの演出家ピーター・ブルックが、もう三〇年ぐらい前に、この本の症例を忠実に舞台化したことがあった。現代演劇で、精神分析から影響を受け、あるいはその着想を借りて演劇を作る動きは、ときどき見られたが、このようにまったく器質的な症例を舞台化するような試みを見たのは初めてだった。症例をストレートにスペクタクルにした上演は、喜劇にはなりえないし、もちろん悲劇としても底の深いものになるはずがない。むしろ悪趣味ではないかと不審に思ったことがあった。その舞台の印象の後味は、何とも言えないものだった。何かしら無機質な病の印象による、無機質な演劇とでもいうか。

しかしサックスの本を何冊か読み進むにつれて、あの舞台の印象も少し変わっていった。脳の症状はしばしば劇的だが、それに対応する脳の可塑性はさらに劇的で、実は人間とは何か、思考とは何かに関わる問題でもある。まさに脳の可塑性ゆえに、奇妙な症状も現れうるのであり、その可塑性がなければ、ただ脳の作用が阻害され破壊されるだけにちがいない。不可解な症状とは、防御のメカニズムでもあり、可塑性の肯定的な現れでもある。その可塑性のメカニズムは、生物としての人間の生きる力や創造力でもある。そのことを演劇にするとは、じつはまったく先見の明であったかもしれない。私はあの上演に対する考えを変えることになった。

哲学者たちがそれぞれに問うたことを反芻しながら、未来学的な「シンギュラリティ」と無縁ではない「人間」のイメージを、「私たち」は、どこまで、どのように迎えようとするか考えさせられる。とにかくいやおうなく、人間は新しい力の組み合わせの中にたえずまきこまれていく。そして、マクルーハンが述べたように、「メディア」に対しても、衣服というメディアを身に着け、道路というメディアを歩き、言語というメディアを使用しながら、人類はずっとそれにまきこまれて生きてきた。メディアとは力を媒介し、伝達し、変容させる機能でもある。けれども人間の思考、情念そして死すべき生命という限界には根本的変化がないとすれば、あくまでそれを前提に考えるしかない。どうやら脳の驚くべき可塑性さえも私たちの生の条件にちがいないが、技術開発の最先端で思考する脳たちは、そのうえ不死の人間まで構想しているのだ。

リオタールは、「変形装置（transformateur）」という言葉を用いている。人間は、自然に与えられる与件をそのまま生きるわけではなく、善かれ悪しかれたえず変形しながら、みずからも変化していく（マルクスにとってそれはまず「自然を人間の非有機的身体とする」ことであった）。その変形作用（それは非有機化でもある）は、地球の気候に破局的な変化をもたらすし、ちょっとした工夫でそれが改良されるかもしれない。人間は試行錯誤を続け、地球を収奪することにおいて勝者となり、破滅的事態を生みだし、しかも破滅にも抵抗するようになる。そういう過程も、脳の驚くべき可塑性とともに進行してきたが、同時にそれらはすべて、宇宙のエントロピーとネゲントロピーの進行とともにある変化である。そのさなかにあって、ひとりひとりが、ささやかな「変形装置」であるわれわれは、このうえさらにどういう変形を実現するのか。

マクルーハンにとっての大転換が、まだ視覚、知覚、情報、記号をめぐる変容だったのに比べれば、現在の技術は、脳に、細胞や遺伝子に、記憶作用に（つまり身体を構成する有機性の全体と細部に）じかにかかわるものになった。また生命と思考の営みを再現し、それ以上に有能でありうる機械さえも（飛躍的な非有機性として）構想するようになった。単に生と死に外部から作用するばかりではなく、生と死のプロセスそのものに介入し、代替するような可能性さえ浮かび上がっている。もちろん、そういう進化も、じつは「人間」の領界の周縁や外部で起きていることであり、いわば「端末」の現象にすぎないかもしれない。実はそれほど本質的な変化はないままに、いつか人類は地上から消え、この大地も消えてしまうのだろう。しかし「人間」の定義を変えないままでも、あるいは変えないためにも、改めてその定義を考え直す必要があるかもしれない。「人間のいない世界」の哲学よりも、あるいは「不死の人間」を実現する技術よりも、このことが思考の課題である。[1]

そして困ったことに人間は（そして生命は）定義しえないものだということが、いつもこの思考の出発点なのだ。それは神のように無限ではなく、有限であるにしても、この有限は決して限定されない。身体は死すべき有機体として有限であるとしても、内部に死を孕み、非有機性と連結することによって無制限であり、無制限の有限なのだ。

第Ⅱ部

各論

第一章　倒錯者のエチカ

1　マゾッホのマゾヒズム

「私の奴隷になりたいのでしょう?」とワンダがいう。「愛に平等はありません」とゼヴェリーンがこたえる(ザッヘル＝マゾッホ 一九八三、四一頁)。

『毛皮を着たヴィーナス』で、このやりとりから発して、二人は迷路に入っていくことになる。迷路は誰が設けたものか。確かに作者ザッヘル＝マゾッホの分身とおぼしいゼヴェリーンこそが、この迷路を作りだしたといえる。ワンダが、時機を見計らってゲームを終わりにしようとしても、決してゼヴェリーンは受け入れない。しかしゼヴェリーンが絶望し、へこたれそうになると、こんどはワンダの方が先を行って、もっと手のつけられない女になっている。この迷路は、ほとんど快楽とも恋愛とも異質な原理によって、ますます出口のない迷路になっていく。「あなたが離れて行ってしまったら、私はもう駄目だ。破滅してしまう」、「でも破滅の必要はちっともないわ。私はあなたを愛しているのですもの」(同書、五三頁)。こんなふうに愛を確かめたあとは、すぐにまた再出発することができるのだ。ワンダが自分から女王様役を演じているのか、それとも演じさせられているのか、うんざりしながら演じているにすぎないのか、そのことは見分けがたいし、次々変わっていくし、結局どれともいえず、どれでもあるようなのだ。そのことの見分けがたさが、ゲームを牽引している。

単純化していうと、未亡人ワンダは、もう愛を理想化することなどしない成熟した女なのだが、ゼヴェリーンの過剰な愛は、自分を奴隷に、相手を専制者にしたてなければ気がすまず、ワンダはその過剰さをどこまでも弄ぶことになる。しかし彼女がゼヴェリーンの演出にただ受け身にしたがって専制を演じているのか、それとも能動的に嗜虐的な専制に走っているのか、いつまでたってもわからない。この〈決定不可能性〉は、マゾヒズムの原型を描いているといってもいいこの小説の、とても重要な要素なのである。

私には理想の女性のタイプが二つあります。かりに自分に忠実に優しく運命をともにしてくれる、高貴な心の、明るい女性が見つからなくても、それでも中途半端ななまぬるいのはご免です！　それくらいならいっそ婦徳のかけらもない、不実で無慈悲な女の手に渡されたいのです。〔…〕だから私の理想のどちらかを選んで下さい。（同書、五五―五六頁）

ここでワンダが、「軽率にもあなたは私に選択を任せてしまったのね。では選びましょう。私の望みはあなたが奴隷になること。あなたを私の玩具にしたいのよ！」（同書、五六頁）と答えないなら、ゲームは始まらない。このやりとりをつぶさにたどっていくと、ゼヴェリーンがただのまぬけな理想家だとはいえなくなってくる。「結婚が平衡の上に、完全な合意の上に築かれるのが不可能なら、逆に対立を通じてこよなく大きな情熱が生れてくるのです。〔…〕こんな関係のなかでは一人は槌、もう一人は鉄床であるほかはありません」（同頁）。まったく理性を逸脱した錯乱の道に入っていくように見えるゼヴェリーンの出発点には、少なくともこのような理性が働いている。これ以降「あなたのためにやってみましょう」というワンダは、「ゼヴェリーンのために」、ゼヴェリーンを虐待し、拒み、苦しませ、二人とも限界に達しては、やはりゼヴェリーンのために、さらに限界を越えていかなければならない。ゼヴェリーンの理想のために、ゼヴェリーンのためにならないことを続けなければならない。もう誰のためかわからなくなるまで、絶望と苦しみの中につきすすんでいかなければならない。こうしてマゾヒストのゲームは、やがて個人や人格を越えた次元にすべりこんでいるのだ。

たとえばワンダは、次のように女性を定義する。「女って、女を崇拝したり弁護したりする人たちが考えているほど善良でもなければ、女の敵が考えているほど悪くもないのよ。女の性格というのは性格というものがまるでないこと」（同書、九〇頁）。もちろんこれは女性の普遍的な定義などではなく、ゼヴェリーンのマゾヒズムが徹底されればされるほど、相手の女性が、そのような無性格な存在として、善良でも邪悪でもない両義性を深めていくことを示しているだけだ。

マゾヒズムの頂点は、「契約」によってしるされる。それも、双方の義務と権利を決定する契約ではなく、一方が無限の権利をもち、もう一方は一切の権利の放棄を約束するというまったく非対称な契約でなければならない。ゼヴェリーンは、もはやワンダの婚約者でも愛人でもなく、「男子としてまた貴族としての名誉にかけて」ワンダの「奴隷」となる。ワンダのほうは、「その奴隷を、たといかに些細な過ちや失錯であろうと随意に処罰して差し支えないが、のみならず気分次第もしくは単なる気晴しのためにすら好むがままに虐待し、もしもその気なら殺しても一向に構わない。要するに、氏（ゼヴェリーン）は夫人の無制限の所有物なのである」（同書、一三八―一三九頁）。契約書はもう一枚あって、それはゼヴェリーンを死なせてしまっても罪に問われないように、彼が死んだ場合には、それが自殺であることを証明するための遺書なのだ。

このときマゾヒズムは、もはや被虐趣味として相対的な段階にあるのではなく、権利のまったき剝奪として、絶対的な法として決定されている。契約書の言語は、情熱や欲望の次元を一気に凍らせてしまうかのようである。「私たちを駆り立てているのは、甘い、悲しい、謎めいた力なのだ。私たちはもはや考えることも、感じることも、欲望することも止めてしまい、ひたすらその力に駆り立てられて、涯てはどこへ行きつくのかを訊ねようともしない」（同書、一〇二頁）。マゾヒストは、ひたすらこのような次元にたどりつくためにこそ、欲望を見失うまで、欲望を貫いたのである。

物語を構成するすべての対話は、この契約にいたる過程であり、予行演習であったといえる。契約は、契約者双方の合意によるものであり、そのかぎりで最小限の一体性を要求する。けれども契約の内容は、AはBの奴隷となるというもので、むしろ一体性を引き裂くことを要求している。Bは、この契約をかぎりなく悪用することができるが、悪用はなんら契約違反ではない。この契約（法）は、どこまでも無法を受け入れる。しかし奴隷たるAが一方的に契約を破棄するとすれば、それだけが明らかに契約違反である。契約概念が成り立つか成り立たないかのこういう限界で、それでも結ばれる契約が、マゾヒスト小説の中心のモチーフのように見える。

これに比べると、主人公が苦痛に肉体的快楽を見いだすとか、毛皮を着た冷酷な女に欲望をいだくとかいうことは、たとえこれに付随するとしても、ほとんど副次的なモチーフにすぎない。不条理な契約をめぐって繰り広げられるこの対話は、欲望や快楽を逸脱した〈超官能的な〉次元で繰り広げられる。多くの官能的な次元の描写があるが、それらのあいだを縫うようにして進められる対話は、別の次元にあり、別の次元を浮かび上がらせる。そのような次元を、まだマゾヒズムという症例（性倒錯）に還元できるかどうか、もうわからない。そのことはまたマゾヒズムそのものをはたして性倒錯の一例に還元できるか、という問いに、また一般に性倒錯を、ただ性的欲望の異常に還元できるかという問いにもつながるのである。

『毛皮を着たヴィーナス』は、ある種の滑稽小説、風俗小説であり、巧妙な官能小説、恋愛小説であり、性倒錯の抜きんでて精密な描写を与える心理小説でもある。そして「私たちはもはや考えることも、感じることも、欲望することも止めてしまい、ひたすらその力に駆り立てられて、涯てはどこへ行きつくのかを訊ねようともしない」というような一節に注目するなら、この作品は、「考え、感じ、欲望する自我」についての、まったく独創的な洞察を含む形而上学的小説でさえある。そしてとりわけ、性愛をめぐっているのに、性愛の中に、ほとんど性愛を凍りつかせる別の次元を開くような逆説的な実験でもある作品なのだ。

2　谷崎の戦略

谷崎潤一郎の多くの作品もまた、マゾヒスト小説の特徴にみちていることはよく知られているし、論じられてもきている。

西洋の小説には男子の上に君臨する偉い女性が出て参りますが日本にあなた様のやうな御方がいらつしやらうとは思ひませんでした、もう〳〵私はあなた様のやうな御方に近づくことが出来ましたので、此の世に何もこれ以上の望みはございません、決して〳〵身分不相応な事は申しませぬ故一生私を御側において、御茶坊主のやうに思し召して御使ひ遊ばして下さいまし、御気に召しませぬ時はどんなにいぢめて下すつても結構でごさ《ママ》います、唯「もう用はないから暇を出す」と仰つしやられるのが恐ろしうございます、（河野 一九九五、八二頁における引用）

夫人となる松子にあてた手紙の、このような一節は、あまりにも明白にマゾヒスト的である。確かに谷崎にとってマゾヒズムは、単に小説の主題や物語の趣向にとどまるものではなく、彼の文学の動機そのものに等しかった。だからこそ、そのマゾヒズム自体も次々と変貌し、「涯てはどこへ行きつくのかを訊ねようともしない」（ザッヘル＝マゾッホ）ような主題として、追求されることになった。河野多惠子の『谷崎文学と肯定の欲望』は、谷崎文学におけるそのようなマゾヒズムの本質性をつぶさにたどろうとした書物として、それ自体がまたマゾヒズムを、固有の存在様態として描き出す稀有の試みにもなっている。河野が始めに注目しているのは、谷崎文学のマゾヒズムが初期作品においては、具体的、肉体的な苦痛をともなうマゾヒズム、つまり「肉体的マゾヒズム」であったのに、『卍』以降は質を変え、「心理的マゾヒズム」になっていくことである。河野は、先ほどの谷崎の手紙を引用しながら、「肉体的マゾヒストであれ、心理的マゾヒストであれ、相手が紛れもないサディストであっても、その世界を主宰するのは、ともするとマゾヒストでありがちなはずではあるが、谷崎のここに見られる言葉はあまりに主宰者のものでありすぎるのである。いや、妙な言い方だが、あまりに自主的でありすぎるのである。彼は飽かず加虐を乞い求めている。〔…〕既に相手の加虐を見拵《みす》える、つまりわが身の被虐を見拵えているのである。自分の加虐を見拵える場合には、それほど被虐を見捺えなくても、それは可能である（相手の被虐を念入りに見捺え得ないのである）。が、自分の被虐を見捺えるには、存分に相手の加虐を見捺えることが不可欠なのである。相手の加虐を見捺えることが同時に自分の被虐を見捺えることであるともいえる」と書いている（同書、八二―八三頁）。

ここで谷崎の異様な主宰者ぶりを指摘しながら、河野は、サディズムの加虐よりもはるかにマゾヒズムの被虐に、積極的、肯定的な姿勢を読みとっている。谷崎にとって「心理的マゾヒズム」を深めることは、彼の「肯定の欲望」と不可分であり、彼の「肯定」は、そのようなマゾヒズムとして実現されるしかなかった。それは「芸術小説の内的必然性による虚構」としてのマゾヒズムとして洗練され、またある種のフェティシズムに結びついて「実体たる人格」を霞ませ、「肉体」のイメージさえも不分明にしていく。

設定や趣向によって、〔…〕実体たる人格から派生せしめた人格に対する異常性愛が心理的マゾヒズムといえるだろう。その人格上のフェティシズムが満たされるためには、実体たる人格のほうの存在が露わであるのは望ましいことでなく、実体たる人格を霞ませる必要は、所詮その肉体を霞ませる必要にまで到らずにはいないはずである。見えすぎては、不都合なのである。（同書、八三頁）

西洋の小説の「男子の上に君臨する偉い女性」のイメージに谷崎は言及していたが、確かに彼のマゾヒズムはそのようにあからさまな偶像から離れて、独自の道を歩み、はるかに「霞んだ」ものになっていくことになる。初期の「肉体的マゾヒズム」の相手となる女性が「玄人っぽい」のに対して、

「心理的マゾヒズム」の対象となる女性は「素人」でなければならない、という河野の指摘は、マゾッホの小説で「女の性格というのは性格というものがまるでないこと」と、ワンダが言ったことと無縁ではない。

いずれにしてもここで河野は、谷崎のマゾヒズムの「自主的な」性質に、また加虐と被虐を存分に「見拵える」という傾向に、またその上で見拵えたものを、さらに「霞ませる」ような方法に、谷崎文学の本質的なモチーフを読み、彼の創作における核心的戦略といっていいような何かを発見しているのだ。「谷崎文学に恋愛が欠落しているのみならず、異常性愛においても、そのような面が欠落しているのは、彼の肯定の欲望があまりに激しいからであろうか」（同書、八九頁）。確かにそれは恋愛であったにしても、恋愛を逸脱し、ついには性別さえも消去してしまうような試みとなった。

サディスト、マゾヒスト――言い換えると、人はサディズム、マゾヒズムの性愛時においては（心理的な場合でも、その心理に在る時は）、相手との現状や未来に対して相手と一体であり得、一体であり続け得る意識を強烈に意識的に成り立たしめてこそ、その快楽が成り立つのであり、彼等はその快楽に臨んでいるうちは、相手との現状や未来に対する不安や疑惑が絶無であることは滅多にないからこそ一体になろうとする異性愛は欠落して、性的無性別同士という間柄に陥り、真向から描くには、ただささえ肉体づくりに労を要する世界となる。（同書、一二四頁）

サディズムよりもはるかにマゾヒズムを評価している河野は、ここで二つの傾向はどちらも、すでに相手との一体性（いわば契約）に裏打ちされているのであり、たえず一体性を追求しなければならない恋愛とは、その点で異なっているというのである。

それゆえ、マゾヒズムは異性愛的な要素を排除して、ほとんど「性的無性別」の状況を作り出すという。ここにはいわば、性を排除した愛の状況が発生している。「通常の異性愛は自ら様々の夾雑物を踏まえることになるのだが、これに反しマゾヒズムは夾雑物のあるうちは、まだ性愛時に達していないことになる」（同書、一二四頁）。つまりマゾヒズムは、ほとんど純粋化されて、性別さえも拒否するような性愛だから、それに文学作品として肉体を与える（「肉体づくり」とはそのような意味である）ことはきわめてむずかしい。そのために「至上無類」の技巧が必要となった、と河野はいうのである。こうして、河野は谷崎のマゾヒズムを読み解きながら、同時に、ある奇妙な性愛の次元に入り込んでいる。「性たるこのテーマはその世界で、性から最も遠い世界を摑んだ時に、はじめて性に復《かえ》るのではないか、また思想も生じるのではないかと思われ、この性愛時においては性別は欠落をせざるを得ないという認識は、先ずその最初の手がかりであろうと考えられるのである」（同書、一二五頁）。

ここでは、これ以上谷崎文学そのものの分析に入っていこうとは思わない。ただ河野が谷崎を通じて描いている「マゾヒズム」がどんな現象であり、どんな実験であったのか、そのことだけに目をむけたい。河野は谷崎のマゾヒズムを、あくまで「肯定の欲望」という観点から読み解きつつ、それが必然的に「無性格」な女性像を必要とし、やがて「性的無性別同士」の性愛という位相をあらわし、何か識別不可能な（「霞んだ」）次元に入っていくことを指摘している。それはもはや性欲に属さない「欲動」の次元を示唆しているようなのだ。

マゾヒズムであれサディズムであれ、それらは文学作品によってこそ確かな内容を与えられ、また文学の中に、ある固有の性的次元を形成することになった。文学において表現されたサディズムにせよマゾヒズムにせよ、それらの傾向はまったく異なる二つのタイプの文学の創造に対応していたのである。これら二つは、性的な暴力が他人にむけられるときはサディズムになり、自己にむけられるときはマゾヒズムになり、サドの文学は加虐をテーマにし、マゾッホは被虐をテーマにしている、というような通り一遍の区別にはとても還元しがたい二つの存在様態を示していたのである。それらは症例として出現するために、文学的言語を、物語を必要とした。そのかぎりで文学の内部にあるにしても、倒錯の文学として、おそらく文学そのもの、言語そのものの機能さえも倒錯させているのである。それはまたこれらの倒錯が、言語と深い関係をもっているということでもある。それればかりか、言語そのものがもともと、ある種の倒錯的次元を構成しているかもしれないと思わせる。

3　フロイトの試行錯誤

フロイトからマゾヒズムに関して、一貫した分析の成果をひきだすことは容易ではない。『性理論三篇』では、「性目標の倒錯という観点からみると、マゾヒズムはサディズムよりもさらに正常な性目標から逸脱しているようにみえる。ここで、マゾヒズムが一次的なものとして現れるのか、それよりもつねにサディズムからの転換として現れるかということが疑問となる。多くの場合、マゾヒズムとは自分に向けられたサディズムの延長に他ならないことが確認されている」（フロイト 一九九七、六五―六六頁）、「性的な関係において他者に苦痛を生じさせることに快感を感じる者は、性的な関係で生じる可能性のある苦痛を、快楽として感じることができる者である。サディストは、つねに同時にマゾヒストでもある」（同書、六八頁）などと述べられている。いたるところで、フロイトは、マゾヒズムとサディズムを、同一の本質的な傾向の二つの形態として、あるいは一方（サディズム）から派生したもう一つの形態（マゾヒズム）としてとらえようとする。しかし、サディズムの「攻撃性」は生物学的な必然性からくるかもしれないといったり、苦痛とは、羞恥心と同じく、リビドーへの「抵抗」である、などといったりするフロイトの分析は、いかにも一貫性を欠いて見える。

それより後に書かれた論文「子供が叩かれる」では、サディズムがマゾヒズムに転換するときには、「罪の意識」が契機になっていると強調している。マゾヒズムはエディプス・コンプレックスとじかに関係している。「性倒錯はまずこのコンプレックスの土壌において登場し、これが崩壊した後で、このコンプレックスのリビドー的な負荷の遺産として、しばしば独立して残る。そしてこれに結びついた罪の意識を背負わされていることが多い」（フロイト 一九九六a、九三頁）。しかし「この罪の意識がどこから生まれるかは、精神分析からは明らかにならない」（同書、九七頁）と、あっさりいってのけてもいるのだ。フロイトは、この問題にかなり頭を悩ませているが、ほとんど何一つ説得的なことを述べていない。

『快感原則の彼岸』（一九二〇年）で、「死の欲動」について語り始めたフロイトは、その後では、マゾヒズムについてもう一度分析するときも、「死の欲動」を適用しようとしている。

わずかな不正確さを気にかけないとすれば、有機体において働いている死の欲動――原サディズム――は、マゾヒズムと同一のものであると考えることができる。その大部分が外部の対象に向けられた後、内部には残滓として本来の性愛的なマゾヒズムが残る。これは一方ではリビドーの成分となり、他方では依然として自己を対象とする。（フロイト 一九九六c、二八二頁）

破壊欲動でもあるこの「死の欲動」は、外部に向けて「投影」され、再びこんどは内部に向けて「投影」されて「二次マゾヒズム」を生み出すという。「これが根源的なマゾヒズムに合流するのである」。

つまりフロイトは、「死の欲動」を考えついた後は、むしろマゾヒズムの方こそ根源的であるかのような説明をしているのだ。「死の欲動」である破壊衝動は、一部が器官の中にとどまり、リビドーと結合される。幼児期において、苦痛や不快は、快感と同じく、その緊張状態においてリビドー的な興奮をともなう、ということがその根拠である。けれども、二次マゾヒズムにおいては、とりわけ「道徳的マゾヒズム」とフロイトが呼ぶものにおいては、やはり「超自我」に対する「自我」の罪責感が、大きな決定因になっていて、フロイトはどうしても、マゾヒズムを「罪の意識」と結びつけずにはいられないのだ。

フロイトは、転換、延長、派生、投影のような用語でサディズムとマゾヒズムの関係を説明しようとしているが、サディズムよりも、もっと不可解なものとして、いつもマゾヒズムに直面している感じがする。性愛的、根源的、女性的、道徳的などと称して様々なマゾヒズムを分析しながら、マゾヒズムをいろいろな角度から説明しようとしていることからも、それを察することができる。「この倒錯では多数の心的な営みが作用して、一つの効果をもたらしていると思われる」（フロイト 一九九七、六七頁）などと、あえて決定的な説明を放棄するかのような指摘さえも見えるのだ。そもそも

「死の欲動」という概念自体が、精神分析の骨格であるリビドーの原理をゆるがすような意味をもっていた。「マゾヒズム」もまた、精神分析の思考そのものの基礎を問わせるような現象であり、それについて考えを深めるなら、もう一つの異なる精神分析が要求されたかもしれないのだ。

たとえばレオ・ベルサーニの『フロイト的身体』は、フロイトの試行錯誤をふまえながら、まさにマゾヒズムを基軸として、精神分析的思考を再構成するような可能性を示唆している。幼児の感覚は、たえず過剰な刺激にさらされている。「心的体制が一時的に攪乱されるたびに、性的興奮に内在する快感／不快の緊張が再生産される」（ベルサーニ　一九九九、六三頁）。ベルサーニは、フロイトを再解釈しながらこう書いている。

> セクシャリテとは、その発生過程が、私たちが曝される刺激量と、これらの刺激にあらがう、あるいはフロイトの表現を使えば、これらの刺激を拘束することができる自我の構造の発達との、小児期における、強迫的なズレに依拠するかぎりで、固有に人間的な現象なのである。（同書、六四頁）

このような解釈は、確かに『快感原則の彼岸』におけるあの発見なしには考えられない。そこでのフロイトの問いは、人間はなぜ不快な事態を反復するか、ということであった。幼児にとって、快感であり不快である刺激の間で動揺する状態に抵抗しうる「自我の構造」を形成することは切実な課題である。「セクシャリテは心的構造にとって耐え難い何ものか」であるからである。そこであえて不快を再生産することによって、刺激による動揺を避けるような態勢が作られる。刺激による感覚の動揺と、それを防御しようとして形成される自我の間のズレを、「凌ぎ・生き延びる」ような過程そのものが、マゾヒズムの根源であり、それは人間の性愛そのものの根源的な形態でもある……。マゾヒズムはそのような意味で「生に役立つ」と、ベルサーニは断言するのである。自我にむけて不快を強いるような欲動は、フロイトの言う「死の欲動」とも不可分であるといえる。そのような意味で、人間はほとんど類的なレベルで倒錯を生きており、快感原則を倒立させて、性愛を形成（構造化）している、ともいえよう。フロイトが言うように、生命のない無機的状態に回帰しようとすることが「死の欲動」であるならば、生殖の活動であるはずの性愛が、人類においては出発点で無機化（非有機化）され、快感原則を倒錯させていることになる。マゾヒズムは、非有機化された性愛の様相を代表するかのような「倒錯」であり、「対象」ではなく「自我」にむかうリビドー（ナルシシズム）の現象でもあるのだ。

　しかし、いったいこのような「倒錯」とは、いわゆる「抑圧」と、あるいは「去勢」と、どこがちがうのか――そういう疑問がすぐにわいてこよう。「抑圧」も「去勢」も、後期フロイトの「力動論的」分類によれば、「超自我」のなせるわざであり、「去勢」の後、成人にいたってもなお「抑圧」は機能し、様々な症例を生むのである。しかし自我の構造の成立そのものにかかわる「倒錯」として定義されたマゾヒズムは、むしろ「超自我」以前の「自我」の形成にかかわる過程だといえよう。マゾッホや、谷崎が、文学的創造とともに提示したマゾヒズムが、このような「根源的な」倒錯にかかわるものであるのかどうか、さしあたって答えることは容易でない。けれども彼らは、ついには恋愛や快楽や性差の次元を何かしら超えてしまうような非有機的性として、マゾヒストの性を描きながら、ある根源的な性の過程を示していたのではないだろうか。

4　第二の誕生

ジル・ドゥルーズが『毛皮を着たヴィーナス』のフランス語訳の序文として書いたザッヘル＝マゾッホ論は、それまでむしろサドにむかうことの多かった思想家、哲学者たち（クロソウスキー、バタイユ、ブランショ、フーコー……）の思索とは明らかに異なる倒錯者のエチカを提唱していた。マゾヒストの相手になる女性は母の化身であり、マゾヒズムとは、父を排除した息子と母の近親相姦を、擬似的に体験することでもある。そのとき息子は父にむかって、言い換えるなら、自我が超自我にむかって、こう勝ち誇っていうのである。

いいかい、おまえがどうしようと、おまえはもう死んでしまった。まだ存在するとしても、カリカチュアでしかないんだ。そしてぼくをたたきのめす女が、おまえの代理だとしても、ぼくの中でたたかれるのは、やはりおまえなのだ……ぼくはおまえを否認するのだ、それはおまえが自分自身を否認するからだ。(Deleuze 1967, pp. 124-125／一八九頁)

マゾヒストの相手となる女性は、母の化身であると同時に、いかめしい父（超自我）でもあるが、彼女は、息子の中の〈否認された父〉をたたきのめすのである。これは、マゾヒストに特有のユーモアである、とドゥルーズはいう。そもそもユーモアの定義とは、自我が超自我を否認して、その支配から脱することだ、ともいうのである。

マゾヒストは、このような父（超自我）を否認し、父と母の生殖行為によるのではなく、母の「単為生殖」によって、第二の誕生を体験する、とドゥルーズは書いている。

こうして否認とは、マゾヒストに固有の脱性化の過程なのである。母のファロスは、性的な器官ではなく、反対に中性的なエネルギーの理想的器官であって、それ自身理想を生み出し、第二の誕生から発する自我、あるいは〈性的な愛なしの新たな人間〉を生み出すのである。あいかわらず自我が問題であっても、マゾヒズムにおける非人称的要素について、われわれが語ることができたのは、自我を生み出すこの二重化、超個人的な実践に関してであった。しかしマゾヒストの脱性化の頂点では、同時にナルシス的自我における再性化がたえず起きており、この自我は、口唇的な母を通じて、理想的な自我を観照しているのだ。（ibid., p. 127／一九二―一九三頁）

やがて虐待がきわまって、葡萄園で、三人の黒人の女にゼヴェリーンは軛をはめられ、鞭うたれながら牛のように鋤を引いていく。ワンダが冷やかに見つめるこの農耕の「儀式」は、結局、性的次元を脱して、母のみが統括する単為生殖にかかわるとドゥルーズは指摘している（ibid., p. 95／一四五頁）。

マゾヒズムにおけるこのような息子と母の結合は、サディズムにおいて、あらゆる法の上にたつ父が母を抹殺し、父と娘の近親相姦（それもまた生殖を拒否するソドミーでなければならない）をおこなうことと対照的なのである。マゾヒズムにおいて、性差が「霞んで」しまうことは、河野多恵子が谷崎文学について指摘したことでもあった。ドゥルーズはここで、「脱性化」、「中性的なエネルギー」、「理想的器官」のような言葉で、いったい何をいおうとしたのか。

フロイトの提唱した「死の欲動」を、ドゥルーズは「欲動（pulsion）」ではなく、あえて「本能（instinct）」とフランス語に訳し、はっきり区別を設けている（ibid., p. 28）。「死の欲動」は「生の欲動」と結合して、快楽原則の裏面のようにして表出するが、「死の本能」とは「純粋状態のタナトス」であり、これこそが心的生活の根底にあるものだとドゥルーズは書いている。じつは「死の本能」こそが、宙づりの中性的状態を開き、心的生活にとって根本的な「否認」の作用をなすものだ。その意味で、マゾヒズムは「死の本能」が出現させる超個人的、理想的な、脱性化の現象そのものであり、精神分析の主要な前提さえも解体させるような「症例」と考えられる。

マゾヒズムとは、男女の性別と生殖、去勢、そして近親相姦の禁止を原則として成り立つ父・母・子の三角形を変形し、あるいは解体するような過程であることを、ドゥルーズは強調しているのだ。マゾヒストの自我が、「ナルシス的自我」でもあるのは、脱性化した自我は、自分自身をリビドー備給の対象とし、自らを愛の対象とすることができるからである。このような自我はオイディプス的な母を締め出し、超自我を排除し、あたかも自我のなかに退行するかのようにして、口唇期的な段階の母と結ばれ、この母とともに「第二の誕生」を実現するというわけである。

後に『アンチ・オイディプス』では、ガタリとともに精神分析を激しく批判することになるドゥルーズは、このマゾヒズム論では、フロイトの概念にしたがいつつ、しかもフロイトがとりわけ『快感原則の彼岸』で示したようなリビドーの原則への疑念にも、つまりフロイト自身の体系の綻びにも忠実なまま、無意識の理論の重点を父から母の方に移動させ、脱性化し、非有機化した性を定義している。

フロイトは『自我とエス』で、またもや「仮説にすぎず、証明ではない」とことわりながら、ナルシシズムについてこう書いている。「自我とエスの中で働いている移動しやすいこの中性的なエネルギーは、ナルシシズム的なリビドー貯蔵から生まれたものであり、脱性化したエロスと考えることができる。エロス的な欲動はそもそも、破壊欲動よりも可塑的で、方向を変えやすく、移動しやすいものと思われる」（フロイト 一九九六b、二五一頁）、「自我リビドーのこの転換に、性目標の放棄、すなわち脱性化が結びついているのは当然である。〔…〕自我はこのような方法で対象備給のリビドーを支配し、自らを唯一の愛の対象とし、エスのリビドーを脱性化または昇華している」（同書、二五三頁）。

ドゥルーズは、父ではなく母をめぐる「病因論」を展開しつつ、精神分析にフェミニズムを注入しようとしたのだろうか。それとも、「脱性化」した性愛に、身体的存在としての人間の新しい、非有機的様相を見ようとしていたのだろうか。あるいは、自我の構造そのものについて、何か別の思考を切り開こうとしているのか。そのいずれでもあるといえる。この後の思想的展開においても、「女性になること」、「器官なき身体」、「ひびわれた自我」のような形で、それぞれのモチーフは様々なヴァリエーションを通じて持続されるのである。それぞれのモチーフが、性と身体と自我の限界に位置し、私たちが固定し、実体化してしまっている性と身体と自我の構造そのものを問うている。私たちの社会と歴史は、性と身体と自我の構造を有機的に結合し、それぞれがたがいを支持し、補強するような体制を作り上げてきた。その有機的体制がほころぶたびに、それはまた新たな体制として修復され、再構築されてもきた。非有機化されたものも、新たに有機化されてきた。

倒錯は、単に病的、例外的、否定的な出来事ではなく、そのような体制の綻びと、そのような体制によっては決して蔽うことのできない運動や揺らぎを示している。どうやらそれは、単に例外的周縁的な現象であるどころか、性的人間としての本質的過程にかかわっている。だからこそフロイト自身は、性倒錯に、とりわけマゾヒズムに注意をむけ、精神分析の体系そのものを危うくするような思考を続けた。それを読む私たちが、フロイトの思考と言語そのものに、ある〈倒錯的な〉印象をもっても不条理なことではあるまい。誕生以来、私たちの心身を襲う刺激や暴力と、私たちの自我の構造とのズレを生き延びることが、倒錯（マゾヒズム）に他ならないとすれば、私たちが言語をもち、言語によって思考すること自体も、そのようなズレ（ひびわれ）にかかわっているという意味で、根源的に倒錯的なのだ。言語は、単に意味やコミュニケーションにかかわるのではない。もしそれにとどまるなら、言語ではなく他の記号や身振りに、同じ役割を果たさせることもできるだろう（と仮説的に考えてみる）。しかし言語は、そもそも意味とコミュニケーションに対して、ある倒錯的な位相をもっている。言語の次元は、私たちの存在そのものに重なるようにしてあるので、この倒錯は、ほとんど存在論的な何かに根ざしている。言語は有機的身体に対して、非有機的なものが介入するという最も本質的な突然変異でもあったのだ。

身体器官が、性が、性差が、「去勢」と、あるいは「超自我」（父の名）と不可分の関係をもっており、そのような関係の中で自我が構造化されるということは、おそらく精神分析の理論が解明したこと以上の意味をもっている。このような理論は、身体を器官として、性として決定し、自我を超自我との関数として決定するような力関係の体制があることを前提としていたのである。精神分析は理論を精密にしていこうとすればするほど、このような体制そのものについて思考せざるをえなかった。

少なくともそれに衝突せざるをえなかったのである。

> 私とは生得的な生殖性（le génital inné）であり、もっと詳らかにみれば、それは私自身が決して実現されたことがないことを意味する。
> 自分が存在すること、生得性によって、自分が存在であることを信じる愚か者たちがいる。
> 私は存在するために自分の生得性を鞭打たなければならない、そういう存在である。（Artaud 1976, p. 9）

アントナン・アルトーの、この生涯とだえたことのない叫びは、生への憎悪でも、自分を生んだもののたちへの怨念でも、自我への絶望でもない。「自分の生得性を鞭打つ」とは、マゾヒストの「第二の誕生」と同じ「欲動」（あるいはむしろ「本能」）を示唆しているのではないか。これらは等しく、性として、器官として生を決定する幻想的体制へのユーモアにみちた抵抗であった。この幻想は、有機性の幻想でもあり、有機的であるがゆえに現実的に見える。倒錯者のエチカは、これに対して生と性を否定しているのではなく、生と性を決定するもの自体を否認しているのだ。

第二章　ブランショの革命

思考は、間隙を穿ち、内面を圧し解体する外からの侵入によって実現される。
（ドゥルーズ『フーコー』）

1　決して「来たらない」もの

半世紀以上前に書かれた『来たるべき書物』をいま読み直すと、この本の「告知」そのものがそれ以後にくぐりぬけた時間の曲折を思わずにはいられない。「来たるべきもの」は、やって来たのか。それともまだ来ないのか。それともすでにやって来て、とっくに通り過ぎてしまったのか。それとも永遠に来ないままなのか。

きわめて控えめなその論旨からすれば、もちろんこの本そのものが「来たるべき書物」であると著者はいいたいわけではなかった。すでに「来たり」、この本の中で解読された書物たちこそが、「来たるべき書物」でもあり、それを予告してもいた。それらの多くは、尋常でない軌跡をたどって書かれている。まるでこの世界のあらゆる良識に叛きながら、この世界が強いる困難よりも、自分自身がもたらした困難によって難破し、みずからの軌跡を消すようにして書かれ、それでもなんとか書物として出現し、残存している。

しかし「来たるべき書物」のいったい何が「来たるべき」なのか。その書物が書かれたのが早すぎて、決して同時代によっては理解されることなく、後世によってのみ解読される〈意味〉を含んでいるということか。確かにブランショ自身がすでに、そのような〈意味〉の解読を試みたのだ。この著者は異様に慎ましくみえるが、来たるべき書物の隠された〈意味〉をいち早く解読するという冒険に取り組んでいるのだから、まったく確信に満ちた挑発者であるともいえなくはない。彼はいわば様々な書物における〈予言〉を読みとり、彼自身〈予言〉しているのである。

ブランショのこの本は、予言者やメシアのように語る思想とは、およそ対極にありながらも、「予言的言葉（La parole prophétique）」という一章を含んでいる。

> 予言とは単に未来の言葉ではない。それは何らかの来たるべき出来事の単なる発見というよりもはるかに重要な関係を時間との間に結び、その中に言葉をまきこむような言葉の次元なのである。何らかの未来を予見し告知することは、この未来が持続のありふれた過程に位置し、言語の規則性の中に表現を見出すのなら、大したことではない。しかし、予言的言葉は不可能な未来を告知し、それが告知する未来を、それが未来を告知するがゆえに不可能な何かにする。人はこの未来を生きることができず、この未来は実在のあらゆる確実な条件を転覆するにちがいない。言葉が予言的になるときには、未来が与えられるのではなく、現在が剝奪され、閉じた安定した持続的な現前のあらゆる可能性が剝奪されるのだ。(Blanchot 1959, pp. 117-118)

このような「予言」は、未来の不幸や幸福を予知するどころか、時間の持続を断ち、現在（現前）を破壊し、この世界の安寧秩序を砂漠に導くというのである。それは砂漠の記憶にみち、砂漠を必要とし、それじたい砂漠のような言葉である。慎ましく、控えめで、ストイックなブランショの文体は、こんなふうに述べるときには、まったく非妥協的でほとんど破壊的である。

「予言の言葉はさまよう言葉であり、あらゆる定住、あらゆる固定、休息でありうる定着に対立しながら、一つの運動の根源的要求にもどっていく」（ibid., p. 118）と書いたブランショは、旧約聖書の予言者たちのことを念頭においている。旧約聖書の予言は、とりわけユダヤ民族を襲った歴史上の悲劇的な出来事に関するものである。しかしブランショにとって、旧約聖書の「砂漠」とは、ほとんど非歴史的な砂漠であり、まったく特異な次元にかかわる。「砂漠」は特定の場所にも、歴史的な出来事にも帰属しない。

> 人はそこをひたすらさまようしかない。過ぎていく時間は、その後に何も残さず、過去も現在ももたない時間である。それは空の空しさと大地の不毛性においてしか現実的でない約束の時間であって、人は決してそこに存在するのではなく、いつもその外部に存在するのだ。砂漠とはこの外部である〔…〕。（ibid., p. 119）

予言の言葉とは、このような「外部」との剝き出しの関係を示す言葉であり、この関係は、（ユダヤ人の）連帯の原理であり、言葉の交換を、あらゆる相互性を支えるものでもある。予言は、未来の出来事を先見するのではなく、むしろ未来という観念を拒んでいる。未来として到来するもの、現前しうるものを拒絶して、その外に思考を導くのである。その外とは、時間の外、空間の外でもあり、この砂漠で人は何も確実に所有することができず、ただださまようしかない。ほんとうは予言にとって何一つ「来たるべき」ものなどない。来たるべきものは、決してやってこない。来たるべきものは、未来の外の次元にやって来る。そのような次元にならば、たえずやって来る。『来たるべき書物』は、書物がかかわる時間を未来として指示するように見えるが、実は未来の概念を破棄し、決して到来しない、まったく別の、断絶しては循環する時間にかかわる運動として、それを記す言葉として、書物を読み解いているのだ。

　確かにこの本は、〈現代文学〉の核心が何かを解明しようとした、かなり例外的な先駆的書物といえる。一九世紀末から二〇世紀前半にわたる様々な文学的実験に対応して、理論や批評の側でも革新がおこなわれ、とりわけ形式主義的、構造主義的な方法が台頭していった。しかし、このような方法も、（形式とみなされる）作品という対象と、それを読解する主体の関係に関しては、しばしば伝統的な図式を保存していた。いまでは文学理論の書物としてほとんど古典のように見えるけれど、むしろ形式以前、人称以前の運動を読み解くことにおいて徹底していたブランショは、まったく独自の観点から現代文学の潜在的な中心をとらえ、それを彼独自の〈哲学〉として表現していたのである。

　決して彼は文学の未来などを予見したのではない。むしろこれらの文学にとっては未来などなかった。時間をめぐる根深い幻想を脱することは、これらの文学の第一の特徴であったといえる。これらの文学は、しばしば難破し消滅するかのような過程をたどったとはいえ、とにかくブランショは、実現された書物について書いたのである。しかし『来たるべき書物』とは、まだ来たるにいたっていない書物でもあった。そして決して「到来しないこと」について書いた書物であった。なんとか書物の形をえて、公刊されてさえいるが、そのような固定にも、公共性にもなじまない何かが、書き手をうながしていた。この世界の価値、伝達性、意味、歴史、経済などによって、これらの言葉は拒否されていたが、それ以上にこれらの言葉のほうが、この世界をまず拒否していた。これらの言葉は、未来の時間だけでなく、この世界に到来すること自体を拒んでいたのである。決してこの世界に「来たらない」書物は、ただ「来たるべき書物」として待機している。この待機の時間は無限にひきのばされる。しかし、この待機から別の時間が姿をあらわす。こうした書物の〈秘密〉を読みとろうとしたのは、もちろんブランショひとりではない。ブランショを読み（あるいは読まない）、数々の「来たるべき書物」を読む、無数の匿名の読者によって、この〈秘密〉は共有されうる。

2　政治と法の外部

「来たるべきもの」は決して「来たらない」まま持続し、永続し、さまよい続ける。それは未来という観念の自明性を拒絶し、この拒絶をさまざまな場面に浸透させていく。この拒絶は、時間、空間、歴史に浸透し、言語、イメージ、意味、形式をめぐるすでに了解済みの伝達や交換に波及し、それらを破壊する。それらは破壊しようとしても、あまりにも強固に構築され根付いているが、とにかくこの拒絶は、それ自身の運動と場所においてあらゆる次元にかかわり、それらの次元を破壊し、あるいは中断するのである。

『来たるべき書物』でも（また『文学空間』でも）、政治が直接に言及されることはきわめて少ないが、「来たるべき」ものはまさに政治をも拒絶し、拒絶によって政治にかかわり、「来たるべき政治」を思考する。「来たらない」ことは、すべてにわたる拒否であり、すべてにわたることによって政治にかかわる。政治のほうもすべてにかかわり、すべてに介入しようとするからである。はじめにただ『文学空間』や『来たるべき書物』によってブランショに出会ったとき、私たちは、ブランショの思考にこれほど「政治」が含まれていることを察知しえなかった。しかし政治空間からまったく遠い、砂漠や極地のような場所に文学空間を構想したブランショの思考は、この遠さそのものを、まさにひとつの政治的パッションとして内包していたのだ。

「芸術作品は、法に属する何も恐れない」、その法が「政治的であれ、道徳的であれ、人間的または非人間的であれ、暫定的または恒常的であれ」、と『来たるべき書物』のブランショは付け加えている（Blanchot 1959, p. 45）。芸術的、詩的作品を、そのような法や法則によって、決定したり、制限したりすることはできない。法や法則によって、決定され制限されるものとは、せいぜい「文化（culture）」であるにすぎない。

法が毀損し、禁止し、あるいは歪めてしまうものとは、文化であり、人びとの芸術に対する考え方であり、歴史的習慣であり、世界の成り行きであり、書物であり博物館であり、場合によっては芸術家である。どうやって彼らは暴力を避けることができようか。ひとつの体制が芸術に過酷に対するとき、体制にとってこれは懸念すべきことだが、芸術にとってはそうではない。芸術もまた最も過酷なものであり、じぶん自身の歴史的盛衰に関しては、無関心であり忘却なのである。(ibid.)

こうしてブランショは、芸術を政治(体制)の外部におき、「文化」からも切り離している。芸術の「無関心」や「忘却」は、「法」の外部にあるが、外部にあるためには、「文化」からも遠ざからなければならない。「来たるべき書物」は、決して文化とも法とも、和解しない。

ブランショはこうして芸術を、法から厳密に隔絶している。この隔絶の動きはただ芸術じたいの過程に属するのだが、この世界の法に対立するかぎり、それは政治的な過程でもある。マラルメやリルケの詩に極点を見出すブランショの文学的思考は、世界からも政治からも隔絶して、ただ〈純粋〉を追求するかのように見えるが、隔絶によっていっさいの政治と対立するという意味で、政治的であらざるをえない。というのも、このような文学(者)には(それ自身によって)奇妙な要求がつきつけられるからである。「彼を通じて権力を欠いた何かが語るということ、そこから言葉は権力の不在として自分自身を告知するということ、この無一物状態、この無能、またこの不可能性、これこそは伝達(communication)の第一の運動である」(ibid., p. 50)と書くブランショにとって、このような言葉と伝達の要求は、単に中性的なものではありえない。

権力のこの不在、権力からの隔絶とは、政治の不在、政治からの隔絶を示すが、だからこそ確かにもうひとつの政治を要求している。『来たるべき書物』第二部「文学的問題」の冒頭のテクストで、「言語とは、世界においてとりわけ権力である」とブランショは書いた。もしそうなら、言語なしにはありえない文学は、権力を斥けようとすれば言語を拒否しなければならなくなる。少なくとも言語をめぐる政治に注意をむけながら、〈法〉の外部にある言語を追求しなければならない。そこで言語

（そして文学）における主人と奴隷の弁証法（階級闘争）について仔細に考察するような文学（論）もありうるだろう。けれどもブランショ自身は、文学がそのような弁証法の〈外部〉にあり、〈外部〉そのものであることを、ひたすら注視しようとするのだ。

それゆえ文学作品の中に、言語がまだ権力なき関係であるような場所をとらえなおすことを試みなければならない。それはあらゆる支配や隷属とは無縁の剝き出しの関係の言語であり、それはまた獲得のため可能のため、知るため所有するため、主人になるため自己を支配するために語るのではないものにむけてだけ語る言語であり、つまりほとんど人間ではない人間に語る言語なのである。（ibid., p. 52）

こうしてブランショは、まったく例外的な、不穏な「場所」に、文学と言語を位置づけている。文学的言語は、権力、支配、隷属と無縁である。文学にとって、少なくともそのように仮借のない要求と立場があり、それをとらえなおし、権力関係の外で語る言葉を発見し、再発見しなければならない。しかしこのように権力関係の外部にある文学を発見しようとすること自体が、言語の中に深く浸透した権力関係を強く意識する、ある政治的立場にうながされている。つまりこの文学論は、はじめから政治的弁証法に深々とまきこまれていたのだ。ブランショは決してそのことを隠さずに、厳しい逆説として明示している。ただし、必ずしもこの逆説の社会的歴史的文脈を思考の対象にしていないだけである。

3　匿名の革命

ブランショがしばしば匿名で書いた政治的テクストを収録した『ブランショ政治論集』（Blanchot 2003）によって、私たちはブランショの思考のもう一つの極に立ち会う。あのどこにも「来たろう」とはせず、それ自身が「砂漠」であろうとした厳しい思考の言葉を支えている情熱があり、意志があった。ある匿名の情熱が、世界を離れ、世界の意味を拒絶して孤立しようとする言葉を支えている。にもかかわらず、この匿名の情熱は、あくまで共同であり集団であろうとする意志を一貫して表明している。『明かしえぬ共同体』という本で、ブランショはとりわけ六八年五月をめぐって、終わりなきもの、中性的、非人称的なものをめぐる孤独な思考が、いかに、ある共同体の思考とともにあり、二つが互いに支えあっていたかを、まざまざと知らせていた。『来たるべき書物』の思考が、ほとんど矛盾なく、政治を拒否する政治の思考でもあることを、ブランショ自身が「明かした」のである。

これらの「政治論」の文書は、じかに政治にかかわって書かれ、その匿名性は、ある共同性（共産主義）と直接結びつき、そのような共同性の実現と擁護にむかっている。これらのテクストは、書かれた時点では、まさに匿名性と集団性を本質とするものであったが、その匿名性と集団性からあらためて引き離され、もうひとりのモーリス・ブランショのテクストとして読まれるものになった。私たちは、これを通じて何か驚異的なものに立ち会うのである。この固有名は確かに一つの特異性の名でもあるが、同時に特異な匿名性を指示し、決して個人に還元しえない、一つの充実した空白を指示している。それは確かに「政治」にかかわるが、「政治」はほとんど実体を失うところまで問われ、透視されている。

『政治論集』のはじめには、一九五八年のド・ゴールの大統領就任にいたる政変を批判する文書が収録されている。ド・ゴールはこの年に、アルジェリア戦争によって危機的状態に陥った第四共和制のいわば「救世主」となり、憲法改正を指揮して第五共和制の大統領となる。ブランショの執筆した文書は、この過程を主導したド・ゴールの個人崇拝にもとづく「救世主」的、宗教的な権力を「拒否」するものである。この文書は「拒否（refus）」という言葉に異様な強度を注入している。「この拒否は絶対的で、断固とし、譲ることのできないものである」、「この確実な、揺るぎない、厳格なノンの友愛、それが彼らを結びつけ、連帯させる」（ibid., p. 11）。これらの文書から浮かび上がってくるのは、決して当時の政治的状況の理論的分析や、何らかの戦術的主張の表明ではない。

ブランショの言葉は、はるかに単純で、ある政治的情念または意志を、まったく直接に示しているだけである。発言全体を支えている「拒否」と「友愛」は絶対的であり、絶対的であること自体を指示している。それはまさに「理想的」にみえるが、現実から遊離して理想的であるのではない。現実に対して理想を衝突させながら、現実の政治にまったく別の政治を衝突させようとしている。つまり現実の政治に、ほとんど非政治を対置しているようにみえるが、ブランショの政治は（そして文学も）、やはり政治の外部の政治（文学の外部の文学）であるしかない。この出来事は六八年五月からちょうど一〇年前のことだが、ブランショの六八年の政治学は、このド・ゴール批判においてすでに始まっている。

一二一人のマニフェストとも呼ばれる名高いアルジェリア戦争反対の「不服従の権利宣言」（一九六〇年）は、ブランショを含む数名の執筆者によるものといわれるが、この文書においても中心のモチーフは、「屈辱的なものとなった服従」を拒否する原理であり、「本質的な自由」を脅かす権力に対する不服従であり、この不服従はそれ自体が原理的な権利であり、それ以上にそれを正当化する言葉はない。ブランショはさらにこの宣言への批判に答えた文書でも、「この種の言葉は審判の言葉であって、そのあらゆる効果性はまさに、この言葉を実利的で政治的な効果性の計算に依存させることの拒否によって生じるのである」(ibid., p. 35) と付け加えている。この「拒否」を何かしら最終的な〈審級〉として、いっそう厳しくきわだたせ、戦争の政治と対決しようとしたのである。この拒否には、戦略も戦術も、目的も手段も、それに伴うあらゆる迂回や計算も含まれていない。

ブランショは、このような一連の反対運動の後、そこに生まれた連帯を基礎にして、「全面的批判」を実践するための『国際的雑誌（*Revue internationale*）』を何人かの同志とともに提案し、その積極的な呼びかけ人となった。彼は一時代のサルトルのように、文学は飢えた子供たちのために何ができるか、と問うたりはしない。「文学は単に固有の経験を構成するだけでなく、すべてを弾劾する根本的な経験を構成する」、あるいは「芸術は無限の異議申し立てであり、それ自身への異議申し立てであると同時に、権力の他の形態への異議申し立てである」(ibid., p. 55) と書いて、あたかも文学、芸術における「不服従」が、他のあらゆる思考と行動に、即座に連鎖しうると考えているようだ。すべての外にあることによって、すべてにかかわる、という「外部性」の論理を彼は決して手放すことがないのだ。「重要なことは、ある真実の探求であり、またさらにはある正当な要求であり、おそらく正義の要求であって、これにとって文学的な肯定は、その核心への関心によって、言語との独自のかかわりによって本質的なのである」(ibid., p. 52)。

ブランショは、この雑誌の計画において、彼の「文学空間」を少しも「政治空間」に従属させることとなく、そのまま直結し、重合させようとしている。「作品にむかう運動は本質的に謎にみちている」といい、彼の構想する雑誌の方向を、「譲りがたい差異、いやむしろ非協和」と規定する。このブランショの呼びかけは、結果として難破するしかない。彼はそれぞれのテクストについて、いくつかの言語への翻訳を同時掲載し、決して統合をめざさない断片主義、非テーマ主義を貫き、同時代の作品だけでなく過去の作品の断片からも、新しい意味を抽出することを提案する。あくまでも「譲りがたい差異、いやむしろ非協和」を貫いて、「集団的複数的言葉」を形成し、「エクリチュールのコミュニスム」をめざすというのである。『国際的雑誌』は、国境を超える知的権力をうちたてるためではなく、ひとつひとつの言語の力をそぎ落とすようにして、複数性の複数性にむかい、力をそぎ落とすことによって別の豊かさ（「権力なき権力」）にむかう。確かにブランショは、彼の「文学空間」の思考を少しも譲ることなく、国際性や政治性に投射しているのである。

政治にかかわる文学・芸術の社会的役割や、逆にその創造的自立性については、いたるところで（日本でも）とめどなく議論がおこなわれたが、ブランショの思考は、ほとんどそれを超越するかのように、ほとんど無媒介に、文学空間の例外性を、新たな政治性の構築の基礎にすえようとしている。ブランショは、文学の内部を守ろうとするのではなく、あくまで文学の外部性を注視し、文学を外部への運動としてとらえる（「真理は遊動的（nomade）である」）。だからこそ、それはたえず外部にむかう政治の運動と呼応し、内部にむかう政治を破壊し、外へと牽引することになる。ブランショの思考は、現実と理念の〈弁証法〉をまったく欠いていて、ほとんど超越的であり、また短絡的であるかに見える。これはかなり異様な思考法にも見える。しかし、そのような〈弁証法〉は、やがて思想の強度そのものを風化させ、思想を社会的な次元の弁証法に従属する装置にしてしまったのである。

だからこそここでは、ブランショの異様な拒否と超越の政治学の軌跡を、さしあたってつぶさに追跡してみようと思うのだ。

4　マルクスと言語の複数性

もちろんブランショの〈超越性〉は、全体や統合の理念を決してよせつけないという意味では、逆に、ある〈内在性〉と不可分である。全体や統合の理念が、ある歴史、社会についての有機的な観念としばしば一体であるとすれば、ブランショは、政治に関しても、文学に関しても、非有機性と非有機化を徹底させようとした。そしてド・ゴール、アルジェリア戦争に対する抵抗の時代はすぎて、やがて以前とは確実に異なる権力の状況が訪れていた。権力は、いつの間にか超越的な中心によってではなく、無数の焦点を通じて内在的に作用するものに変質している。分割されたベルリンについてブランショが書いた文章は、はっきりこのことを定式化している。「ここでは全知が適用されない」、「全景を見わたす視力は、正しい視力ではありえない」（Blanchot 2003, p. 72）。二つの政治体制がにらみ合う厚い壁に沿って広がるのは、はてしなく細分化され断片化された知やイメージや力のシステムである。それとともに形成された見えない終身刑の監獄である。東側の市民だけが監禁状態にあるのではなく、それ以上に普遍化した不可視の監獄が、世界のいたるところに広がっている。

ここには、やがて六八年五月として問題化する権力の状況が、すでに集中的に素描されていた。六八年に、政党からも革命のイデオロギーからも離脱する抵抗が噴出したのは、すでに権力のシステムが深く変容しつつあったからである。全体化されない権力のシステムに、全体化されない抵抗がまきおこった。当然ながら、この抵抗の意識（そして無意識）も、その表現も、あるいはそれに対する評価も、それぞれに断片的であるしかなかった。しかしブランショは、決して〈革命〉を放棄するわけではない。六八年の抵抗は、まさに断片性と複数性による〈革命〉であった。「それ以降はもはや何一つ同じではない」(ibid., p. 145)。確かに「革命が起きた」と、この文書の書き手は、『来たるべき書物』と同じ文体で語るのである。

何も破壊的なところはなく、すべてを破壊し、過去よりもむしろ現在そのものを破壊しつつ、この現在において革命は達成されつつあり、未来を獲得しようとはせず、可能な未来には極端に無関心であった、あたかもこの革命が開こうとしていた時間は、すでにあれらの慣用的な規定の彼方にあるかのように。それはまさに起きたのである。(ibid., p. 143)

そして、すでに起きた革命は、もう自分たちの背後にあって、いま自分たちは「名前のないもの」を前にしているとさえいうのだ。

この匿名の言葉は、驚くほどブランショのエセーと連続しており、政治的文書として抽象的スローガンになることも、運動の目的に対する伝達手段に甘んじることもない。むしろ徹底的に抽象的であり、抽象的な次元において破壊的である。ほんの少しだけフランス革命に触れているブランショの思考も、同じように抽象的で破壊的である。革命におけるこれこれは正当であり肯定しうるが、別のしかじかの部分は誤謬であり悪であったとか、ある部分的観点からは否定されるが別の全体的観点からは肯定されるといった議論（弁証法）に、決してブランショは踏み込むことがないのだ。

ブランショはマルクスをどう捉えていたのだろうか。マルクスの三つの側面を彼は定義している(ibid., pp. 136-139)。第一に、「ロゴスの全歴史がそこに再確認される」ように長々続くが、その歴史が断絶する瞬間に、非常に直截な言葉で、次々答えを提出するように考えた思想的作家としてのマルクス（あまりに答えに満ちているので、問いがわからなくなってしまうほどに）。第二に、革命を呼びかける扇動的活動家として、凝縮された新たな政治的言語を作り出したマルクス。それはひたすら闘争にかきたてることに集中する性急で過剰な呼びかけのための言語である。そして第三には「科学の観念そのものを転覆する理論的な思考様式」を作り出した科学者マルクス。科学は実践の要求に直面して根本的に変化しなければならない、という新たな状況を彼は作り出した。

こうして「マルクスの例のおかげで、エクリチュールの言葉、たえざる異議申し立ての言葉が、多種多様な形で不断に展開され、また中断されねばならないことを私たちは理解する」。しかし「マルクスはこうした言語の複数性とともに心地よく生きるわけではない」。マルクスはこの多様性や複数性ということ自体を、革命の問題にしたわけでもない。しかし六八年の叛乱にとって、「複数性」は動機であり、目標でもあった。

> 複数性（統一されていない複数性）を可能にするために、複数のテクストに一つの場所を開放し、同時にその生成そのものを決して停止させないために。いつも諸テクストは既に互いの関係が断ち切られていて、あたかも断絶へと定められているかのようである。(ibid., p. 97)

複数性、そして断片性は、言語にかかわり、認識にも、力（権力）にもかかわる。「六八年」は、明らかに既成のマルクス主義政党への抵抗でもあり、にもかかわらずマルクスの新旧の様々な読解とともにあり、新しい階級闘争でもあった。ブランショにとって、その階級は、「われわれの前にあるのは名前のないものだ」（ibid., p. 147）という事態に対応する「名前のない階級」であったにちがいない。だからこそ、「五月に関する書物などない」と書き、「書物とは抑圧の洗練された形態」であると書いたブランショは、あくまでも、来たるべき、来たらない書物とともに五月を構想し、五月がすぎても、まだその構想を持続するのである。確かにマルクスの中にも、みずからの思想、科学、政治の観念をたえず転覆するような思考があった。六八年五月は、マルクスを決して来たらない思想として来たらせるような機会でもあった。

革命の思想が、歴史の終末という観念とともにあったことはよく知られている。西欧民主主義であれ、〈真の〉社会主義であれ、それは歴史の弁証法を終わらせ、そのように名づけられたものの〈到来〉によって歴史を終わらせようとする。しかしブランショが、旧約聖書を意識しながら、まったく異なる〈予言〉を定義していたことは、すでに見たとおりである。この匿名の記事（「運動について」）の書き手も、はからずも「われわれは歴史の終末に存在している」と書きながら、「われわれの前にあるのは名前のないものだ」と書いて、終末の観念を退けるようにしている。「予言的言葉は不可能な未来を告知し、それが告知する未来を、それが未来を告知するがゆえに、不可能な何かにする」と書いたブランショは、政治的スローガンよりも、この思想に忠実である。現在が未来の可能性にただ従属するのなら、現在も未来も破壊しなければならない。そのような現在と未来の方が、人間と生をしばしば破壊しているからである。匿名で書いたブランショは、時間の観念の革命を要求し、予言の否定を予言している。歴史の終末は、むしろ歴史の観念を問い、改めるための果てしない対話の始まりを意味するだけだ。

5　死の論理

ブランショの〈死〉の思考さえも、まさに〈到来しない死〉にかかわっている。死は必ず訪れるが、誰もみずからの死を経験することができない。私が死ぬことはまったく現実的な可能性であるが、その現実に立ち会うのは私以外の他者であって、この現実から私は排除されるしかない。私の死は、私にとってまったく非現実的である。死を〈存在論〉の決定的な契機と考えたハイデガーから、ブランショは大きな影響を受けたにちがいないが、ブランショにとって〈死〉は〈存在〉への覚醒の機会などではない。彼は〈死〉の〈非在〉を、あるいは〈非現実性〉を、彼の思想の中心にすえ、そのまま根拠としたようなのだ。「死においては、私が死ぬのではなく、私は死ぬ能力を失うのであり、死においては〈ひと〉が死ぬのであって、〈ひと〉はたえず死に、死ぬことをやめない」(Blanchot 1955, p. 202)、「それはまさに誰にも到来しないことであって、決して到来しないことの不確実性と非決定性そのものである」(ibid., p. 203)。ブランショは、ただ死が誰にとっても体験不可能であるという事実を強調しているわけではない。決して到来しない死は、決して完遂されない死であり、たえず進行している死でもある。それなら、これはもはや生と対立するような死ではない。生の中心にあって生を牽引し、生の周縁にあって生を包み込んでいるともいえる。この死は、病や事故のような〈出来事〉や、あるいは自殺のような〈行為〉によっても到来しないもの、接近しえないものである。

英雄的な死、死による覚醒、「死ぬことと見つけたり」というような決意、あるいは誰にも等しく訪れる死を受け入れる諦念、死を乗り越えようとする無謀な試み（『悪霊』のスタヴローギン）、そしてフロイトの分析の限界点に現れるかのような「死の欲動」。死に関するあらゆる想念や思考に対して、ブランショは、死をめぐる別の真理のようなものをつきつけているのではない。とりわけ死を彼の思想にとって本質的な主題にしているわけでもない。他者の死に遭遇し、あるいはみずから死の危機に直面して何も学ばない人間はいないが、それによって死を乗り越えることは誰にもできない。死をめぐる無数の言説があるが、まさに死を指示する言葉は、死を規定し、規定することによって死を迂回する。死を悟り、死について教える言葉は、しばしば権力の言葉なのだ。

とりわけ『文学空間』で、死にかかわる言葉に思考をめぐらせたブランショは、死をめぐる人生論や存在論を注意深く斥けている。そして死を乗り越えようとする言葉よりも、死と親和しようとするリルケの詩のほうに「開かれたもの」を見出している。死に関する真実よりも重要なのは、この「開かれたもの」であると彼は言いたかったようなのだ。彼は、死への抵抗も、死の克服も、死の受容もすすめたりはしない。「不可避であるが接近不可能であり、確実であるがとらえがたい」という死が、それでもどんな可能性であり、どんな不可能性であるか、考えることをうながしているだけである。

たとえばフロイトのいう「死の欲動」さえも、もしそこから「人間は、実はみんな死にたがっている」というような安直な理解を引き出すのでなければ、ある本質的な思考の変容をうながされたかもしれないのだ。確かに欲望は、「快感原則」によって一元化されない別の次元をもっている。欲望は死さえも欲望するというわけではなく、生死を貫通し、生と死のイメージを脱する欲動とともに欲望するからである。「死の欲動」は、個体の意識を超えた次元にある欲望に属する。フロイトはそれを、生命が無機物に回帰しようとする傾向であると考えたが、有機体は、生きながら非有機化する過程を含んでいる。フロイトは、いたるところで、快感原則にも、対象を備給するというリビドーにも背反する別の欲動に遭遇し、そのたびに精神分析の体制を大きく変更することをせまられたのだ。

ドゥルーズとガタリは『アンチ・オイディプス』で、ブランショの指摘した「死の還元しがたい二つの様相」に触れながら、それを大胆に読み換えている（ドゥルーズ＋ガタリ 二〇〇六、(下)二一〇頁）。彼らにとって死は、あくまで「器官なき身体」の現象であり、知覚しがたい分子的次元の出来事である。ブランショが強調する「ひとが死ぬ」の次元の死は、無意識によってたえず様々な強度として経験されている（「死の経験」）。死はたえず進行し、人はたえず死につつある。そして「あらゆる強度は最後には消え、あらゆる生成は、それ自身、死への生成となる！　こうして死は現実に到来する」（同書、二一三頁）。生の強度は解体され、ゼロに戻り、死に直面する最後の主体は「私」として固定される（「死のモデル」）。しかし、この過程はあくまで、「器官なき身体」の変容と循環そのものであり、決して「私」という主体そのものに還元することはできない。

「私が死ぬ」における死は、ただ「器官なき身体」を充たす様々な強度の作用が固定し、ゼロにもどるときに生起するにすぎないが、「ひとが死ぬ」における死は、無意識における様々な強度として生きられ、たえず変化し、さらに別の強度を生産する。「ひとが死ぬ」とは、欲望機械におけるたえまない変容や断絶を示している。フロイトは「死の欲動」に驚き、そしてこのような死の両義性にも気づいていたかもしれないが、決してこのような区別を設けてはいない。

ドゥルーズとガタリは、厳しい〈否定性〉のように見えるブランショの死の論理を引用しながら、まったく肯定的な作用を表現するものとして、これを読み換えることにおいて徹底している。死もまた「器官なき身体」の次元では生産的であり、「器官なき身体」を充たす流れを断絶しては更新するものである。そのような意味でなら、そしてそのような意味でだけ、死は〈革命的〉である。フロイトは、有機的な生が根源のようにはらんでいる「無機性」への回帰の欲動として、死をとらえているが、むしろ有機的な生をたえず非有機化することによって別の次元を作り出している欲動の根本的な性格を、あいまいにしかとらえていなかった。死は非有機的生の経験にほかならないが、あらゆる経験はすでに有機的な秩序に規定されている。しかし私の経験する死は、同時に有機的秩序を脱する「器官なき身体」の出来事として、「経験」と断絶する「モデル」（あるいは「理念」）の位相を開くことになる。ここで死は有機性の悲劇などではなく、非有機性の集中的な結晶である。

ブランショの『政治論集』の末尾のテクストは、六八年以降の運動の持続ではなく、むしろハイデガーのナチズムへの関与をめぐる論争と、ロベール・アンテルムの強制収容所の体験に関するものである。ブランショの思考は、ここでは抵抗でも革命でもなく、むしろ災厄、記憶、そして責任にかかわっている。けれども、現前しない、到来しない革命が問題であったように、ここでも彼の思索は、やはり現前しない、到来しない死をめぐり、その論理だけを貫いている。

二〇世紀の絶滅収容所と戦争では、死は何も生産することも解放することもなく、ただおびただしい死体だけが生産されたのである。これは死をめぐるまったく倒錯的な事態を意味していた。倫理も政治ももはや機能しえない、空虚な死の例外的領域だけが広がっていた。この空虚の作用は、まだその記憶の生々しかった戦後よりも、長い時間を経て二〇世紀末に、ますます奇妙な空白として思考と言説の対象になったのである。

彼（アンテルム）は理解したのだ。生そのものの中に虚無があり、測りがたい空虚があって、それから自分を防衛しなければならないと同時に、それの接近を認めざるをえないことを。私たちはこの空虚とともに生きることを学ばなければならない。私たちはその充実を無の中にいたるまで確保するだろう。（Blanchot 2003, p. 180）

絶滅収容所では、死は現前しないどころか剝奪され、むしろ死体として過剰に現前し、「生産」されたのである。そのような過剰な現前は、二重に語りがたいものとなる。

ブランショは、作家とは予言をしない予言者であることを、もう一度確かめている。

（政治にかかわる）作家の使命とは、自分を予言者やメシアと思い込むことではなく、来たるべきものの場所を確保し、この場所のあらゆる横領行為に対立する不在を保持し、また私たちが奴隷であったことを想起させる太古の記憶を維持することである。この記憶はさらに、たとえ自由になっても、他者が奴隷であるかぎり、私たちは奴隷であり、これからも奴隷であろうということ、それゆえ（きわめて簡潔にいうなら）他者のための、他者による自由だけが存在するということを想起させるのだ。（ibid., p. 153）

かつて絶対的な自由について語ることのできたブランショは、ここではむしろ絶対的な奴隷状態について語っている。そしてそれは旧約聖書のユダヤ人ではなく、現代のユダヤ人を襲った事態でもあった。それは太古の（immémorial）記憶などではなく、約半世紀前の出来事であるが、「思い出そうとすれば、ますます忘却する」と表現されるような奇妙な記憶を強いる事態でもあった。

6　身体以前

『来たるべき書物』の序論にあたる「セイレンの歌」はプルースト論に収斂している。ブランショは、物語とは「来たるべきもの」、「来たらないもの」についての言葉であり、物語の語る出来事の「現前」は、物語そのものによって斥けられると書いている。

あらゆる両義性は、ここで問題になる時間の両義性からやって来る。これによって体験の魅惑的なイメージがある瞬間に現前するということ、そう感じることが許されるが、この現前はどんな現在にも属さず、この現前が入り込んでいくと思える現在そのものを破壊するのだ。（Blanchot 1959, p. 18）

『失われた時を求めて』が、回想記のかたちをとりながらも、この回想記そのものを書くにいたる過程の物語であることは、よく知られている。やがて回想される時間と、回想する時間が入り組み、浸透しあう。書き手は、この作品の時間の入り組んだ位相自体を掘り下げていくことになる。プルーストの作品は、過去と現在を奇妙な同時性の中に滑らせることで、過去と現在の現前そのものさえ破壊し、時間の観念の〈外部〉に別の時間を見出すような試みだったのだ。ブランショにとっては、死も、革命さえも、このような〈外部〉の出来事、出来事の〈外部〉であることを、私たちは見てきたのである。

ところで、『来たるべき書物』は、このあとアルトーを登場させることによって少し異なる次元に入っていく。心身の麻痺に襲われ、異様な思考不可能状態の中で、この不可能性について、不可能性とともに思考するというアルトーの体験は、ブランショの非現前の思考に、さらに深いくさびをうちこんだようなのだ。実はこの体験とともに、アルトーは凝固した氷河のような〈身体〉に出会っている。彼はこの身体をもう一つの根本的問題として生き続ける。しかし、あくまで現前しえないものを思考の焦点とし続けるブランショにとって、身体もまた現前しえないものでしかなかったのか。ブランショは、身体と、身体において集中し流動している力の領域を、〈現前しえないもの〉を優先して注意深く排斥するしかなかったのだろうか。彼はアルトーの章の少しあとで、あの果てしない日記の作家ジュベールについて書きながら、「身体以前（l'avant-corps）」について語っている。アルトーとジュベールについて書いたテクストの間にはルソーを論じたテクストがあり、ルソーは「自分自身との直接的な接触に入りながらこの直接性を暴露しようとする」とブランショは指摘している（ibid., p. 68）。この「直接性」とは、まさに身体にかかわるのではないか。

作品として完結してしまうことを周到に拒否しながら、ひたすら「まだ思考しない思考の進展」にこだわり続けたジュベールのエクリチュールを、ブランショは、少し例外的な親密さをもって読み解いているのだ。ジュベールの日記は、自己分析でもなければ、哲学的省察でも、モラリスト的な箴言でもない。彼はアミエルにも、モンテーニュにも、ラ・ロシュフコーにも似ていない。日々の出来事や彼自身についての記述はきわめて少なく、ただ「魂」に、「精神の要求」にかかわって、しばしば抽象的な問いだけが繰り広げられ、彼自身の書くことに対する懐疑が述べられ、自己との果てしない対話が続くようである。

それにしても私の芸術とは一体何なのか。一体どんな目的を掲げるのか。何を生み出すのか。何を生じさせ、何を存在させるのか。何を主張し、これを実践しながら何をしようとするのか。書いて、読まれることを確信しようとしているのか。かくも多くの人びとがもったった一つの願望！　それが私の望むことか。〔…〕これは注意深く、時間をかけて、わかるまで検討してみなければならないことだ。（ibid., p. 81. 引用されたジュベールの文章）

この作家は、どこにもたどり着かないまま、このような思考だけを果てしなく続けたように見える。「完成する！　なんという言葉。中断するとき、終わったと宣言するとき、ひとは何も完成していないのに」（ibid., p. 82. 同上）。この奇妙な日記の書き手は、目的や完結を斥ける果てしない運動を持続することだけを望んでいたようなのだ。

この書き手の前に、やがて一つの世界が開ける。彼は、この世界を透過する奇妙な明るさに出会う。このような思索と言語が開く「空虚」と「不在」を、ジュベールは「最も物質的な現実」の基盤そのものと考える。そうブランショは指摘するのである。そこで世界は、物質は、空虚にみち、ガス状になり、光に透過される。そのような世界を記述する言葉も、同じように、孔だらけで、光を乱反射する軽やかな微粒子のようなものになる。ブランショはマラルメの否定性（世界と言語の間の絶対的距離）と対比しながら、ジュベールが言葉と世界の間にどんな「身体」を描きだしていたかに注目している。

> もし言葉のつつましさが、私たちと事物の間に、それなしでは窒息するような沈黙にさらされてしまうあの距離を打ち立てるとすれば、それは事物を否定するのではなく、事物を開くからであり、この開放によって、事物を構成する光の領域と間隙を解き放つからである。あるいはまた言葉のつつましさが、身体の彼方にあるものを感覚可能にし、この彼方に同意して、すべての身体はそれを通じてみずからを肯定するようになるのだが、そのつつましさは「その実質の密かな延長」である身体以前を受容するからである。言葉は否定するのではなく、同意するのである。
> (ibid., p. 88)

『文学空間』においてブランショがとりあげたリルケも、やはり死を否定するのではなく、死において開かれたものに同意する詩を書いたのである。ジュベールのほうは、「身体以前」（あるいは前－身体）として、ほとんど光であり空虚であるような身体を開く言葉を編み出したのである。

物質について、身体について、力それ自体については、ほとんど語ることのないブランショは、ここでジュベールの未完の、果てしない言葉の前にどのような物質や身体が現れ、その言葉がどのような肯定の力でありえているか、きわめて慎重に語っている。ブランショは、ジュベールが祈りのように、呪文のように繰り返した言葉、「知恵とは、光の中の休息である」について注釈している。その光は、真昼のまばゆい光ではなく、朝夕の壮麗な光でもなく、薄明であろう。活動でも覚醒でもなく、休息であろう。否定ではなく、休息であるというのだ。一見して無でしかないものは、「世界の見えない充実」であって、言葉はそのような無を前にして、それを薄明の光にさらす。それは「見られない空虚であり、光輝く現前であり、亀裂であって、それを通じて不可視性が開花する」(ibid.)。ジュベールの言語は、決して理性によって事物をくまなく照らすのではない。その思考は、それ自体が独自の光として世界の光を迎えるが、思考の光はそのまま暗点であり、空虚を内包している。そこで「世界の見えない充実」を「休息」の中で迎えるしかない。活動でも、覚醒でもない、この「休息」こそが、思考（知恵）を世界に開く。あのマラルメの、葛藤と緊張にみちた否定的な探求ではなく、探求とともに生み出されたある種の休止、弛緩が、ジュベールの思考に、ある開口部を作り出しているようなのだ。

ブランショのこのような不在と空虚をめぐる思考は、一見すると不在対象や去勢をめぐって無意識を構造化していたラカンの精神分析に近いように見える。ラカン主義者にとって、ブランショの思考はほとんどみずからの鏡像のように見えても不思議ではない。けれども、ブランショがジュベールに発見した「空虚」は、さらにそのような概念化や構造化さえも拒否する空虚でもある。ブランショもまた、確かに「象徴」について語っている（ただし「象徴界」についてではない）。「象徴」とはブランショにとって、言語の外部への飛躍なのである。象徴とはそのような飛躍であり、「水準の変化」であり、意味から意味への移動ではなく、意味の断絶である。それは「限定された圏域を逸脱するような肯定的力」である。そしていつも「力」を警戒するブランショにとってこのような力とは、あくまで力なき力であり、力を斥ける力でしかない。そのような飛躍や力は、必ずしも閃光や爆発とともに性急に実現されるのではない。それは「光の中の休息」といわれるように、ほとんど停滞において、〈非実現〉として実現される。

ブランショはジュベールの「光の中の休息」にまったく照応するような「停滞の運動」を、ヘルマン・ブロッホの『ウェルギリウスの死』に見出している。ここでブランショはまさにそれぞれの「来たるべき書物」が、どのような時間の表現であるかを示唆しているのだ。『ウェルギリウスの死』の英訳者であるウンターメイヤー夫人を参照しながら、彼は書いている。

テンポが加速されると、魂は鼓舞され、文は短くなる。時間が緩やかになり、目標のない探求の運動に委ねられ、思考が永遠の闇と一体になるにつれて、文章はますます複雑になり、長引き、反復され、停滞の運動の中に凝固していく。そこで文は無形のものの中に散逸しようとしているようだ。(ibid., p. 181)

7　近親相姦あるいは共同体

『来たるべき書物』で、ブランショはさらにビオイ＝カサーレスの『モレルの発明』を取り上げている。ボルヘスの序文によって広く知られるようになったこの小説は、いわば映画に関する物語でもある。ある島にやってきた主人公が、ユートピアに暮らすかのように幸福そうな人物たちに遭遇し、その中の一人の女性に魅了されるが、この人物たちはまったく彼に無関心で、彼がいかなる接触を試みても無駄なのだ。実はこの人物たちは、撮影された映画の人物であり、すでに実在しないのだ。必死に彼らとの接触を試みる主人公は、これらの人物の間に入り、親しく交わっているところを撮影されることによって、初めてこの映画‐ユートピアの中に入っていくのである。彼は確かにそれに成功するが、この撮影によって彼自身は、死ななければならない。こうして死者たちとともに、映画の人物となるのだ。

この物語は、ある意味で、ブランショが繰り返し取り上げたセイレンやオルフェの物語と同形である。魂を魅了する異界の歌、あるいは冥界に入った愛するものの姿にじかに触れようとするものには死が待っている。いっさいの「現前」あるいは「再現」は禁じられている。厳密には「現前」も「再現」もありえない。「現前」や「再現」とみなされる「表象」があるだけである。そして「表象されるもの」はすでに死者である。ビオイ゠カサーレスの、映画に他ならないユートピアの物語は、ブランショが最も真剣に読み込んだ書物たち、来たるべき来たらない書物たちとは、明らかに異なる系列に属している。そこでは、映画として死が現前してしまうからである。死者たちとの交通が、死によって不可能から可能に転換し、実現してしまうからである。

そうではなく、現実を非現実化し、たえず到来しながら決して到来しない不可視の次元に死を位置づけること。革命は未来のために過去を破壊するのではなく、名づけがたい、到来しない未来のために現在という時間性そのものを破壊することである。このようなブランショの思考は一貫している。この思考はほとんど無媒介に、文学空間と政治空間の間を往復しうる。ブランショにとって、文学と政治を、理念と現実として分割しうる境界など存在しないからである。現代の文学は、物語し伝達し

意味することの不可能性をめぐって、まるで既存の〈文学空間〉を破裂させるかのような作品だけを

生み出したようである。しかし、ブランショの思考にとって、この不可能性にさらされた対話や交通

だけが、魂の交通と共同体を保証するものである。この不可能性は、もちろん現代文学にだけ属する

ものではない。それはいつの時代も、文学空間の密かな中心であり動機であり続けた。現代の作家た

ちは、ときにその中心そのものとの対面を強いられるようになっただけである。

ローベルト・ムージルの『特性のない男』を読み解きながら、ブランショは、この「特性のない」という特性を、現代のプロレタリアートのものとしている。ウルリッヒという特性のない男は過剰な知性の怪物であり、ついに知性の産物を何一つ信じなくなってしまう。現代の人間のあらゆる俗物性、スノビズム、教条主義を冷酷に批判する男でもあるが、ニーチェのように貴族的な強い個人を信じるには、あまりに特性を欠き、むしろ特性の批判者でもある。ムージル的プロレタリアートは、無所有であり、無特性である。決して貧しい労働者ではないウルリッヒは、無特性をきわめることによって、「来たるべき」プロレタリアートである。「世界に突如として出現したこの中性の力能とは一体何なのか?」(Blanchot 1959, p. 220) という問いは、「来たるべき」、「まだ名前のないもの」の「力能」に対する問いである。

ウルリッヒは、二〇世紀初頭に崩壊にむかうオーストリア＝ハンガリー帝国における政治的葛藤を反映する「平行運動」の渦中に入り、さまざまな人物たちの間で不可能な対話を続ける。そして特性のない男は、やがて奇妙な出会いによってこの対話を収束させ、ある実験を試みることになる。未完に終わる長大な実験的小説は、この出会いを通じて、ますます奇妙な次元に入ってゆき、物語は分岐し、いくつもの草稿が、その分岐した物語をたどり、ついに物語は破綻し、難破船のように数々の断

片を残したのである。出会いとは、幼いときから再会したことのない妹アガーテとの出会いである。ウルリッヒは、父親の葬儀の際にアガーテに再会し、この世で最も親しく、最も自分に似た女と愛しあうようになる。こうして近親相姦というまったく古典的な主題が、この現代の「来たるべき書物」の真っ只中に介入する。しばしば哲学的エセーのようであり、現代をめぐる思考実験であるこの小説は、近親相姦という、あらゆる物語や悲劇の根源のような出来事に遭遇することで自壊してしまうが、これこそ著者ムージルの共同体をめぐる思考実験の（到達されない）到達点であったかのようなのである。アガーテとウルリッヒの共棲は、まったく緩慢な循環的時間の中に入り込み、ウルリッヒの長広舌と思索が続くだけで、タブーの侵犯はいつまでもおこらない。しかし兄妹はいつの間にか交わっており、その愛は終わり、特性のない時間の中に転落し、崩壊する。

そもそも近親相姦の禁止とは、近親の女性を母と名づけ、あるいは姉妹と名づけることによって差別化し、関係を家族として特化し、非‐性的に機能させることである。そのような「名づけ」とともに、その身体を遠ざけることである。言語は名づけることによって身体を遠ざけ、身体間の混交を、その暴力を遠ざけるような装置なのである。近親相姦は、その意味で共同体の基礎を破裂させるばかりか、言語の存在そのものに亀裂をもたらす可能性なのである。この限界の彼方では、身体は分節を失って混交してしまう。人間の「特性」をめぐるムージルの実験は、このようにして言語という「特性」にさえもおよび、名づけがたい未来に、「特性なき」ものとして直面するような実験である。近親相姦という限界にむけて待機するアガーテとウルリッヒの奇妙な愛の時間に、ブランショは、死、革命、到来しない時間、交通なき交通についての思考が、ひととき、永遠に、実現されることなく実現される奇妙な時間を発見したにちがいない。このような時間は、ブランショ自身が書いた『期待忘却』のような〈小説〉でも、まったく厳密に反復されている。『災厄のエクリチュール』で、ブランショは〈身体〉について、いや〈身体〉という言葉について書いている。

〈身体〉という言葉、その危険、それは何と容易に、意識無意識と混交することなく、自分がすでに意味の外にあるという錯覚を与えることか。自然なものや自然の油断ならない回帰。身体は何にも帰属せず、不死の死すべきもの、非現実的、想像的、断片的なものである。身体の忍耐、それはすでにして、いまだ思考である。(Blanchot 1980, p. 77)

身体は、決して自然として回帰してくる直接性ではなく、意味の外部ではない。彼にとっては、身体さえもまた、死のように決して到来せず、すでに到来しつつあるものなのか。ブランショがムージルとともに描いた、近親相姦をめぐる、あの奇妙な待機の時間の屈折は、言語と身体の間の屈折でもあった。身体の錯覚をあくまでも避け、意味の外にある身体ではなく、意味の外にある言語の強度を、ほとんど神秘的なまでに肯定しながら、ブランショはひとつの革命を信じ、持続し続けたにちがいない。その思考は孤独にはりつめた空間に閉じられたように見えても、ある匿名の、緩やかなつぶやきとともにあり続けた。その〈革命〉はまったくひそやかな、非現実的なものに見えるが、匿名の声は、〈革命は起きた〉というのである。

非現前、非実現、未来ではなく非来、生起しない出来事は、非身体の身体を指示してもいる。あらゆる有機性、いやむしろ有機性の観念や表象に対して、本来「生の飛躍」を含むはずなのに固定され閉鎖される有機性に対して、どこまでもそれを非有機化することによって別の生気を吹きこむブランショの思考は、この世界の力の体制について、ひそやかな革命の企てを持続して、現代の思想にとって欠かせない問いの矢を放っていた。

ブランショの〈身体〉に対する厳しく慎重な思考から教えられることは多い。それは有機性に対する〈慎重さ〉でもあった。しかし身体は現前しないものとして、その思考の潜在的な中心を形成していたといえる。つまり有機性は、そのように非有機化された位相を含みうるのである。マゾヒズムも、近親相姦も、有機的な性の極限において、有機的な根源にむけて、同時に非有機的な別の性にむけて開かれた次元を示唆しているかのようであり、ブランショの小説は、身体に対する測りがたい距離を測り続ける稀有な試行のあとを記している。

第三章　知覚、イメージ、砂漠――仮説的断章

1　知覚とイメージ

「イメージ」という外来語が、日本語の間にまぎれこみ、すっかり定着してしまった理由があるにちがいない。「象」や「像」という語にしても、もとは日本語ではなく、「すがた」、「かげ」、あるいは「かたち」といった和語は、何とか「イメージ」に対応しながらも、やはりずれている。「イメージ」という語が、あいまいなままに「ずれ」を吸収している。それほどあいまいでも、この語はなんとか使用に耐えている。

「イメージ」とは何かのイメージである。何かの鏡像、似姿、複写、写像、表象……それらは紙やフィルムの上に定着され、スクリーンやモニターに投影され、あるいは水面や鏡に反射している場合、物の一部（表面）であり、物の上の刻印であり、あるいは物の表面における光の効果である。それ自体が物質であり、物質の現象だが、同時に物質以外のもの、物質から離脱した次元をもたなければ、イメージではありえない。

確かにイメージの第一の定義として、辞書にはしばしば水面に映ったあるもの（ナルシス）の似姿があげられる。しかし、イメージは厳密には水面の一部ではなく、そこに反射する光そのものでもない。イメージは視覚の対象であり、または観想や想起の対象であるが、物そのものではない次元にある。物も、物の表象も、等しくイメージ（イマージュ）と呼んだベルクソンの思索を、さしあたって考慮にはいれずに、視覚の対象としてのイメージ、そして視覚を参照しなくても、あたかも視覚化されうるかのようにみなされる心象としてのイメージについて考えてみよう。[1]

ひとつのデッサンは、紙の表面の絵具やインクのしみや木炭の粒子であるが、そのような物質の上の物質の痕跡そのものではない。少なくとも、物の表面に描かれたイメージであり、イメージとして知覚されるものは、物質であり、イメージであるという二重の性質をもつ。それはイメージなのか、物質なのか、といつも問うことができる。たとえば壁のしみは、単なるしみなのか、ひとつのイメージなのか。ただ雲をながめる視覚と、そこに何らかの形（イメージ）を見る思考は、同じものではなく、同じ水準にはない。

ある「物のイメージ」という言葉は同語反復（物の物、イメージのイメージ）に似ているが、なんとか混乱しないように用いられる。習慣と化した混乱は、混乱と感じられない。

壁の〈しみ〉のイメージは、光の効果として視覚の対象であるが、それが壁から浮き上がって対象となるのは、心的イメージとして、といわざるをえない。そしてそれが記憶されたなら、それはただ純粋な心的イメージとなる。物質のしみ、心のしみ、記憶のしみ。もう物質ではない。しみは、別の次元に現れた。別の次元を出現させた。

イメージは、光の効果であり、視覚の対象である。いまここにいない誰かのイメージであるときには、視覚の対象の心的刻印である。イメージが、光を、そして光の知覚を参照することは避けがたい。しかし心的イメージは、すでに光の効果から自立している。視覚の対象ではなく、眼に見られないイメージがある。眼が存在しない次元にも、イメージはありうる。イメージは、光のないところに、精神の闇に存在している。このときイメージは見えないもの、見られないものである。じつは闇の襞や輪郭にすぎない。

物の上の痕跡そのもの（物質の表面に付着した物質、あるいはそこに刻まれた穴や溝）はやがて風化し消滅するかもしれず、明白な知覚対象であると同時に、すぐにかすれたり消えたりするという意味ではまったく脆弱な対象である。それがイメージであるということは、線と地の差異を、ある差異として対象化し、心的イメージとして経験した結果である。デッサンを描いた人は、描くと同時に、あるいは描く前に、想像において、このような対象化を実現している。デッサンを見ることはただ見ることではなく、それをイメージとみなすことであり、やはり対象化をおこなうことである。画家がイメージとみなすものと鑑賞者がイメージとみなしたものは、ある程度まで一致し、そして必然的に齟齬する。その意味でも、イメージを確実な実在の水準におくことは難しい。それは実在から脱落した、あるいは超脱した、一つの特別な水準または次元を構成する。

イメージを生み出そうとする画家の頭に、すでにイメージの萌芽があり素描があるといってもいい。しかしそれはただ知覚に対する心的効果なのではなく、物の痕跡をイメージとみなす精神は、知覚に与えられたイメージを心的イメージとして対象化する主体なのである（この「主体」は「自我」ではなく、自我以前の作用の動因のようなものだ）。そのような主体の行為が、イメージという心的対象を生み出す。ただ白紙状態から生み出すのではなく、記憶のなかにあるイメージの痕跡と照らし合わせるようにして、イメージを再構成する。これはナイフである、これは緑色、というふうに。ベルクソンは、知覚とは実在の一部を局限し、選択することであり、何かを付加するものではない、と考えるが、知覚とは同時に、反応であり、生産の、創出の行為である。ベルクソンにとって、知覚は単に与件から何かを引き算し、抽出することにすぎないが、マルクスならば、知覚（五感）の形成は、「これまでの世界史すべての労作の賜物である」というのだ。そのような「賜物」は、ベルクソンにとって知覚ではなく、むしろ記憶に属するものだ。

2　不変項と言語

J・J・ギブソンは、視覚における「不変項（invariante）」というべき対象は、記憶や痕跡と照合されるのではないことを強調している（『生態学的視覚論』）。「知覚と記憶の間には区分線がない」からである。それなら記憶はそのまま知覚であり、知覚はそのまま記憶であるといってもよいが、「不変項」は知覚の対象であると同時に、心的対象でもあるという二重性をもっている。イメージは、「不変項」を形成し、再形成し、喚起するような行為、過程とともにある。こういう説明が成り立つかぎり、イメージは言語にかぎりなく近い。

聴覚にとっても、「聴覚像（image acoustique）」といわれるように、知覚に対応する心的イメージが存在しうる。そのようなイメージに基づいて発声し、聞くものにむけてそのイメージを喚起しようとする話し手がいる。聞き手に喚起されるものは、話し手のそれとまったく同じイメージではないとしても、たがいにとって同じとみなされるなら、「不変項」が成立し、言語的コミュニケーション（のようなもの）が成立していることになる。

イメージが決して視覚だけにかかわるものではなく、聴覚にもかかわるものだとすれば、またイメージが物質ではなく、物質の痕跡でもないとすれば、イメージは心的なものとしてそれらにかかわりながら、まったく自立した次元にある。その自立性を、サルトルのように「否定性」と呼ぶこともできなくはない。しかしこの自立性も否定性も、決して確固たる不変のものではない。かろうじて「不変項」と呼びうる程度に不変であり、むしろ「準安定的」であるにすぎない。それはあくまで変動する過程として、その結果、ある程度「不変」であるにすぎない。

言語が、聴覚を通じてとらえられる音声のイメージの連鎖であり、確かにこれもまたイメージであるとすれば、光の物理学的過程と眼の生理学的過程を通じて成立する視覚の対象とは別の意味でイメージと呼ばれている。音のイメージは、音の反復から抽出されるものであるが、一方、光のイメージは光によって、まるでじかにもたらされるかのようである。しかし根本的に異なるとはいえない。音のイメージも、光のイメージも、音、光の効果でありながら、そこから抽出されたものであり、同じように心的水準にあると考えることができる。言語（のイメージ）を持つ人間にとって、視覚イメージもほとんど言語的水準で構造化され、機能しているといえる。したがって視覚と言語を対立させることは、その間にはたえず〈離接〉があるとしても、必ずしも適切な考えではない。言語の外部に、まったく純粋なイメージのようなものを想定することは、きわめて難しい。

生態心理学（ギブソン）は、環境と主体の間の光学的、生理学的条件によって視覚はたえず流動するにもかかわらず、それでも視覚が、何か不変のものをイメージとしてとらえていることを説明している。見えるもの（光）は刻々変化しているのに、また見る身体、頭、眼球もたえず動いているのに、見えるものが一定しているとみなされるのは、そのものが実在しているか確証しえないとしても、そこに何かしら〈不変のもの〉が構成されるということを意味する。しかし構成の過程そのものは動的であるにちがいない。不変であり、かつ動的であるものとは、じつは不変でも動的でもない。

イメージの成立には一定の要素や条件が必要である。それが光や物や眼（を包囲する光）の効果であるならば、そのような効果として、知覚が何らかの差異を受けとらなければならない。とりもなおさずそれは、効果がある状態と、効果がない状態との差異である。そのような差異が繰り返し体験されて心的な刻印（記憶）にならなければならない。壁を見ながら、壁のしみのイメージを見るには、光の効果を受けとるだけでなく、その効果を選択し、選択された効果を、あたかも自分自身で生み出すようにして受容する主体が存在しなければならない。描かれた林檎の形が生み出す林檎のイメージという効果は、描かれた林檎だけが原因ではなく、鑑賞者が脳裏に蓄えている林檎のイメージの心的な痕跡もまた同時にその原因である。その痕跡は記憶の抽斗からいちいち呼び起こされるものではなく、ほとんど同時に、知覚に対する効果であり、知覚における縮約（ベルクソン）である。それでも知覚は、まったく記憶なしに作動することはない。

3　肉のイメージ

そして知覚に与えられる林檎のイメージも、その心的イメージも、実在する林檎と似ているかどうか、確証はない。林檎の実在まで否定する必要はないが、実在する林檎が何かはわからない。いずれにせよ投影する光の効果として見られた林檎は、単に視覚への効果であり、同時に視覚の構成過程に侵入するが、ほとんど同時に心的過程でもある。ミツバチにとっては、林檎のイメージはそのようなものではありえない。そのようなものである必要がない。そもそも、そのようなものであるかどうかを確かめることができない。ミツバチは蜜の記憶をもつにちがいないとしても。まして心的過程におけるイメージは、単なる光学的写像ではありえない。それは世界の中に「肉」（メルロ＝ポンティ）としてひろがる五感の効果であり、その集積である。その「肉」は、腐肉のように不均質、穴だらけ、凹凸だらけ、霧のように溶け、歪んでいる。

林檎を見ることは能動的であり、同時に受動的である。視覚にとっての光の効果に受動的に反応することは避けられないが、同時に心的対象としてそれを構成することは能動的である。受動的であり、かつ能動的であるという点で、すでにキアスム（交叉）として視覚は作用し、それを通じて林檎は見えるようになる。しかし林檎はいとも簡単に見えなくなる。林檎に関心を失うなら、部屋の光を消してしまうなら、あるいはまぶしい光が充満するときも、林檎は消滅する。世界の肉が光をまとう。あるいは光を脱ぎ捨てる。あるいは光にとって代わる。

キアスムといってもそこには非対称性がある。しばしば光は過剰であり、あるいは不足している。視覚は光の賜物であり、しかも光から避難した結果である。そしてキアスムは環境との間、他の生物そして他の人間との間にも存在する。「世界の肉」という表現は、あまりにも包括的ではないか。たとえそれは、われわれの感知しうる身体を横断する果てしない交換、効果、知覚の連鎖として、見えない織物として、もうひとつの巨大な身体があるということをいうためだとしても。一個の孤立し固定した知覚や身体というようなものはない、というためだとしても。「世界の肉」は、他の「肉」に、また肉ではない他者に引き裂かれ、浸透されている。

イメージは〈知覚されるもの〉としては、すでに知覚の過程そのものの準安定状態（相対的な不変項）を示しているのだろう。それは知覚された物自体ではなく、あるいはそこから投射される光点の集合でもない。それは物質と環境（物の状態、光、光学的配置、大気の状態……）、そして知覚する身体の状態、また知覚とその記憶の反復可能性、などのように連鎖する要素のなかに浮かび上がるものとして知覚されるだけである。そのような準安定状態は、生きて流動し変化する物や生物から隔てられた次元にある。この状態は、まさに隔てられた次元として存在する。生きたもののイメージも、死んだもののイメージも、ともにイメージとしては、イメージされたものの死体に、生きながらの死（非有機性）に似ているが、それにしても準安定状態とは、やはり生（有機性）の作用であり、その過程である。

キアスムとは、見るものと見られるものの間にあるだけでなく、見えるものと見えないもの、知覚されるものと知覚されないものの交叉でもある。あるいは意識と無意識の交叉でもある。そのような交叉点にイメージが成立するとすれば、イメージは、幾何学的点に似て、厚みをもたない。見えるものと見えないものの、そのような交叉点が、「見える」とみなされている。見えるものとは、そのような交叉や編成の厚みにとっては極薄く、ほとんど幻影や一瞬のきらめき、蜃気楼のようなものだ。見えるものは、見えないものの縁に接している。イメージは明白でありながら、実にあいまいであり、脆い。実は、対象自体とは似ても似つかない何かのイメージなのだ。

4　時間、非有機性

観点というものだって、身体の表面の厚みのない点として、世界の厚い肉の上を漂っているだけだ。

イメージは時間軸の上にも、まるで時間から離脱し、変化の外にあるかのような対象を作り出す。それは瞬時にして生み出される。イメージは無時間的である。ところが時間のなかに散乱する光のきらめきの効果なしに、視覚への光の変化と様々な効果なしにイメージはありえなかった。交叉が世界の肉のうちにあり、肉そのものであるとすれば、その肉とは時間の様態そのものである。それなら時間とはこの肉そのものだろうか。むしろこの肉のイメージというべきだろうか。「時間イメージ」（ドゥルーズ）といわれるほどに、時間もまた、あるイメージなのだ。

ターナーや印象派の画家たちは、ひとつの問題に遭遇したにちがいない。光を描くことは、物を描き、物の輪郭を描くことと、はたして適合するのか、それとも背反するのか。光の回折を考慮に入れるなら、物にもはや輪郭などない。印象派は、「回折」のことなど知らなくても、そのことを実感している。まったく客観的に光の現実を描写しようとすればするほど、客体は崩壊し、目は震える光をただあいまいに定着することができるだけだ。目はそういう震えに打ち勝つことができず、そういう震えを描く手そのものも震えている。イメージはもはや物のイメージでも、光のイメージでもなく、光に反応して盲目の手が生み出す〈しみ〉の集積にすぎない。いや、むしろ物と光と視神経と身体と精神の間を横断する織物のようなものが、そこにかろうじて浮かび上がるだけだ。それは「世界の肉」の絵だろうか。むしろ「世界の肉」を前にした知覚の挫折の記録だろうか。やがて絵画はまだ見られるものでありながら、あたかも言語のように、世界とは明白に分離された恣意的な記号の体系となり、抽象画となる。ただし還元された色や図形の配列は、まだ象徴的に世界を表象する構造的な類似物ではありうる。それは世界のイメージの、さらにイメージのイメージというべきだろうか。それはほとんど心的イメージに還元された世界のイメージなのだろうか。世界から遠くに隔てられてあり、そのことによって世界の凝縮された構造を反映するのだろうか（モンドリアン、マレーヴィチ、バーネット・ニューマン……）。

そのとき身体はどこに行ってしまったのか。印象派にとって、震える光を描くことは、実在をただ光の知覚に解体することではない。やがてある種の絵画にとっては、風景も、光も、光の知覚さえも存在しなくなる。対象として存在しないものが対象となり、ただ画家の生理と感覚だけが、新しい対象を構成する。イメージは身体の存在に直結されるが、その身体は、見える身体ではない。震える光のイメージは、むしろ震える「肉」のイメージである。そのようにして非具象化の道をたどった絵画のうち、あるものは、イメージの外の身体の表現となった。非有機的身体というべきだろうか。やがて絵画の表面そのものが引き裂かれ、破壊された。イメージの非物質化、非身体化、非有機化が進行するとともに、物質の別の相貌が、身体の別のひろがりが、別の有機性または無機性が、そこに滲出するようだった。

5　イメージなき宇宙、世界としてのイメージ

視覚はしばしば他の感覚に比べて明白とみなされ、明白であるかのようにして世界の認識を支配し決

定してきた。そこで視覚の哲学の課題は、しばしば視覚の明白な権利を疑うことである。それなら疑いつつ何を確かめようとするのか。

イメージの哲学（アポロン）を嫌悪したニーチェ。「イメージなき宇宙」とランボーは書いた。ドゥルーズの絵画論も映画論も、イメージなき宇宙のイメージ論として読むべきなのだろう。

ドゥルーズの哲学ははじめ、まるでイメージを排除することを課題としたかのようだった。事物を見つめることも、一望することもなく、透視も俯瞰もなく、あくまでパノプティコン的な状況を避け、ただ蜘蛛が巣をはりめぐらせ、みずからの身体と一体にひろがった巣を伝わる振動だけを知覚するように。イメージは存在せず、ただ波動とその知覚だけがある。知覚されないものが知覚を導いている。

ベルクソンは、行動の必要によって制限された知覚を問い、そのような制限から解き放たれた知覚を発見することを芸術の使命のように定義した。しばしば目に入ってくる光の一部は排除されるが、場合によってはあたかも、すべての光が直接知覚されるかのように彼は考えたのではないか。画家の使命とは、目に見える表層の線ではなく、「中心の波動」、「生成の軸」を描くことだ、とラヴェッソンの思想について語りながらベルクソンは書いている。世界の「光り輝き消滅するヴィジョン」は、われわれの日常の「色あせた青白いヴィジョン」に覆われているからである。しかし制限され、むしろ制限によって視覚を獲得し、視覚を像（心的イメージ）として差異化し対象化するという、この人間の能力の、まったく外部に芸術家の能力を想定することはできない。ターナーやコローに言及したベルクソン(「変化の知覚」)は、芸術の構成的過程にはまったく無関心だった。ベルクソンは、芸術を、構成(生産)ではなく、あくまで知覚と考えた。彼にとって芸術家とは、社会的必要によって歪められ偏向していない野生の知覚を体現する存在である。ベルクソンは、物質から生命そして記憶にいたるまで、ついには社会まで、創造的進化に貫かれる(べき)巨大な有機性として捉えていた。有機性の魂が哲学していた。あらゆる非有機性も、それにすっぽり包括されていた。

メルロ＝ポンティは、視覚を成立させる場をキアスムとして、キアスムの果てしない連鎖にほかならない世界の「肉」としてとらえながら、セザンヌやクレーを、根源的視覚のイメージを探求した画家として解読しようとした。しかし視覚の外部の〈根源のイメージ〉など存在するだろうか。しかも「肉」と呼ばれる根源性は、やはり有機的、包括的な性質で充たされているのではないか。むしろイメージは根源からも実在からも隔てられ、視覚は光から隔てられているのではないか。絵画に対する哲学的ノスタルジアというようなものがあるのだろう。根源的知覚というノスタルジアとともに。しかし画家たちは、ノスタルジアではなく、実在からの分離という決定的事態を、むしろ不可逆的な構成的過程としてみつめるのではないか。構成的過程とは、様々なタイプの非有機化の過程でもあるにちがいない。知覚はすでに感覚の非有機化なのだ。

モネが夕焼の光を描き、ある一日の終わりを描く。一方で、河原温は小さなタブローに、かつて存在し、すでに終わってしまった日付の数字だけを描く。コンセプチュアル・アートは、感覚を排除するまったく貧相な試みに見えるが、この日付のイメージは、もはや自然光を知覚する過程から隔絶したところにあって、しかもイメージなのだ（ベルナール・ラマルシュ＝ヴァデル）。

権力の重要な狙いのひとつとは、可視性を組織することである（フーコーの問題）。しかしすでに可視性は組織されている。組織がさらに組織される。組織するもの自体が見え隠れし、しばしば見えないままである。この見えないもの（力？）について、いかに語るか、という課題がある。可視性、表象、イメージ、視覚のような概念の間には、重なり合い、関連する問いがありうるが、同時にそれぞれ異なる水準で、異なる問題系を内包している。それらの間に統合作用が働くと同時に、離接(disjonction)が発生する。とりわけ見えないものと見えるものの間の「離接」に注意をむけなければならない。

あらゆる統合は生物の有機性を模倣しようとする。実は非有機化であることにさえも、有機化の外観が与えられる。自然を「非有機的身体」とする人類の創造や生産は（マルクス）、身体そのものは有機性であるとすれば、たえず非有機化と有機化を同時に進行させていることを意味する。有機性はしばしば統合的モデル（モデルとしての自然）に包括されるが、そのとき実際に進行していることは、しばしば著しい非有機化（人為）なのだ。しかし非有機性の力そのものが、非有機性として知覚されることはまれである。反対にあらゆる「力」は、有機性として感じられることになる。

「力を描く」（ドゥルーズ『感覚の論理学』）ということは、もはや見えるものを描くことではない。見えない力を描いて、それを見えるようにすること。しかしそのとき、いったい何を私たちは見ていることになるのか。力のイメージというようなものが、そこにそのまま出現するわけではない。それは色の面のひろがり、それを包囲する線や面や形象、それらの配置、対立、隣接、共振から、その効果として構成されるしかないだろう。見える肉体は溶け、小さな開口部から外に流れ出ようとする。顔が崩れる。しかしそれが心的な次元に作用する緊密な配置、構成、反復とともに実現されないとすれば、それはただ怪物的な力の表象（ホラー）になってしまうだけだ。

光の次元、目と脳の働き、見えるものの次元、見えるもののもたらす効果、知覚であり記憶である次元、心的な記憶と構成の次元、見ることと同時に進行する思考の次元、それぞれの次元に関して、様々な学が成立し、学の対象が浮かびあがるが、イメージの次元はしばしば確定されず、どういう問いがどこに向けられているのかも不鮮明である。生物学、生理学、脳科学、心理学、生態心理学、認知科学、哲学、そして美学、歴史学にいたるまで。

視覚は、たえず動く眼球、頭、身体、そして震える光と振動する対象の間にあるのだから、映画は写真よりも絵画よりも、そのような視覚の現実を模倣しうるといえる。ベルクソンも、メルロ＝ポンティも、視覚が生きる現実に対して、あまりにその手前で、むしろ根源に向かうようにして思考したが、根源の知覚とは、彼らにとってしばしば絵画によって与えられた。

観念も物も等しくイメージとみなす哲学の認識にとっては、運動、作用、反射、遅延、縮約、弛緩などの果てしない系列があるだけだ。私たちはイメージの間にあり、私自身もイメージである。それにしてもベルクソンにとっては、とにかく推奨すべき、よいイメージの世界、縮減される以前の、無制限のイメージの世界（ユートピア）があった。

知覚以前の「それ自体で存在するもの」をイメージと呼び、物理的実在も、心的対象も、等しくイメージと呼ぶことを提案したベルクソンは、確かにまず視覚的対象とまったく無関係にイメージを定義している。このイメージは、宇宙に遍在する光そのものであり、あらゆる地点で、すでに撮影され、焼き付けられた無数の写真のようなものであるが、光はこの写真さえも透過するので、誰もその「写真」を見ることはできない。

宇宙とは、そのようなイメージの作用、反作用の果てしない連鎖であるといわれる。人間も生命もない世界を考えるなら、そういう連鎖からなる宇宙を、それほど困難なく思い浮かべることができる。そういう世界をイメージする私も、私の脳もイメージである。物質は光であり、実在はイメージである。

その中に登場した生命が、その知覚、行動が、やがて意識が、「私の身体」が、光を遮り、イメージの作用・反作用に挿入され、そこに異種のイメージが形成される。

ベルクソン哲学は、知覚以前、行動以前のイメージの世界を、中性的で物理的な世界を、まったく豊かな肯定的世界とみなしたように読める（ユートピア、ノスタルジア）。眼も、視覚も存在しない宇宙を想定し、まずそこにもろもろのイメージを、みずからもそのようなイメージにほかならない〈私たち〉を再発見することは、ひとつの実験であり、実践でもある。しかし言語において、心的次元において、緊密なイメージの宇宙を作り上げてしまっている人間の現実を、「私たち」はもはや退けることはできない。有機化と非有機化がたえず同時進行する世界を、どちらか一方の原則によって理解することはできない。

6　映画から砂漠へ

私たちは映画を世界のイメージとみなしている。しかし「何かのイメージ」の存在を前提としない、イメージの果てしない連鎖だけからなる世界を考えるなら、この思考にとって、映画はただ世界それ自体の一部である。知覚する人間のいないイメージの世界が、そのまま映しこまれた映画が存在するとすれば、それはただ物質そして光の一部であるにすぎない。

しかし、映画はむしろ反対に、世界を模写するイメージそのもの（仮想現実）となった。宇宙に遍在する運動イメージから抽出された知覚イメージの周囲に編成された行動イメージが、とりわけそういう役割を果たした。行動イメージは、ほとんど人間の出現とともに存在して、かぎりなく洗練される。一切の行動を必要としなくなるほどに。

世界は映画ではない。映画が世界である。
映画は世界ではない。世界が映画である。
イメージは世界それ自体である。世界はイメージである。
そして決して目に見えず、出現することもないまま、たえず作用し作動し続けるイメージがある。

操作されつつ構成されるイメージのアレンジメントのいたるところに裂け目がある。裂け目のイメージがある。イメージの外のイメージがある。不連続、つなぎまちがい、裂開、偽の運動のなかに出現する様々な持続の形象を、つまり〈時間〉を見出すことが課題となる。イメージは発生すると、たちまち発生の場を覆い隠すからである。〈時間〉のイメージは見えない。

ベルクソンはまず「不確定の中心」を、「私の身体」そして脳を、間隙として、隔たりとして定義している。こうして運動イメージの宇宙は分散し、それぞれの中心の前にイメージが現れる。イメージは表象となる。こんどは、その表象の間隙、隔たりに、イメージが再発見される。再発見しなければならない。映画の恐るべき両義性は、世界史のこの過程に根ざしている。

映画を対象としながら、イメージの哲学は、ある不連続性を一気に飛躍したように見えるが、哲学の外では、たえずそのような進化や突然変異が起きていた。実はイメージの哲学は、ひどく遅れており、ようやく始まったところかもしれない。しかし遅れて来たものだけに見えることがあり、考えるべきことがある。

そしてイメージは「消尽される」。イメージの可能性が消尽したところ、臨界点にもうひとつのイメージが現れる。ベケット晩年のヴィデオは、まるで彼自身の作品ばかりか、映画史を抽象し、凝縮し、ただ簡素な要素の反復によって、すでにイメージの喪に服しているかのようである。偽の運動と結託したイメージは、かぎりなく結合法を肥大させ、あらゆる可能性を尽くし、あたかも現実を干上がらせてしまったかのようだ。単純な声と身振りとイメージの間に現れる限界のイメージは、イメージの死をしるすイメージであり、簡素な小鳥の歌（リトルネロ）のように発生の記号でもある。「生まれる前から諦めていた」（ベケット）というような生まれない生の肯定は、そして死ではなく「消尽したもの」のイメージは、もはや何にも似ておらず、すべてと等価である。運動が消尽される。イメージから脱落したイメージを通じて、純粋な時間、純粋な過去が浮かび上がる。

「非論理的で、記憶喪失的で、ほとんど失語症的なちっぽけなイメージが空虚の中に保たれ、開かれたものにおいて震えている」（ドゥルーズ「消尽したもの」）。

私たちは、ただイメージに包囲されている、と主張する仮想世界の哲学は、バークリーの観念論も含めて、シニシズム、諦念、あるいは逆にイメージをめぐるリアル・ポリティクスを唱えることになる。この世界には幻想と幻想との戦いしかない、というふうに。イスラエルは、敵が潰走したあとの戦場をあらかじめ映像化しておく、というような戦争を早くから戦っていた。

たとえイメージに包囲されているとしても、そこに裂け目はある。イメージそのものが亀裂にみち、たえずそれを縫合することを繰り返している。もちろんその亀裂に現れるものもイメージとなる。あるいはイメージが引き裂かれ、まったく簡素な結晶のようなものに収斂する。消滅寸前のイメージというものもある。それははたして知覚以前のイメージに似ているだろうか。「ときどきイメージを作り出すこと」。ベケットのヴィデオ作品では、ただ消滅前のイメージだけが、イメージの消滅だけが、イメージの内容である。すべてがイメージであり、物であり、運動であるという、あのベルクソンのイメージに回帰するかのように。私たちがイメージと呼ぶものはすべて、真のイメージを隠しているかのように。それゆえ、イメージは消滅のイメージでなければならない。

過剰としてのイメージ、貧困、否定としてのイメージ、出口のない密室としてのイメージ、そしてはるか彼方にある真実のイメージがあり、イメージの亀裂や間隙があり、亀裂や間隙のイメージがある。

消滅、消尽としてのイメージがある。ただイメージに等しく物に等しい運動だけに充満した知覚以前の宇宙がある。イメージの二つの極限の間に、無数のイメージがある。

決してイメージしえないもののイメージがある。声のイメージ、光のイメージに覆われてしまったイメージがある。「言葉のあらゆるイメージを隠しておき、それらを用いること、なぜならそれらは砂漠にあり、そこに探しにいかなければならないから」（ジュネ『恋する虜』）。そういう砂漠とは、いったいどこにあるのか。何もないように見える場所も、イメージで充満している場所も、それぞれに砂漠なのだ。砂漠はまた、イメージとイメージの間隙にもある。知覚されるイメージと、精神に刻印されたイメージの間にもある。砂漠の中の砂漠。砂粒の中の砂漠。砂漠は、それぞれのイメージが消滅する場所でもある。イメージの死、イメージなき宇宙、イメージの永遠回帰……あまりにも多くのイメージ、他のイメージで充満したイメージ、あまりにも乏しいイメージ。まったく白いイメージ、まったく黒いイメージ。何ものでもないもののイメージ、そしてイメージそれ自体……

第四章　顔と映画

1　ベラ・バラージュを称える

かつてサイレント映画時代の理論家たちが、映画の中の顔、身振り、そして身体のイメージに対してどれほど敏感であったか、そのことはいまも注目に値する。

彼らにとって、映画の映し出す顔、身振り、身体は、明らかに言語を超えて何かを表現していた。言語の優位が、特に活字印刷の普及によって、あまりにも長い間、彼らの文明を決定してきたことを、彼らは改めて痛感するのである。映画を見る「視覚的人間」は、ただ〈視覚的な〉生に集中するのではなく、言語の制約から解放されて〈総体的な〉生を経験する。「彼の身振りはもともと概念をけっして明らかにしえないような魂の層から出てくるのだ。ここでは精神は直接肉体となり、言葉が意味しないで直接彼の非合理的自我を意味する。彼の顔の上や動きの中に表現されるものは、言葉を発しなくなり、可視的になる」（バラージュ　一九八六、二八頁）とベラ・バラージュは書いている。映画は、言葉と概念の外で「非合理的自我」を発見し、「肉体」を再発見する。こうして言語によって分断されていない総体的な生を発見する、とバラージュはいうのである。こんなふうにまったく直截に、言語の外部にある生を想定し、その外部に「自我」や「肉体」を再発見するという強い確信にみちた考えは、映画の創成期に現れた過剰な希望や幻想にすぎなかったのだろうか。

バラージュは『視覚的人間』の冒頭で、映画において「新しい顔つき」をもつようになった人間について語る前に、まず映画は理論を必要とし、また「芸術理論の対象になるにふさわしい」とも書き始めている。映画が、言語の制約を超える新しい芸術であるとすれば、映画の理論も、何かしら新しいタイプの思考でありうる、とバラージュは確信していたにちがいない。この理論は、言葉と概念を超える映画という表現についての理論であるなら、たとえ言葉と概念を用いるにしても、まさに言葉と概念をめぐって、何かしら別のあり方や関係を作り出すものであるにちがいない。映画がまったく新しい表現媒体なら、映画の理論も、それに対応する新しい理論であり思考でなければならない。二〇世紀初頭の世界にすでに映画はすさまじい勢いをもって普及したが、バラージュは何よりもまず「水に溺れないように支えるコルク」として、理論の必要を説いている。理論とは、そのまま教育的実践につながるものとして発想されているが、決してそれにとどまらない。まさに映画そのものが、映画の理論をも、新しいタイプの思考として生み出すのである。イメージの生成とほとんど同じ水準にある思考、とここでは仮にそれを定義しておこう。

たとえばエイゼンシュテインのあの驚愕すべき執拗な理論的思考は、単にソヴィエトの要請にしたがってマルクス主義で理論武装するというような次元をはるかに超えていた。「モンタージュ」を弁証法によって理論化しようとしたエイゼンシュテインの思考は、弁証法の公式を逸脱して振動している。日本語を学び、歌舞伎に関心をよせ、メイエルホルドのもとで演劇を追求したこともあるエイゼンシュテインは、モンタージュについて語る前にまず「アトラクション」について語っている。

アトラクションは（演劇についてのわれわれの診断においては）演劇のなかにある攻撃的要素のすべてであり、いいかえれば、観客の経験に働らきかけるような感覚なり心理なりを観客の心のなかに呼びおこすような演劇的要素のすべてであり——総計のなかでの適切な順序で一定の情緒的衝撃を作りだすことを実証することのできるような、また、その目的を達成するために数学的に割り出すことのできるような、要素のすべてである——さらに、いいかえれば、最終のイデオロギー的結論を知覚に訴えることによって理解させることのできる、ただ一つの手段である。（エイゼンシュテイン　一九五三、六四—六五頁。原文はすべて傍点が付されている）

こういう主張から、厳密に計算された心理劇のようなものを思い浮かべるべきではない。むしろ残酷な出来事が次々無造作に起きる人形芝居のようなものをエイゼンシュテインは例としてあげている。

「アトラクションは演劇の効果を構成する分子的統一体である」とエイゼンシュテインはいいつつ、あくまで演劇の延長線上に「アトラクションのモンタージュ」を構想している。これを映画にまで拡張し、またミュージック・ホールやサーカスまで含めて「モンタージュ技術の訓練」を考えたのである。このような発想を精密化しながら、映画史を画する、かなり思弁的なモンタージュ理論を彼はつくりあげたが、この思弁的思考は、あくまで「生理学的現実性」や、「より高度の神経中枢の領域における興奮」を焦点とし、生理や神経への作用を通じて、最終的には知的な作用に「弁証法的に」たどりつこうとするのである。「生理」や「神経」の用語を導入する弁証法は、身体の現実に即して有機化された弁証法である。

印象的なのは、エイゼンシュテインの思考そのものにおいて、こういう「アトラクション」、そして「モンタージュ」として、感情と理知の間の強い緊張が生きられたことである。そして彼の映画における理論と創作の関係も、これに対応して、安定した静的なものではありえなかった。美術における構成主義の薫陶を受けながら、革命後の渦中でソヴィエトの映画監督となるエイゼンシュテインにとって、「理論」とは何よりもまず共産主義であり、集団主義である。しかし、やがて彼の映画はスターリンに監視されることになる。彼の理論そのものが革命以降の激しい政治的葛藤の中をくぐりぬけることになった。共産主義は、彼の芸術において、生理と神経を通じて試され、肉体に衝突し浸透したのである。ソヴィエト共産主義の公式や、それがたどった歴史的現実とは少し別の次元に、エイゼンシュテインが映画を通じて実験し、身をもって生きることになった有機的〈共産主義〉があったにちがいない。

長期にわたってソヴィエトに滞在し、やがてハンガリーに戻ったベラ・バラージュの映画理論も、マルクス主義と深い関係をもった。おそらくそのことは生産的な成果を生んだ。彼の主要著作から推測するに、バラージュの〈マルクス主義〉は、体制的プロパガンダの使命に拘束されたということよりはるか以上に、映画が作り出す「視覚的人間」を理論化し普遍化しようとする情熱に、生産的に結びついていたと思われる。バラージュ自身が引用しているように、この〈マルクス主義〉は、「社会的人間は非社会的な人間のそれとは別の諸感覚をもつ」（『経済学・哲学草稿』）と書き、「対象としての芸術は――他のすべての生産物と同じように――芸術的感覚をもち、美を享受する能力をもった大衆を創り出す。生産は、それゆえ、主体のための対象を生産するのみでなく、対象のための主体をも生産する」（『経済学批判序説』）と書いたマルクスに属している。『視覚的人間』を書いたバラージュは、つつましくサイレント映画の細部について語り続けているように見えるが、実は同時に、新しい生産様式に対応する新たな知覚と生の様式をもつ人間の到来について語っている。そういう意味で彼は、はるかに映画を超える次元をまなざしている。理論はこのとき映画にただ密着しているのではなく、あくまで映画の次元を外部に向けて切開するためのものである。

2　顔、同時性、精神

バラージュの映画批評とは、たとえばこのようなものである。

> かつて、一人の不具な男の不幸な恋を描いたひどく下らない映画があった。ところが或るとき、この足の萎えた花婿は花嫁を歳の市へ連れて行く。するとそこから、短い、瞬時に流れ去るシーンが次々とふんだんに続き、それらのシーンからごったがえす歳の市の雑踏の動物的な活気が作り出される。体に欠陥のある不具な男を生き埋めにし、圧しつぶす力の映像が波のように押し寄せ、砕け散る。それは、この弱い男を遂には殺しかねない物質的な生の小さなモーメントのちょっとしたあらわれのようである。(バラージュ 一九八六、五二頁)

「圧しつぶす力の映像」といっても、それは現代の映像技術の強力な効果に比べれば、何ということはないものであったかもしれない。それでもこの「下らない映画」の一連の映像は、バラージュの思考に強烈な印象を残した。こうして書きとめられたイメージには、何か驚異的なことが起きている。これはもはや映画作家の主観にも、このイメージを定着したフィルムの映像自体にも還元できない奇蹟なのである。

サイレント映画の俳優が喋るのを見ているとき、観客はダンスやアクロバットの鍛えられた優美な身振りとも、朗々と発声する舞台上の役者の身振りとも違うものを見ている。「話している俳優の持っているのは別の表情と別の身振りである。それらは残余しか表現しない。言われるべきではあるが言葉にはもはやならないものが顔の筋肉や手によってさらに附加されるのである」、「話しを見る者は言葉をきく者とはまったくちがったものを見ききする」（同書、五五、五七頁）。バラージュは、こうして観客が目にしているものは、「別の領域」であり、ダンスも演劇も伝えられないものである、と書いている。このとき「話を見る」という観客は、一体何を見ていることになるのか。

こうしてバラージュのサイレント映画論は、とりわけ顔、相貌、身振りに集中して、ほとんど奇妙な次元に到達する。「あまりにも簡単明瞭な類型」、「あまりにも固定した性格」ではなく、「眼にみえるこの関係の中に、面だちのこの交互の動きの中に、類型《タイプ》と個性、先天的なものと後天的なもの、宿命と自己の意志、〈物《エス》〉と〈我《イッヒ》〉が互いに格闘しあっている」、「まず最初に人々が見るのは類型《タイプ》である、だが、それはかすかに中が透けて見える仮面のように、まったく別の隠れた顔を徐々に透視させてくれる」（同書、七一頁）。バラージュは、「話を見」、顔を見つめる映画の観客は、類型と個人、先天性と後天性、運命と意志、客体と主体などのまさに中間にあるものを見ている、といいたいようなのだ。いわば個人化された集団主義、集団化された個人主義、〈共産主義的個性〉のような何かがそこに浮かび上がっている。

バラージュの見たあるフランス映画では、画面の片隅に女性の顔（シュザンヌ・デプレという女優である）が終始映っている。この女は、自分の子供の未来が次々映し出されるのをずっと見守っていて、そのたびに一喜一憂するのである。観客は、とりわけこの母親のたえず反応する顔を見るのであり、子供の映像はほとんどそのための機縁になっているにすぎない。その顔の中で、ひとつの表情が別の表情に重なり、さまざまなハーモニーや転調やポリフォニーを生み出す。顔自体が、ほとんど音楽なのである。また別の映画で、カルメンを演じる女優の顔は昂然となり、同時に悲しみに満たされる。観客は「口のまわりの人目につかぬ線条を発見し、この芽の中から新しい人間が生まれでて顔全体の上にひろがってゆくさまを眺める」（同書、七九頁）。当然ながらバラージュにとってクロースアップは、顔の芸術としての映画の最も基本的な手法となる。じつはクロースアップされるかどうかは、もはやそれほど問題ではない。顔に注目する観客自身が、顔をクロースアップしているからである。顔はクロースアップされなくても、顔としてとらえられるかぎり、すでにクロースアップされている。

いまだかつて見たことのない顔、表情、そしてそこに魂の未知の層（「新しい人間」）を見出すこと、そんなことだけでも、確かに目覚ましい芸術的発見にちがいない。しかしバラージュは決してそこにとどまってはいなかった。映画の中で顔の表す多義的な、不確定な、中間的次元は、さらに拡張され、「世界」に接続されなければならない。「広い世界をただ一つのイメージに凝集して描くだけでなく、たとえそれら相互のあいだに、また主要な出来事とのあいだにもなにひとつ因果関係がなくても、たくさんの同時的な出来事を見せようとする」。こうして「生活全体の横断面を描くことによって、宇宙的印象を呼び起こそうとする」ような映画がありうる（同書、一五四頁）。バラージュは、ウォルト・ホイットマンの詩を参照しながら、このような「同時性」の表現について語り、アベル・ガンスの映画は、まさにこのような同時性の原理による空間的パースペクティヴにしたがって、時間的パースペクティヴ（前後関係）を壊してしまう、などと書いている。

すでに顔に着目しつつ、話を聞くのではなく、話す人間を見ようとするようなバラージュの見方は、ただ顔だけでなく、映画における物語的時間の間隙に注意をむけていたのである。顔とは、物語と時間の間隙に開けるそのような「同時性」のことでもある。そういう彼の映画の見方が、映画において時間秩序の外に出現するかのような空間的、宇宙的、同時的なポリフォニーにむかったのは、まったく必然的であった。

ただし、ここで空間／時間の対比によって言おうとしていることを、バラージュはトーキー映画が登場してから書いた『映画の精神』では、少し別の形で展開している。映画においてクロースアップされた顔を見ているときには、空間ではない「新しい次元」が現れる、と彼は書くのだ。

顔に向かっているとき、われわれはもはや空間の中にはいない。新しい次元が開かれる。それは相貌である。眼が上で口が下、このしわは右であれは左というのは、もはや空間的意味をもたない。われわれは一つの表現を見るだけである。われわれは感情や思想を見る。われわれは空間の中にはない何かを見るのである。（バラージュ 一九八四、二四頁）

想像や幻想を見るわけではない。空間の中にはないものとして身体を、別の「身体」として、別の次元に開かれたものとして見る、というのだ。

バラージュはこのとき、ベルクソンの「持続と時間の分析」に触れている。「一つのメロディは、なるほど、時間的に連続する個々の音から成り立っているが、にもかかわらずそのメロディは時間における延長をもたない。最初の音の意味の中には最後の音がすでに存在し、最後の音が響くときには、最初の音がまだ意味をもって存在するからである」（同書、二五頁）。メロディとは、こうして「音と音との関係」であり、この関係は「時間的なものではない」。すなわち「時間的前後関係」ではない。もちろんベルクソンのいう「持続」としての「時間」は、個々の音に分割されはしない。バラージュはここで時間的なもの（時間的前後関係）を、「持続＝メロディ」と対照させ、空間的なものを「顔」と対照させている。重要なのは、顔においてもメロディにおいても分割されない関係であり、空間においても時間（前後関係）においても定位されない何かである。『裁かるるジャンヌ』（カール・ドライヤー）に映し出されるのは、「頭だけだ。空間はない」。こうして現れる次元を、「精神の次元」とバラージュは名指してもいる。『映画の精神』という本のタイトルは、まさにこれに合致している。映画のイメージは、とりわけクロースアップされた顔は、空間にも時間にも還元されない次元（そして身体）を出現させる。ガンスの「同時性」について触れたときにも、バラージュはやはり時空の座標軸を逸脱する何かに着目していたのである。

もちろん顔は、何らかの精神を意味したりするのではなく、精神そのものの現前でなければならない。「もはや空間に拘束されない映像は、時間にも拘束されない。クローズ・アップのもつこの独自の精神的次元においては、映像は概念となり、思想と同様に変化することができる」（同書、八七頁）。ここで精神、概念、思想と呼ばれているものが、意味や表象ではなく、厳密に映像そのものの効果とみなされていることは、とりわけ重要である。

そしてバラージュにとって、映画の顔も、精神も、決して個人や個性のうえに収斂するものではない。ひとりの顔の中に、無数の顔が現れる。プドフキンの映画の、群集の中を歩む人物の顔に、バラージュは注目している。孤立した硬い相貌がしだいに溶け出し、群集の表情が彼の顔に重なる。「一人が群集の中に消えるのではなく、群集が個々人の中に現れるさまが目に見える」（同書、一〇八頁）。ソヴィエトそしてハンガリーで生きたバラージュの社会主義は、顔を群集としてとらえ、群集を顔としてとらえるような社会主義であり、それはまさに映画の「精神」に対応していた。映画がはじめて創り出したような社会主義（群集）が存在したかもしれないのである。

3　顔とは何か

それにしても顔とは、なにかおぞましいものでもある。「顔を解体すること、これは決してささいなことではない」（ドゥルーズ＝ガタリ『千のプラトー』）。平らな表面に刳り貫かれたいくつかの穴、顔の最小限の構成要素、それだけのものが、人間にとってはなんと特別な対象になったことか。個人とは、ほとんど同時にその人の顔のことなのである。そして映画はあたかもはじめて、その人間の顔を見せてくれたようなのである。

それほどに、顔とは特別な注意の対象でありながら、見ることがむずかしいものである。会話をしながら私たちは、相手の表情に細やかな注意をむけているが、それは必ずしも顔を見ることではない。顔を見ながら、言葉を聴き、表情を読んでいる。決して眼を見つめるのではなく、むしろまなざしを見ている。映画においてクロースアップされた顔を見つめ、話を聞くのではなく話を見るとき、顔は、通常の社会的コードの少し外で見られているのである。

かつて小説において、顔の描写が相当の比重を占めていた時代に、たとえばバルザックが描いた顔とはこんなものである。

　牧師は六十歳くらいの年齢に見えた。レンブラントが好んで描いた型の顔をしていて、小さくて鋭い眼は幾すじもの丸い皺で囲まれ、その上に白髪まじりの濃い眉が生えていた。髪は黒いビロードの縁なし帽から波をうって房々と垂れ、額は大きくて禿げ上り、顔全体が大きな頤《あご》のためにほとんど四角に見えた。そして何かの力を感じさせる深い落ちつきや、金持ちのような威厳や、市長の護民官風の権力や、芸術的意識や、又なんにも知らずにいる無邪気な仕《し》合《あわ》せさなどが、うかがわれるのであった。（バルザック　一九八九、五三頁）

これは顔の描写でありながら、ほとんどその顔が意味する社会性（落ちつき、威厳、権力、無邪気……）の説明でもある。これはまた、すでにレンブラントが表現したような顔の型（タイプ）の描写であり、顔とはすなわちタイプなのである。サイレント映画がはじめて可視的にした顔があるように、レンブラントという画家が絵画史上はじめて描いた顔があったにちがいないが、いまそのことは問わない。バルザックはレンブラントに劣らない顔の芸術家かもしれないが、そのバルザックが描いたのは、ほとんど「顔貌性」（ドゥルーズ＝ガタリ）とでもいうべきもので、社会的な意味性や主体性と一体になった「顔」なのだ。

そもそも顔とは、「不動となった神経プレートの上の微細な運動の系列」（ドゥルーズ『シネマ1＊運動イメージ』）である。顔は、運動能力を犠牲にした表現の場所であり、運動によって規定されない何かを表現する場所である。そのかぎりで顔は何かしら潜在的なものに属し、非社会的なものを表現するのではないか。確かに社会は、そのような顔の表現をしばしば制限し、検閲している。「顔に出すな！」

けれども、顔の表情そのものが、関係のなかで、コミュニケーションとして機能するかぎりにおいて、顔は社会性の表徴であり、社会的な主体性の記号なのである。そしてそれよりもさらに「微細な運動」が、顔に現れることがありうる。むしろ顔の社会性（顔貌性）は、そのような微細な神経プレートの動きを、習慣と訓練を通じて、ある程度まで秩序化し、規則化し、冗長的にした成果といえる。

ドライヤーのジャンヌ・ダルク（ファルコネッティ）の顔は、顔のコードの限界を突き破って奇妙な次元に達するように見えるが、同時にそれは、露出した神経プレートの動きそのものでもある。そのことをあえて、人間性を突き破って非人間性が現れる、と言ってもいいものだろうか。おそらくもう少し厳密な言い方をしなければならないだろう。

絵画において、顔の現前はまったく奇妙なものに変わっていった。ピカソ、ジャコメッティ、フランシス・ベーコン。これらもおそらく、映画に顔が現前するようになったことに対する一つの反応であったかもしれない。絵画の顔は何かしら動物めいたものになる。人間の仮面が剝がされるかのようなのだ。しかし動物の〈頭部〉がそのままそこに現れるわけではない。顔には何か未知の圧力がおしよせていて、顔はそれによって変形し、それによって刻印されているようだ。もちろんひとりひとりの魂と肉が、そのような圧力に出会うのだから、それらの変形も刻印も、まだ特異なものでありうる。特異なものでありながら、まったく個人を貫通する力や流れによって、顔は解体されそうになっている。

〈他者〉は顔とともに、顔において現れ、その顔は私たちに訴えかける。ドゥルーズ＝ガタリは、そういう顔の思想には、まったく触れていないが、まさにレヴィナスは、了解不可能な他者、絶対的な差異としての他者のしるしとして「顔」について語ったのである。顔は了解できない他者を現前させる。私は「顔」を了解することができない。「顔は了解し内包することのできないものである。顔は見られもしなければ触れられもしない」（レヴィナス　一九八九、二九二頁）。だから「顔は内容となることを拒むことで現前する」ともレヴィナスは書いている。

このとき顔は人間性の表現そのものであり、この顔を見つめたならその人を殺せない。ナチスは収容所のユダヤ人の顔を見はしなかった……こういう見方では、「顔」はむしろ同類性、人間性の表徴とみなされているが、私たちが慣らされてしまい、もはや社会的記号としてしか見ない「顔」ではない、むき出しの「顔」なのだ。この「顔」は、「人間的」な近さにおいて現れるのではなく、むしろ遠さにおいて、遠さそのものとして、決して私に一致しないものとして現れるのである。そのように「一致しないもの」〈他者〉との出会いを肯定することを顔はせまるのであり、決して同類への同情をせまるわけではない。この「顔」は解体しようとしても、解体しえないものである。

こうして一方には「顔を解体すること」と書くことのできた哲学者がいる。他方には「顔は了解しえないものである」という顔の極限をめぐる他者論がある。しかし二つの思想は、それほど異なることを言っているわけではない。

4　人間と非人間のあいだ

クロースアップされた顔には、「言葉が決して明らかにしえないような魂の層」（バラージュ）が現れる。そもそも顔は、魂のいくつかの「層」を表現している。社会性から非社会性まで、人間性から非人間性まで、また同一性から他者性にいたるまで。

顔は安心させる。同類、近さ、共感のしるしを送ってくる。そのしるしを読む人がいる。顔は人間性そのものである。ところが顔とは、輪郭をもつ一つの平面に、いくつかの穴と突起がついたものにすぎない。人間という生物の頭部の前面を占めているにすぎない。その表情を読む訓練を、生後すぐに赤ん坊ははじめる。眉間を中心とした肉の襞の変形を通じて母親の気分を見分け、それに反応するようになる。やがて顔は、はるかに顔以上のもの、「顔貌性」となる。

ところが顔は人を不安に陥れるものでもある。なんともいえない表情、しかめつら、浮かない顔、鉄面皮、無防備な顔、泣き出しそうな顔……それらは「顔貌性」のさまざまなヴァリエーションといえるが、ほとんど「顔貌性」が成立しえない限界状態ともいえる。顔の他者性が露出するかのような状態ともいえる。「顔貌性」と「主体性」と「人間性」は一体となって機能し、生の領域を社会化し、標準化する。頭部が顔貌化することは、また身体そのものが「顔貌性」に決定され、全身が顔貌になるということである。ところが顔はまた魂の別の層にもつながっている。「顔貌性」の外に顔を発見すること、そして「顔を解体すること」は、二つのほとんど同じプロセスにちがいない。しかしそれぞれの試みが、異なるイメージを発見することになる。ピカソの描いた顔と、ドライヤーの映画においてクロースアップされた顔は、もちろん同じように解体された顔ではない。

ドゥルーズは『運動イメージ』第六章「感情イメージ――顔とクロースアップ」の冒頭で、「肖像画のテクニック」に対応する二つの顔＝クロースアップについて語っている。一方では、顔を輪郭として把握し、鼻、口、眼など、つまり「顔貌化の表面」を描く方法である。他方では、断片的な線や折れ線で、唇の震えやまなざしのきらめきを、つまり「輪郭に逆らう素材を持ち込み」、「顔貌性の描線」によって仕事をする方法である。輪郭をもつ表面は、何かを考え、何かに驚いている顔であり、つまり何かを反映する顔である。しかし、顔のもう一つの次元は、微細な運動が入り組んで「強度的セリー」をなし、欲望や不安や、その他の名づけがたい情念を表現するのである。

ドゥルーズは第一の、輪郭および反映による顔＝クロースアップの例をグリフィスに見、第二の、強度的セリーによる微細な運動の顔＝クロースアップの例としてエイゼンシュテインを挙げている。そして第一の顔の芸術はスタンバーグの白い空間に、第二の方はドイツ表現主義の不透明性と闇の映画に継承されていくというのである。ベラ・バラージュは顔のクロースアップに注目したとき、決してこのような分類を思いついてはいないが、「言葉が決して明らかにしえないような魂の層」と書いたときには、まさに微細な運動が解きほぐしがたいほどに入り組んで、魂の隠された層を表現することに注目していたのである。しかし顔の表現は、決してこの次元だけに集中し、収斂するわけではない。

顔＝クロースアップにおいては、「情動が、それに固有の理念的な特異性およびそれの潜在的接続とともに、時空座標の外で、それ自身のために表現される」（Deleuze 1983, p. 146／一八二頁）と、ドウルーズはまさにバラージュを参照しながら書いている。『裁かるるジャンヌ』について、「頭だけだ。空間はない」と指摘したバラージュは、まさにクロースアップが時空の座標を脱し、顔の断片を連結しながら、時系列的な歴史の外の出来事を探索していることに、おそらく気づいていた。「時空座標」の外に奇妙な時空が現れる。バラージュはそれを「同時性」とも呼んだ。まさに「もはや空間に拘束されない映像は、時間にも拘束されない」のである。

クロースアップは、顔の微細な（強度的）振動の中に降りていくだけでなく、別の「魂の層」を探求するだけでなく、別の空間を開く。断片化された空間は、「潜在的接続」によって、ある「任意の空間（espace quelconque）」を開くのである。ドライヤーの映画も、ただジャンヌの悲劇に収斂するのではなく、裁きの行われている城の周囲で蜂起する民衆や、火刑に立ち会う人々の情動的空間に開かれていったのである。こうしてジャンヌの事件は、歴史的な時空座標の外の出来事となり、歴史的事件である以上に、情動の出来事として表現された。この映画は、歴史映画ではなく、歴史の表象を砕くような情動の映画であろうとしたのである。ドゥルーズは、ドライヤーとともにブレッソンの『ジャンヌ・ダルク裁判』をとりあげて、もはやクロースアップに執着することなく、顔の優位によることなく、ただ断片的な空間を接続する手法によって、「任意の空間」が生成されたことに着目する。そのような空間は、もちろん異種の時間を導くのであり、そこには「時間イメージ」という問題がすでに予告されている。

5　顔は心理学ではない

「いずれにしても、時間‐空間という要素は些細なものでしかない。一秒は実に長い時間に引き伸ばされ、互いに無関係な、ばらばらの応答を少し含んでいるだけだ」(Bergman 1992, p. 56)。サイレント映画による目覚ましい「顔」の追究のあと、「顔」の映画を作ることにおいて、誰よりも徹底していたベルイマンの中に、そういう時間の思考があったことはまったく印象深い。

確かに彼の顔の追究は、ある心理的な探究とともにあった。苦悩、不安、葛藤、恐怖なしのベルイマンの映画などありえない。そして苦悩のさまざまなヴァリエーションは、決して物語の要素にとどまらない。むしろそれこそが彼の映画の焦点であったと思わせる。

苦悩、不安、葛藤、恐怖のヴァリエーションとともにある映画は確かに、心理的なものを追究する芸術でもありうる。そして心理的なものは、関係的なものであり、関係の反映であり、反映がまた関係しあうのである。顔は、たえず何かを反映し、また反映を反映する。顔とは、その意味で、あくまで社会的な記号の束なのである。しかし顔はまたあくまでも孤独であり、内密な記号の場でもある。個人の場で生きられた時間の痕跡でもある。

顔のすべてを読むことはできない。顔とは、あくまで肉の部分であり、特異な肉でもある。笑うときも、泣くときも、顔は震え、痙攣し、ひきつっては弛緩している。そういう奇妙な肉の場所（身体）としての顔は、五感がほとんど人類史の成果であるように（マルクス）、やはり人類史の成果なのである。顔が心理的なものを意味する以上に、むしろ心理のほうが顔という肉の実存にむけて収斂するように思われる。

どこまでも心理に執着するように見えるベルイマンの映画において、顔のイメージは、もはや心理表現ではない。心理は決して見ることができず、顔だけが見える。恐ろしいほど剝き出しの顔が見られる。美しい女優たちの顔も、その美しい顔を剝がれている。得体のしれないものに慄く顔が映し出される。光を反射し、他者を反映し、関係に反応し、世界を映す顔がある。同時に世界の光を吸い込み、飲み込み、凝縮し、咀嚼する顔がある。孤立して、秘密の表情に固まった顔がある。世界に驚き続け、眼を見張る子供の顔がある。消尽して閉じた老人の顔がある。弛緩し、かえって開いた顔もある。誘惑する女の顔、威嚇する男の顔、死を迎える淵のような顔がある。

　話すときには相手の顔を見なければならない。しかし顔を見すぎてはならない。社会的なコードはいつもその中間を規定している。つまり顔は見えないものである。まじまじ顔を見つめるなら、ほとんどそれは非人間的な月面のようなものである。人間性は、それほどあいまいな帯域で揺らぎ、心理的なものは、人間のあるイメージに対応しているだけである。無意識の心理学でさえも、やはり人間、家族、欲望のコード（システム）にしたがっている。ベルイマンの映画は、心理的なものの深淵を追究している、と批評することは的はずれではない。しかし顔のイメージは心理よりも微細であり、奇妙である。また実に脆く、微妙に非人間的である。顔の中の人間的なものを構成する非人間性（非有機性）を見つめることによって、はじめて見えてくる人間性（有機性）というものがあるにちがいない。

6　ペルソナ

ベルイマンの『沈黙』は、半ばサイレント映画である。しばしば沈黙する顔が映し出される。女が二人、姉妹である。妹は幼い息子を連れている。映画はまさに沈黙で始まる。子供は、走り続ける夜汽車の外に果てしなく並ぶ戦車の列を見ている。玩具の戦車ではない。巨大な象の列のようでもある。夜空に映し出される戦車の列は不気味で、ほとんど美しい。子供はそれをただ見つめている。意味もわからず、ただ目を見張っている。

なぜか憎みあっている姉妹。旅の途中で、彼らは言葉の通じない外国のホテルに滞在している。姉は知的な女で、翻訳をしている。翻訳するとは、沈黙を翻訳し、閉じた言葉を開くことである。彼女は重い肺の病を病んでいる。妹ははるかに官能的な女で、男を求めて町に出る。姉は妹の素行を一部始終気にかけ、監視している。

子供は玩具のピストルを持ってホテルの中を探検に出かける。旅芸人の小人たちとの出会い。子供は無言で遊び、ただ未知の世界を見つめる。

子供の母はカフェで男を見つけてきて、ホテルの別室で交わっている。言葉の通じない男との間に会話はない。沈黙、顔。顔、沈黙。死に直面している姉。恐怖の顔。姉を憎んで、あてつけるように男を誘う妹。欲望の顔。憎しみの顔。絶望の顔。

会話するのはとりわけ二人の女である。その外国は戦争中なのか、戦争に備えているのか、それとも占領下にあるのか、歴史的な説明は、ほとんど省略される。夜の街で、たった一台の戦車が地響きを立てて通り過ぎる。金属の怪獣の不気味な沈黙。町の沈黙。それらすべての沈黙が、人物の顔に反映する。

子供の平らな白い顔は、とりわけすべての沈黙を反映し、反射する。女たちの顔に、沈黙と恐怖は、反映されると同時に吸い込まれ、刻印され、圧縮され、まなざしから、唇の震えから、鋭利に跳ね返される。跳ね返される沈黙と恐怖は、叫びとして、慄きとして放たれる。沈黙する顔、話す顔。沈黙によって語ろうとする顔。語ることを断念した顔。

サイレント映画ではじめて見られた顔とは、話す顔であり、まさに話が聞こえないからこそ見えてくる顔であった。顔だけではなく、同時に身振りが、身体が、風景が、やはり言葉の外で見つめられた。そういう顔の出現を、顔と言葉の分離を、決して消去してしまうのでなく、トーキー映画によってさらに増殖させることもできたのである。トーキーは音声をクロースアップし、音声の顔を出現させることができたからである。世界を反映する顔。そして世界から孤立して深淵となる表情。顔から脱落して聞こえてくる言葉それ自体、声それ自体、顔それ自体、沈黙それ自体のイメージが知覚される。確かにベルイマンは顔のクロースアップによって、ただ新しい心理映画のようなものを創り出したわけではなかった。

それが男よりも、はるかに女の顔であったことにも理由があった。男の顔は、おそらく女よりもはるかにコード化され、社会化され、「鉄面皮」と呼ばれるようなものになっているからである。「顔芸」は処世術である。

それにしてもベルイマンの人物たちの和解も妥協もない心理的対決は、あのペシミズムはどこにむかっていたのか。どこに落ち着くわけでもなく、この対決はただ、ひとつの真実として描かれているし、描かれなければならない。絵画も文学も含めて、芸術は決して幸福な美しい人物ばかりを描くわけではない。「アトラクションのモンタージュ」について語ったエイゼンシュテインは、演劇においても映画においても、ひたすら観客の思考に「衝撃」をもたらすことをめざしたのである。

「頭脳的にはペシミスト、神経的にはオプティミスト……」――ドゥルーズが、画家フランシス・ベーコンについて書いた一節である。『狼の時刻』や『ペルソナ』のような映画さえも楽しみながら作ったというベルイマンは、神経の映画とでもいうべき表現を創造したのだろうか。「ベーコンの絵画は、実に強度の暴力的な運動を表現しているが、彼の興味を引くのは、ほんとうは運動ではない。極言するなら、それはその場かぎりの運動、痙攣であり、ベーコン特有の別の問題を示しているのだ。それは身体に対する不可視の力の作用なのである」（ドゥルーズ 二〇一六、六二頁）。顔とはまさに「運動ではない」ものを表出し、動きを拒む器官であり、細かい痙攣、緊張と弛緩、開放と閉鎖が交替する場所なのだ。表情や心理の場であるというよりも、顔がそのように運動を抑制した筋肉、神経のプレートであるからこそ、やがてそこに濃密な表情や心理が現れ、描かれるようになる。

ある日、話せなくなった女優が入院してくる。女優が病んでいるのは、どうやら失語症でも、脳の疾患でもない。沈黙、顔、閉じて凍りついた顔。専属の看護婦がつくことになり、二人の女の奇妙な対面、友情が始まる。看護婦は、ひとりで語り続ける。徐々に、女優の顔に表情が現れ始める。やがて対決が始まる。目の見えない男が、女優に会いにやってくる。男は、女優と看護婦を混同する。奇妙な浸透、同一化が始まる。やがて半面は女優、半面は看護婦の顔をもつ、別の顔が出現するのである。

このような〈顔の映画〉には、どういう意味が、教訓が、思想が含まれているのか、いまもよくわからない。ドライヤーの映画とともに、〈顔〉は北欧に固有の表現意識にかかわるのだろうか。しかし、ベルイマンと同じ歴史や風土を共有したならば、それが理解可能になるわけでもないだろう。

まさに映画にしか可能でない表現を、とりわけ顔のイメージを核にして創造しえたベルイマンは、映画というジャンルをまったく超越した問いを、映画を通じて問うことができた。彼は『沈黙』、『ペルソナ』において、映画が操作しうるイメージを十全に生かして、心理とも、物語とも、まったく異なる次元にある顔の映像を創り出したのである。

ほとんど偏執のようにして顔のイメージにこだわるその映画は、やがて顔の次元を突き破ってしまう。『秋のソナタ』は、顔の次元を突破したあとで、なおかつ顔を容赦なく剝き出しにし、光と影の微細な語彙をあやつることをまったく放棄してしまったところに成立した映画なのだろう。この映画の中のイングリッド・バーグマンの「顔」は、かたくなに、もう世界を反映することさえ拒否して、剝き出しの痛ましい孤独そのものの結晶になっている。そこまで顔を剝き出しにされては、もう映画の光を浴びることなどできない。

リヴ・ウルマン、イングリッド・バーグマン、あるいは小津の映画における原節子、顔の栄光、顔の悲惨、顔のドラマ、顔の真実、顔を解体すること……実はそれはいまなお芸術にとって核心の問題である。おそらくそれは現代の政治に深くかかわる問題でもある。顔の政治は、いまなお続いているからである。テレビは、とりわけ顔の政治の効果的媒体であり続けている。顔を解体すること、いや顔を発見すること。つまり顔の政治を解体すること、そしてその政治から離脱した顔を発見すること。

第五章　映画の彼方、イメージ空間

一　カメラ・オブスクーラの後に

1　映画の創成期の問い

映像の領域はすでにめくるめくほど広大かつ多様で、それ自体でひとつの世界を形成している。ほとんどこの世界そのものにとって代わるかのような錯覚さえ与えている。映画だけでなく、テレビや、コンピュータ端末を通じて知っている世界が、私たちが肉眼で知っている世界よりも大きな比重を占めるようになり、この世界をまるごと吸収し、世界がまるで映像に吸収されてしまったかのようだ……しばしばそういう幻覚さえ生み出される。

さしあたって、写真についで映画、そして電子技術の生みだした様々なメディアの与える映像が、人間に何をもたらしたかを考えようとしても、すでに問いも答えも無数に与えられている。そこでまず問いを絞らなければならない、と同時に、適切な問い方を改めて発見しなければならない。

サイレント映画の時代に、多くの識者が、しばしば問うたことは、舞台上で演じられる演劇と、スクリーン上で見られる役者の演技とのあいだには、どういう違いがあるかということであった（「映画劇は舞台の写真的再現のみを私たちに提供するのだろうか」（ミュンスターバーグ 一九八二、一二頁）。いま思えば、まったくナイーヴな問いに見えるが、そういう問いに真剣に答えようとしたのは、しばしば心理学者であった。

たとえば音楽を聴くものは、どういう効果を受けとるか、と考えるとき、音の物理的法則を理解しても無意味で、音楽を構成する要素（音色、音質、強度、和音、不協和音、リズム……）を耳にするときの「心的過程」を調べなければならない、と心理学者はいう。映画とは何かと問うときも同じことで、映像を受けとる「心的過程」を分析し、心理学的に研究するのが課題であるということになった。たとえばヒューゴー・ミュンスターバーグのような〈応用心理学者〉は、観客が二次元のスクリーンの映像を三次元の出来事として見ることができるのはなぜか、と問うたのである。もう少し厳密には、自分の見ているものが、現実には三次元空間ではなく、奥行きをもたないことを知りながらも、やはりそれを奥行きのある空間で生起しているものとして十分に意識し体験することが可能である。そのような心的メカニズムを考察したのである。

もうひとつミュンスターバーグが問うたのは、観客が実際に眼にしているのは、フィルムに定着された動かない画像の連続的移動にすぎないが、どうしてそれが運動として見えるのか、というやはり心的メカニズムの問題である。これに関して、この心理学者は「残像」について語り、視覚が体験する様々な錯覚を列挙して説明を試みている。こうして「連続した動きの印象が複雑な心的過程から生じていること」（同書、二三頁）を理解しなければならない、とミュンスターバーグは主張した。

映画の観客は、スクリーンの映像にたえず注意を引きつけられ、見るべきものにむけて視覚を誘導される。おのずから視覚は、特に「動くもの」に集中し、また「クロースアップ」によって強調される部分にむけられる。そのような指向性もまた、知覚（視覚）の心理学的知識が応用されるべき領域だったのである。

今ここで、初期の映画理論の傾向を一覧するような作業を繰り返そうとは思わない。さしあたって映画の創成期には、知覚のメカニズムをめぐる心理学的な見方が、心理学者だけでなく、他の分野の識者たち（美学、社会学、哲学）や映画作家自身によっても、さかんに行われたことに注目したい。こうして映画の登場そのものが、〈私たちは世界をどのように見、知覚しているのか〉という新たな問いをつきつけたかのようだった。あるいはそういう問いとともに、映画も生まれたかのようだった。映画の出現は、まちがいなく、人間の知覚の状況や条件に重大な変化をもたらす事件だったのだ。そして知覚（の働き）とはどういうものかを問うことをうながしていた。あるいは、そのような問いとともに映画が誕生したかのようだった。

すでにトーキー映画が流布しつつあった一九三〇年代に映画について考察し、「複製技術時代の芸術作品」を書いて、いくつかの本質的な問いを提出したヴァルター・ベンヤミンは、必ずしも心理学者たちのように問題提起をしたわけではない。しかし彼もやはり、映画のもたらした知覚の変化を問題にしたのだ。居住空間としての建築が、長い時間のなかで人間の知覚を決定してきたことに、彼は触れている。誰も自分の住む建築の細部にまで毎日注意をむけて生活するわけではない。しかし建築の影響は、しばしば意識されないまま、視覚よりも触覚に及び、身体全体を包み込むようにして知覚に作用する。そういう影響は、「気散じ」の状態で体験され、生活や行動を導く「統覚」を形成する。そしてベンヤミンは、そのようなことが映画を見る人間にも起きていると、あまり詳細な分析をすることなく直感的に指摘した。映画館に入った大衆は、ある「気散じ」の状態で、映像を知覚しながら、新しい「統覚」を獲得するようになる。映画は視覚と聴覚に働きかけるにすぎないが、ベンヤミンはそのような「気散じ」の状態を建築の受容と比較して、映画の効果は「触覚的」であり、「身体的なショック作用」をもつと考えた（ベンヤミン 一九九五、六二三頁）。

「気散じ」状態で、触覚的、身体的ショックを受けるという事態は、ある種のセラピー的作用をともなう。ベンヤミンはすでに精神分析を念頭におきながら、映画が無意識にもたらす効果を、やはり「複製技術時代の芸術作品」のなかで指摘している。新しい都市、技術、メディア、交通がもたらす環境に生きる人間のなかに押し寄せるストレス（「心理的緊張」）が、このような「気散じ」状態における「ショック」によって、逆に治癒される（「アメリカのグロテスク映画やディズニー映画は、無意識的なものを爆破するという治療的効果をもっている」（同書、六二一頁）と彼は指摘した）。

ベンヤミンのあの名高いエセーは、芸術作品の価値（「アウラ」、「礼拝価値」と「展示価値」）のこうむった歴史的変遷を、複製技術の進化に照らして論じながら、最後にはファシズムの政治と美学に対抗しうる「唯物論的な」美学を提唱するという、彼にとって喫緊の動機を明らかにして終わっている。複製技術は、「現在の生産諸条件のもとでの芸術の発展傾向に関するテーゼ」（同書、五八五頁）にとって、まさに「生産諸条件」のうち、ぜひとも考慮しなければならない要件であった。

そして「五感の形成はいままでの全世界史の一つの労作である」（マルクス 一九六四、一四〇頁）と書くようなマルクスに忠実に、ベンヤミンは、世界史的文脈のなかで、「生産条件」にかかわり、「五感」にかかわる複製技術として、とりわけ映画を問題にし、心理学的観点を大きく拡張して映像の知覚について考えたのである。

2 「イメージ空間」の出現

ところでベンヤミンは、一九二九年に書いたエセー「シュルレアリスム」で、すでにファシズム批判を強いモチーフにして、こんなことを書いている。「ペシミズムを組織化することは、政治から道徳の比喩を追い払って、政治行動の空間のなかに一〇〇パーセントのイメージ空間を発見することにほかならぬ」（ベンヤミン 一九九四b、二一八頁）。ナチズムは、同時代の〈前衛芸術〉をおしなべてデカダンス（頽廃）として断罪するような〈健康〉の美学と道徳を推進していったが、ここでベンヤミンは、「道徳的メタファー」に対して、彼が「シュルレアリスム」に見出した「イメージ空間」をつきつけている。

ベンヤミンはこの「イメージ空間」を映画のなかに発見したわけではない。むしろ「シュルレアリスム」の幻想的な作品にそれを見出したのだ。ベンヤミンの説明によると「およそひとつの行動そのものがそれ自身からイメージを生みだし、イメージとなり、イメージを捲きこみ、イメージを消化するところならどこにでも、そして身近な物らが目を見開き、互いに目と目を見かわす場にならどこにでも、あのもとめられていたイメージ空間は現出するのだから」（同書、二一九頁）。

「イメージ空間」とは「もっと具体的にいえば、身体空間であるだろう」と、さらにベンヤミンは書いている。シュルレアリスムは幻想的であるとはいっても、それはかつてのロマン主義風の幻想とは違って、あくまで日常のなかに発見される「世俗的な啓示」であろうとした。そこでベンヤミンの構想する革命とは「イメージ空間」と「身体」の革命なのだ。

もし世俗的な啓示のなかで、身体とイメージ空間とが相互に深く浸透し合って、その結果、革命的な緊張のすべてに集団的身体が感応し、集団の身体的な感応のすべてが革命的な放電となるような状態が生ずるなら、そのとき初めて、現実は自己自身を、『共産党宣言』が要請するほどに、のりこえたことになろう。（同書、二二〇頁）

ここでベンヤミンは、「イメージ空間」についてこれ以上詳らかに語っていない。実に多義的に用いられる「イメージ」という語の意味をはっきりさせてもいない。そのイメージが、映像としてのイメージでもあるのかどうか、それについても書いていない。しかし、後に彼が書く「複製技術時代の芸術作品」に、この「イメージ空間」の発想は確かに生き続けていた。それが「集団的身体」によって生きられ、「放電」というように電気技術をともなうならば、当然この発想は映画の体験に直結されてしかるべきだった。「イメージ空間」について語ったとき、ベンヤミンは「知覚のあり方」などほとんど問題にしていない。しかし「身体とイメージ空間とが相互に深く浸透し合う」ものならば、イメージ空間は知覚を通じて、知覚されることによって発見されるもののはずだ。

ここまで私は、映画の創成期に現れた理論的考察が、「知覚のあり方」、「知覚が組織されるあり方」、「知覚を生じさせる媒体《メディア》」（ベンヤミン 一九九五、五九一頁）を、映画に関してどのように問うたのか、限られた文献だけを引用して素描してみた。

そのような理論的前史を念頭におきながら、映像の知覚において何が起きているのかを以下に再考してみよう。知覚の心理学的哲学的考察のうち、この問いにとって興味深いいくつかの観点をとりあげ、とりわけ視覚的体験を通じて、知覚に何が起きているのかを考えることになる。

　そしてこの問いは、もうひとつの問いに接続されるだろう。それは映像の体験を通じて浮上してくる知覚の出来事や、知覚の特性が、さらにはより広く、表現や芸術や思考にとって、どのようなことを示唆しているのかという問いである。

　始めに述べたように、初期の映画論は、しばしば劇映画（「撮影された演劇」）と、劇場の舞台で見られる劇との違いは何かと問うたのだ。[1] まず演劇が映画のなかに転写されたとすれば、映画を体験し、映画的な知覚を広く共有するようになった世界（それをベンヤミンよりも広義の意味をもたせて「イメージ空間」と呼ぶこともできる）で、演劇のほうは、あるいはすべての表現活動は、どんなイメージの生を作り出し、あるいは体験しているのか、と問うことができよう。ひとたび映画のなかに導かれた演劇は、映画の外にあるときも、もはやイメージであることから逃れられない。必ずしもそれは演劇が悪しき映画のようなものになることを意味しない（確かにそういうケースも数々あるだろう）。演劇もまたそれ自体イメージ空間となり、巨大なイメージ空間の一部になる可能性があるのだ。それは演劇が固有の力を失う危機でもあれば、演劇が新しい生命を獲得する機会でもある。

3　身体の生産、触覚のような視覚

「五感の形成はいままでの全世界史の一つの労作である」と書いたマルクスにはまったく同意するとしても、人類史を通じて、五感の機能は、そして知覚の生は、ひとたび獲得されたあと、同じ状態、条件のなかで繰り返されてきたのではない。これもマルクスの言い方だが、人類史は、自然を人間の「非有機的身体」として加工する過程であり、この過程はすなわち「類的存在」としての人間の証しでもある。人類の活動にとって自然は、人間の肉体そのものではなく、あくまでも非有機的身体である。しかし有機的な生（植物、動物）を摂取し、それらと協働しながら、それらを利用する人間は、同時にみずからをそれらとともに有機化するようにして、非有機化するのである。そこで有機化と非有機化の様々な結合、混淆、浸透が進行することになる。人間の作り出す道具や機械は、あくまで自然の有機性を模倣しながら、その延長線上で、それを非有機化し、精神化し、機械化し、また新たに有機化するようにして生み出されてきたのである。

たとえば美術の様式の変遷を考えただけでも、人のもつ世界の知覚（視覚）が、その性質や形式が、非有機化され、さらにまた有機化されるようにして、歴史の時空で様々に変化してきたことが窺える。そして映画のような現代の技術またはメディアは、都市化や交通の進化とともに、知覚の状況を激変させてきた。ベンヤミンが建築と比較しながら述べたような知覚の変容は、映画の与えるセラピー的な効果という次元を超えて、やがて知覚の操作や管理のプロセスとして、大きな社会的政治的争点となってきた。したがって知覚の操作に批判的に対することは、表現にとっても、表現の外の日常にとっても、つねに切実な課題であるにちがいない。

芸術表現のありかが、かつて心理や想像や幻想のレベルにあったとすれば、映画が出現してからの世界では、知覚がどんな体験をしているか、ということ自体が、具体的、即物的に考察されるようになったともいえよう。先に見たように初期の映画論は、しばしば知覚の考察でもあった。じつは演劇、ダンスあるいは他の芸術も、同じ課題に直面しているはずなのだ。しばしばそれらは映像に記録される。映像からのインスピレーションによって作られる。あるいは映像とともに上演されることがある。一見映像とかかわっていないとしても、映像を知らず体験したこともないアーティストはほとんどいない。映像を中心のメディアとしないアートにとっても、映像は単に素材や補助的手段であるだけでなく、発想や思考の次元にまで浸透している。

ところで知覚の体験とは、単に光学的感覚的データの処理、たとえば網膜に与えられる画像の、脳という装置による機械的処理のような過程ではありえない。そのような、いわば機械論的（非有機的）な見方を批判する考察はすでに数々ある。そして一方では、機械論的な観点のほうも根が深く、繰り返し復活するのである。機械論的に把握された非有機性は、有機的な観点から批判され、修正されてきたが、もちろん有機的な観点は、次々非有機的なものによって乗り越えられていく。そこで、有機性に関しても、非有機性に関しても、たえずそれらを再考する批判の観点が必要なのだ。非有機性は、単に機械論の側にあるのではない。それは有機性に密着しながら、機械論を乗り越えていくのだ。

「視覚」を構成する光学的与件があり、網膜に達した光を処理する生理的メカニズムがあることは確かだとしても、視覚体験は決してそれらに還元されない。眼球はたえず動いており網膜像もたえず振動している。網膜像は倒立している。また二つの眼球はそれぞれ別の位置から別の網膜像を二重に構成している。しかも網膜には盲点があり、そこで像には欠損部分があるはずである、等々。そのように不安定で不完全な条件にもかかわらず、私たちの見るものは安定していて、倒立などしておらず、二つに分裂してもいないし、穴があいてもいないかのように現れる。「これは奇跡以外の何ものでもない」（ノエ 二〇一〇、五八頁）。こうして目の前の世界を、そこにある対象を、欠損のない安定した像として見ることができるのはなぜなのか。これは繰り返し問われ、また様々に答えられてきた難問なのだ。心理学、哲学、生理学、脳神経科学、等々が、それぞれに答えを出してきた。そしてどうやらいまでも決定的な正解があるわけではない。

しかも厳密には、それぞれの領野で同じ問いが問われているのではない。したがって同じ答えが出てくるはずもない。たとえば知覚の働きを、ただ脳のメカニズムとして語ることができるか、という問いがありうる。しかしその問いを心理学者が問うときと、脳科学者が問うときでは、決して同じ問いが共有されているのではない。

いずれにせよ視覚体験さえも、網膜像の体験とまったく同じものではない、と考えることができる。しかし知覚の体験が時代によって、それをとりまく文明の性格によって異なる、というような問題は、もはや自然科学の領野をまったく逸脱したものになる。映画のもたらした知覚の変化、新しい知覚体験を問うときも、やはり科学の知識によっては決して蔽えない問いを私たちは扱うことになる。しかし網膜像が脳内でどのような生理的プロセスを経るのか、ということも決して無視できない事柄なのだ。

4　視覚、身体、脳

ここでは、視覚に関する諸学の議論を網羅することなどできないから、とりわけ〈映像の体験〉という角度から、視覚をめぐる現代の考察をいくつか手短にとりあげてみる。

ピンホールを通じて入ってくる光を暗室のなかの壁面に投射する〈カメラ・オブスクーラ〉の機構は古くから知られていた。ジョナサン・クレーリーのような研究者は、このカメラ・オブスクーラをモデルとするようなシステムこそが、西洋の一時代（ほぼ一六世紀後半から一八世紀まで）において、単に視覚のシステムにとどまらず、認識一般のシステムとして支配的であったと考えた。[2] 外部から切り離された静かな暗室で得られた知覚は、このようにして世界をありのままに知ることができる。それは確かに知覚のシステムであることを超えて、「観察主体の立場を空間的に可視化する一つの手段」（クレーリー 二〇〇〇、五三頁）となっていた。

ヨーロッパのそのようなシステムに関しては、すでに様々な批判的考察があり、それに関連しうる様々なシステムやモデルが提案されている。たとえばミシェル・フーコーが監獄のモデルとして提案した「パノプティコン」（一望監視装置）もこれと無関係ではありえない。しかしクレーリーのもっと重要な提案とは、むしろそのようなカメラ・オブスクーラのシステムに、やがてどのような認識がとってかわったのかということである。色彩論を研究したゲーテは、特に〈網膜残像〉に関心をもった。〈残像〉は、ただ光の直接的効果として網膜像が成立することを疑わせる。視覚の働きは、単に光の効果として説明できるものではない。ヨハネス・ミュラーのような生理学者は、網膜に別の刺激を与えても、光と色の感覚が生じることに着目した（同書、六四頁）。圧力をかけ、殴打し、あるいは電気を流し、薬剤を投与しても、あるいは単に充血状態にあるだけでも、網膜に光と色が感知される。刺激と感覚の間の対応は、そのように「恣意的」である。むしろ多角的というべきだろうか。

こうして「視覚において身体が演じる生産的な役割が、舞台にのぼる」（同書、五六頁）ようになった、とクレーリーはこの新しい視覚－知覚モデルを要約している。かつてカメラ・オブスクーラのモデルが、光と網膜像が完全に対応することを示していたとすれば、ここには、ある暗い身体の厚みが、いわば別のブラックボックスとしてあり、知覚はそのなかで生み出されるのである。知覚はただ外界の刺激に反応するのではなく、むしろ知覚の対象そのものを身体の内側で生産する。そこで「身体が演じる生産的な役割」に注目すべきである。

もちろん、それによって知覚は何を、どのように知覚するのかという問いが一気に解けてしまうわけではない。またその「役割」も、ただ身体の生理学的な認識に還元されてしまうわけではない。身体に注目することによって、知覚について新たに問うべきことが増え、むしろ混迷を深めたともいえるのだ。しかしこの「身体の生産」という新たな次元は、まちがいなく映像の受容にとっても、はかりしれない広がりをもっている。

視覚体験が決して網膜に映る画像そのものの体験ではないとしても、確かに光のデータが与えられなければ映像の体験はない。しかし映像の体験は、それ以上に「身体の生産」とともにあることを重視するならば、こんどはその「生産」についても様々な考察や探求がありうる。

脳の一定の部位（大脳皮質）に損傷が起きた場合、網膜像を形成する機能が正常でも、見たものを認知できなくなることがある。オリヴァー・サックスは、ありのままに世界を見る視覚の能力は保持されているのに、その世界がただ光や色の迷宮となり、いま自分が見ているものが何か識別（解釈）できなくなるという症例を数多く紹介している（サックス 二〇〇九）。

あるいはこれに類する症例として「連合型視覚失認」と呼ばれるものがある。形態が認知でき、「まとまりあるものをまとまりあるものとして見ることができるにもかかわらず」、見たものが何かわからないという症例である。このような症例では、患者はバナナを見れば、バナナを正確にスケッチすることができ、つまりバナナの「視覚心像」を立ち上げることができる。しかしバナナを見て、それをバナナと理解するためには、バナナの与える他の「非視覚性心像」（バナナの手触り、舌触り、味覚、匂いなどの心像）が同時に喚起されなければならない。そのような「心像」が喚起されないケースがあるといわれる。脳の損傷つまり「周辺破壊による右大脳半球後頭葉の孤立」がそのような症状を引き起こすことがある。これらの異質な知覚性心像を収斂した心像は「超知覚性心像」と呼ばれるが、それはほとんどバナナの「観念」に等しいものだ。バナナが見えるのに、バナナが何かわからないという状況である（山鳥二〇一一、一五一頁）。

眼球からやってくる光の「入力データ」は、脳の中で二つの伝達経路に送られる、といわれる（レーラー二〇一〇、一六一頁）。ひとつはラフなデータのまま前頭前野に送られて、素早く認知され解釈される。それより遅れて「視覚野」で、もうひとつの光のデータが克明に完成されて前頭前野に送られる。つまり「脳はすべてのものを二回見る」ということになる。この説明でも、確かに視覚はただ光の刺激に反応するのではなく、〈身体の厚み〉のなかで、視覚体験を生産するのだが、その身体はあくまで脳のメカニズムとして解明されている。「身体の生産」、つまり「身体による生産」は、脳科学者にとっては、何よりもまず脳の（による）生産ということになる。

要するに視覚対象は単に網膜上の画像ではなく、〈認知された〉像であり、そのような〈認知〉がなければ正常な視覚体験が構成されない。ここで「イメージ」という言葉を用いるとすれば、視覚体験とはただ光の体験ではなく、イメージの（その認知の）体験であると言い換えることができる。確かに私たちはふだん目にするものについてイメージをもっている。そのイメージに照らし合わせて、光のデータを認知するという言い方もできるだろう。対象を認知することはすでにイメージを見ることであり、イメージを検索し照合し認知し再生することは、ほとんど同一のイメージの同時的生成過程であり、瞬時にイメージを形成し作動させる過程なのだ。これによって、私たちは事物を単に光のデータとしてではなく、事物のイメージとして見るのである。

実は、このように〈イメージ〉とともにある視覚体験を可能にする条件は、決して脳の機能にも、単に脳に蓄積された記憶にも還元できない。脳は、孤立し自立した記憶装置のようなものではなく、この世界のなかで生き行動する身体とともにあり、世界や環境や他者とかかわりながら、ある自動性と、驚異的な可塑性をもって作動しうるからである。

5　環境から皮膚へ

だからこそ生態心理学は、原理的に検証可能な刺激‐反応のシステムとして知覚をとらえる行動主義的心理学を批判している。こうして生物が環境の中の無数の与件とともに行動するなかで、あくまで外界との交渉（交感）を通じて形成されるプロセスとして〈知覚〉をとらえようとしたのだ。このような見方にとって、知覚体験の本質は、単に〈身体の生産〉ではなく、むしろ身体と環境とのたえざる交渉である。〈身体の厚み〉は自律的で閉じたものではなく、あくまでも、その厚みは世界とのかかわりによってもたらされるというのだ。身体の有機性とは、単に個々の身体に属するものではなく、環境とのかかわりにおいてさらに拡張された有機性である。その「かかわり」には様々な非有機性（無機物、思考、技術、装置）が介入するとしても、この非有機性はさらに有機化されている。非有機性は、自動化され統合されるという意味で、新たに有機化されるのである。

ギブソンの「生態心理学」の観点をとりいれながら、知覚を考察した哲学者アルヴァ・ノエは、知覚を、環境の中で行動を繰り返す生命の過程としてとらえることにおいて徹底している。

視覚は網膜像にしたがって一挙に構成されるものではなく、環境の中で行動を反復する生体によって、「非明示的な理解」を通じて構成される、とギブソンの見方を継承しながらノエは主張している(『知覚のなかの行為』)。

ノエは、むしろ触覚をモデルとして視覚をとらえながら、このことを確認しているのだ。そしてそういう発想はすでに、あの極端な観念論者であったはずのバークリーによって提案されていた。

バークリーは、触覚は事実上運動の一種であるとした点で正しかった。盲人が歩き回り手で探りながら部屋の中を探索するとき、その盲人は触ることによって知覚している。きわめて重要であることに、触覚的な活動は手の使用だけでなく、空間の中での動きや空間を横切る動きによっても構成されている。非常に細やかな指の動きと、風景横断的な非常に大まかな動き回りとの両方が、触覚という感覚の行使を構成しうる。(ノエ 二〇一〇、一五六頁)

この引用文において「触覚」を「視覚」におきかえてもいいことになる。あらゆる知覚は、環境の中での行動の積み重ねから構成される。視覚は単に光の効果ではないし、触覚は物質の表面のコピーのようなものではない。生物は、環境の中で、行動しようとして事物に注意をむけ、注意を通じて行動を修正することを繰り返す。知覚はこの反復によって獲得され、獲得されたあとも、そのような過程を少なからず反復している。あの「カメラ・オブスクーラ」のあとに現れた新しい知覚のモデルがあるとすれば、それは一見原始的に感じられる「触覚」であり、視覚のすぐれたモデルは「盲人」の知覚なのだ。

　哲学者ミシェル・セールは、ほとんど過激なまでに触覚の根源性を主張していた。触覚は「皮膚の感受性」と言い換えられる。そしてセールによれば、すべての感覚器官は、皮膚が変形したものである。

> 皮膚のある部分が、やわらかくなり、繊細になり、超感受性をもつようになったとき、その場所にもろもろの感覚器官が生まれる。このような特定の場所で、皮膚は洗練されて透明になり、自らを開き、ぴんと張って振動し、眼差しとなり、聴力となり、嗅覚となり、味覚となる……。皮膚はそれ自体様々に変化する基体であり、もろもろの感覚器官はその皮膚が特殊な形に変化したものである。すなわち皮膚は共通感覚《サンソリオム・コミュヌ》、すべての感覚に共通の感覚である。皮膚は諸感覚の間に、つながりや、橋や、通路をつくり、諸感覚にとって共同的で、集合的で、共有的な平原を形づくっている。（セール　一九九一、九一頁）

　絵画史においてカメラ・オブスクーラに対応するのは、当然ながら「遠近法」ということになる。実際にカメラ・オブスクーラは遠近法的な絵画の制作にも道具として役立てられた（ダ・ヴィンチの使用例もある）。遠近法的な絵画空間が次々に崩壊していった一九世紀に、たとえば印象派は、対象よりも光の効果に着目しながら、まさに網膜上の光の点に視覚を解体していった。しかしその果てに現れたセザンヌは、むしろ触覚的な次元から絵画を再構築するように絵を描いたといえる。セザンヌの絵にとっては、あらかじめ視覚の対象のようなものがあるわけではなく、「連続して探られた無数の感覚だけがあるかのようだ」（レーラー 二〇一〇、一六〇頁）というような美術史家の説明は、まさに触覚的に把握されるイメージとして描かれた絵画を思わせる。

イメージを触覚的対象としてとらえるなら、あらゆる知覚の根底にあって、共通感覚のようなものを成立させる触覚は、ゲーテやフェヒナーを参照した〈身体の（による）生産としての知覚〉というモデルと決して相容れないものではない。このモデルによって〈身体による生産〉の基盤にある知覚の時間的プロセス（時間イメージ）さえもが表現されているのではないか。視覚もまた触覚のように働くのであり、網膜像として瞬時に与えられるものではなく、いわば「手さぐり」するようにして、その持続の中で知覚の体験と対象を生み出すからである。

6　知覚において〈還元不可能なもの〉

知覚をめぐる膨大で多岐にわたる考察のうち、重要と思われる転換と、その転換がどのように継承されたかについて、まったく断片的に私の考察の手がかりになりうる見解だけを要約してみた。

まず知覚の体験が、網膜上の光の効果とそれへの反応のような過程に還元されるものでないことは明らかである。それなら還元されないものとは何だろうか、ともう一度問わなければならない。それは知覚体験における認知や解釈のメカニズムだろうか。まだ解明されていない脳の複雑きわまる機能があってそれが知覚を実現するということか。それとも環境のなかに開かれて、数え切れない行為や、不断の試行と修正を繰り返す生のプロセスのほうだろうか。単に光学的データではない視覚対象が「イメージ」として構成されるといえるならば、まさにその「イメージ」こそが還元されないものである、というべきだろうか。

「還元されないもの」とは、知覚において必ずしも現前せず意識されない知覚の微細な要素と、さまざまなレベル（環境、脳、行動）におけるその構造化の集積である。そのような意味で、知覚は〈知覚しがたいもの〉から構成される。生の時空の中で、人間が動き、欲望し、判断する過程のなかで、つまり環境のなかで、たえまない運動とともに知覚体験は構成される。

生態心理学にとって視覚は画像処理のようなプロセスではなく、環境の中のたえざる運動感覚的処理において成立するものである。この見方は確かに参考になる。そのような運動感覚的処理のプロセスは潜在的次元で実現され、潜在性として構成されるしかない。そして知覚の与件や条件は知覚されない。つまり知覚されない与件が、知覚されない条件を通じて知覚されているのである。確かに知覚の構成にとっての与件や条件は、ある程度まで自動的有機的な秩序として規則化され定型化され、いわばマッピングされるが、構成されたマッピングはさらに解体され、非有機化され、更新されるものでもある。

生体がたえず代謝を続け、運動、呼吸を続けているかぎり、知覚を構成するものの多くは運動感覚に決定されうるとはいえ、ここでいう運動は必ずしも社会的行動を意味しない。潜在レベルに埋め込まれているかぎり、潜在的なものとしての運動と知覚は、いわゆる人間的社会的行動の文脈や要求に還元されないレベルにある。生命の創造的な本質を、あくまでも潜在的なもののうちに見たベルクソンにとって、運動感覚はむしろ潜在性から浮上した現働性の次元にあった。しかし微細で潜在的な次元にも運動はたえることがない。セザンヌの絵に埋め込まれた無数の斑点と筆触は、そういうミクロな〈運動〉のイメージである、と考えることができる。

生態心理学は、脳において組織される〈刺激と反応〉のシステムとして知覚をとらえるような見方を批判したのである。しかしそのような見方は、いわゆる行動主義的な心理学や、ひいては現在の還元主義的な脳科学においても踏襲されている。たとえば視覚についてギブソンは、対象からの放射光以外に、環境の全体からやってくる〈包囲光〉を考慮しなければならないと指摘している。環境の中で動き、つねに事物に触れながら、視覚対象を構成してきた生体のプロセスそのものが、知覚の内容を決定しているが、これらの構成要素やプロセスそのものは知覚されない。

そして環境とはただ自然環境ではなく、人間の構成してきた社会的、技術的、関係的、間主観的環境でもある。「非有機的身体」として「人間化された自然」（マルクス）のなかで形成される知覚は（その構成や解体や更新は）、社会的、歴史的ダイナミクスのなかで成立し、社会の成立そのものにかかわる。〈知覚の主体〉もまた歴史的、社会的に構成される。知覚は感覚のデータそのものではなく、環境の中の知覚体験であり、知覚体験の無数の潜在的、顕在的痕跡であり、数々の〈イメージ〉の知覚でもある。

〈イメージ〉とは、単に視覚に与えられる画像ではない。知覚体験は複雑で、膨大なイメージ空間とともにある。そこには視覚に連結されたイメージだけでなく、聴覚、触覚に連結され、同時に多くの感覚に結合された横断的イメージがある。さまざまな知覚に分化し触覚に分化する前の、あの〈皮膚の知覚〉というミシェル・セールの発想を思い起こそう。そのような「共通感覚」の広がりにひしめく微細な知覚の重層や混沌を想起しよう。そしてあらゆる知覚が知覚のイメージとともにあり、イメージとして成立することを想起しよう。

聴力を失って、楽器も声も聞かずに作曲する音楽家は、ただ音のイメージを操作することができるのだ。逆に音のイメージがなければ音楽は成り立たない（音楽は、音の編成でも、音による表現でもなく、音のイメージであり、イメージ化された音なのだ。非有機化された音、とあえて言ってみよう）。そして言語もまた、音のイメージ、事物のイメージ、意味というイメージなしにありえない。それらすべてが壮大な、多次元のイメージ空間を構成している。視覚、聴覚、触覚、等々の区分よりも、区分を超えて構成されるそのようなイメージ空間のほうが根本的である。

したがって、すべての感覚に共通する感覚であり、セールが根源的感覚という意味でも使った「共通感覚（sens commun）」は、いわゆる「共感覚（synesthesia）」（たとえば音を聞いて色彩を感じること）でもある。五感も、それぞれの感覚器官も、相対的に分化しているだけである。このことは生態心理学者の言い方ではこう表現される。「個々の感覚器官には還元できないような協調化した機能を実現するために、解剖学的には区別されている各構造が協同的に作用することは可能である」（ストフレーゲン＋バーディ 二〇〇五、一〇六頁）。視覚（目）や聴覚（耳）は相対的に独立しているが、（色彩を見て音を感じることができるように）相互浸透的でありうる。それゆえ視覚と聴覚のあいだに未知の知覚やイメージが出現することもありうる。「個々の感覚器官には還元できない」機能は、諸器官のあいだの浸透や空隙として機能しうる。しかし空隙は、空白ではなく、そこにもミクロな感覚が充満している。イメージ空間は共感覚空間でもありうる。再結合や分離、分化が繰り返されて、新たなイメージと知覚のゾーンが出現することもありうる。映像にかぎらず、すべての芸術・表現の対象、主題、あるいは根本的環境として、このイメージ空間、共感覚空間を考えることができる。

心理学や脳科学がしばしば行うように、単なる刺激－反応のパターンで知覚を考察することは、知覚を著しく貧困化することである。そして映画の批評や分析においても、映像体験は、しばしば〈現前する画像の体験〉に還元される。よく注意して、見えるものだけを見なさい、そこにしか映像の真実はない、というわけだ。しかしこれは知覚論としては、映像を、網膜上の画像として現前するものと考えているという点で、すでに様々に批判されてきた知覚に関する憶見（ドクサ）を踏襲したものでしかない。この憶見は、知覚において知覚されないものを排除し、貧困化し、管理することにつながっている。そのように還元され管理され貧困化された知覚空間に、「イメージ空間」を対峙させなければならない。「イメージ空間」は、知覚に収斂するものではなく、感覚器官の機能にぴったり対応するものでもない。触覚（皮膚）を考えることは、このような限定を免れるために有効ではあっても、触覚は根源としてすべてを有機的に規定するわけでもない。

二　ジル・ドゥルーズの提案

1　プルースト、蜘蛛、知覚

ジル・ドゥルーズの哲学には、知覚と映像についての豊かな批判的考察が、数多く含まれている。すでにここまで書いてきたことも、少なからず彼の発想に触発されているが、改めて彼の主張に照らしあわせてみよう。

ドゥルーズは、プルーストのあの長大な小説の語り手について書いている。『失われた時を求めて』は、壮麗なカテドラルのようにではなく、巨大な「蜘蛛の巣」のように書かれていると彼は述べた。

ほんとうは、語り手は器官をもたない一つの巨大な身体なのである。

それにしても、器官なき身体とは一体なんだろう。蜘蛛もまた何も見ず、何も知覚せず、何も思い出さない。ただ巣の片隅で、蜘蛛は自分の身体に強度の波として伝わってくるかすかな振動を受けとり、肝心な場所に飛びかかっていく。眼もなく、鼻もなく、口もなく、蜘蛛はただしるしに反応し、かすかなしるしにみたされるだけだ。それが彼の身体を波のように横断し、餌に飛びかからせるのだ。（ドゥルーズ 二〇二一、二四三―二四四頁）

かなり奇妙な記述である。実際は、蜘蛛には眼もあれば口もあり、脳も気管もあり、おそらく蜘蛛の知覚というものもあるのだ。

プルーストの作品の話者の、こんなふうに定義された〈蜘蛛のような身体〉は、実に繊細に見ること、聞くことを続けるが、ときには、あたかも知覚の制限を超えて知覚しようとするようだ。知覚の制限とは、器官とその機能の制限でもある。「カメラ・オブスクーラ」の体制が支配的だった時代には、知覚はあの暗い「カメラ」（部屋）の外には容易に出られなかったかのようだ。知覚の制限とは、ある程度まで歴史的な与件である。そしてそれぞれの時代にその与件と制限を超えるようにして、（視覚器官の有機性を、非有機的な装置によって拡張するようにして）事物と現象が新たに知覚され、それにつれて知覚自体も変容することが確かにあった。知覚そのものが、つねに非決定のマージナルな潜在的領域とともに、〈知覚しがたいもの〉とともにあるからである。

ドゥルーズの描いた「蜘蛛」は、自らの身体を空中に張った巣の広がりと連結し一致させ、ただ巣を伝わる振動のみによって餌となる虫を認知する。巣と自らの身体を共通の広がりとして生きている蜘蛛には、ただ波動としての世界があり、波動の知覚があるだけだ。たとえ蜘蛛には紫外線を感知しうる目があるにしても、ドゥルーズはプルーストの知覚の世界を、むしろ触覚のとらえる振動として、巣を通じてあらゆる方角からおしよせる無形の波動の世界としてとらえる。あたかも蜘蛛は、他の知覚を奪われることで、より敏感に、たえまなく、より微細な変化や兆候を受け取るかのようである。蜘蛛の身体と巣の網とのあいだには確たる境界がない。境界の不定な雲のような、あるいは蜘蛛の巣のような、その広がりを通じて伝播される波動に包まれた知覚は、ドゥルーズの哲学にとってまるで「原風景」のようなものである。世界の厚みに包囲された蜘蛛の身体の広がりがあり、そこにはまさに「カメラ・オブスクーラ」ではない、触覚的な「共通感覚」をもつ蜘蛛が待ち構えている。あるいは言い方を変えれば、蜘蛛は自らの有機的身体を、空中に張りめぐらせた網によって非有機化し、あるいは非有機性と結合し、新たな有機性として拡張し、変身させたのである。

ドゥルーズのライプニッツ論である『襞』にはトマス・ド・クインシーの文章が引用されている。

粉塵の雲が広がり、巨大な空気のカーテンのように見え、重い裾を空から大地に垂らしていた。そしてあるところでは、微風の巻き起こした渦が空気のカーテンの襞を揺さぶり、ときにはアーチや、教会の扉や、窓の形になった亀裂があらわれ、そこから人の形が乗った駱駝の頭や、ときには無秩序に広がりながら前進する人や馬の運動が、かすかに描かれるのだった。（ドゥルーズ一九九八、一六二頁）

これはまさに世界を形作る物質の「襞」の描写である。あるいはヴァージニア・ウルフの実験的作品『波』の世界を思い浮かべよう。そこで登場人物は、記憶、感覚、声、情動などの波動として揺れ、交錯し、散乱し、漂流しているばかりである。たしかにドゥルーズの思考は、明確に限定され方向づけられた知覚を避け逸脱するという基本的な傾向をもっている。それはまた単に器官の機能として限定的にとらえられる有機的「知覚」への深い疑いとともにある。こうして浮かび上がってくる知覚の問題提起的な特性をあげてみよう。

(1)知覚の機能は、何らかの形で制限され限定され方向づけられている。まず自然環境の中で生理的に、そして文明と歴史のもたらす環境の中で人為的に、決定されている。しかしその機能は変動しうるものであり、制限はたえず超えられていく。端的にレンズのような技術的手段を通じて、見えなかったものが見えるようになる。そして知覚そのものに、みずからの制限を乗り越えようとする潜在的な力があるようだ。

(2)知覚の範囲、知覚されるものの帯域もまた、様々な形で決定されているが、いつも非決定な潜在的部分を〈知覚しがたいもの〉として包括している。また知覚の間の敷居も浮動する、たとえば（音に色彩を見るような）「共感覚（synesthesia）」において。知覚の能力は、それぞれの知覚器官によって一元的に規定されていないとすれば、この能力は、各器官が受容するものの間の浸透や離隔においても潜在する。
(3)知覚の主体（知覚するもの）と知覚の客体（知覚されるもの）の区分も決して決定的ではない。蜘蛛と蜘蛛の巣、蜘蛛の生と蜘蛛の感知する振動との間の境界もまた「雲」のように浮動する。
(4)知覚されるものの彼方に、たえず知覚されないカオスの広がりがあるが、カオスは知覚の「地」を形成し、もともと知覚の形成に寄与している。

ドゥルーズは『差異と反復』において、「地と形態」について考えながら、まさにこのことについて書いていた。

> 何かが別の事物から際立つ（se distinguer）場合、その別の事物は、それにもかかわらず前者の際立つ〈何か〉から際立ちはしないのである。たとえば稲妻が走るとき、あたかも、際立たないものに対しておのれを際立たせるように、稲妻は暗黒の天空から際立つが、しかしその天空をおのれと共に引きずってゆかざるを得ない。背景は背景であるがままに表面に出てくる、とでもいえよう。（Deleuze 1968, p. 43／(上)八八頁）

このように「稲妻」の知覚とは、必然的に「背景」のカオスの知覚でもある。
(5)感覚（五感）に与えられる光、音、事物の肌理、匂い、味は、事物の無限の差異と変動の総体から選択される。無数の知覚対象から抽出されたイメージの空間が、すでに知覚の環境とともに与えられており、人の知覚の機能、区分、対象は相対的に安定しているが、さらにその分節を超えて、無限の広がりにおける様々な変動や質を、無限に変化する振動としてとらえるようなドゥルーズの蜘蛛のイメージは、知覚の所与に対して無限に開かれつつも、なお選択をおこなうような知覚のありかたを想定させる。それぞれに分化をとげた知覚器官の前に、分化されない無限の知覚対象のヴァリエーションとカオスが開けることになる。ここに開けるものを、やはり「イメージ空間」と呼ぶことにしよう。

2　盲目の絵画

とりわけ芸術的実践の課題とは新しい知覚を、あるいは「知覚対象」をつくりだすことである（ドゥルーズ゠ガタリ『哲学とは何か』参照）。『感覚の論理学』において提案された現代絵画の定義とは、もはや目に見える対象の再現ではなく、世界を構成する諸力、世界に荒れ狂う力を描くこと（感知すること）であり、これらの力にはあらかじめ形態がない。画家はあらかじめ知覚しがたい何かを前にしているかのようなのだ。例えばセザンヌは、プロヴァンスの険しい山の風景画を描いたのではなく、山を形成する地質学的な褶曲の力を、あるいは林檎の発芽の力を描いた、とドゥルーズは説明している。視覚に与えられる形象の厳密な再現とはまったく異なる方向にセザンヌはむかった。視覚そのものを構成する力とカオスの次元を手探りするようにして、タブロー上の要素と構造が、知覚と世界を貫通する力を反映していなければならなかった。「力」とはもちろん、物理的な力にとどまるものではなく、それ自体も宇宙のエネルギーの中にある生命の、多様であり多形的である力、変容しうる力すべてのことでもある。

もはや形態ではなく、力を描く（把握する）ことにむかった芸術とは、「造形」芸術とはまったく異なる芸術になったとさえ言えよう。「感覚の論理」を体現するものとして選ばれたフランシス・ベーコンの絵は、とりわけ現代人の身体を貫通して出来事を生起させる諸力を探知しようとした。ベーコンは、性や欲望や恐怖として押し寄せ吹き上げる力を前にして、数々の「異形」の肖像画を描いた。むしろ「脱形」とでも言うべきか。そのようにして人間的形態を脅かす力の図像（figure）を描いたと言うべきだろう。« figure » という語にドゥルーズは、抽象と具象の境界を斥ける力の図像という意味をこめたのである。

ドゥルーズは絵画史上ではエジプトの美術に現れたような「触覚的視覚」に注目し、フランシス・ベーコンをその系譜に位置づけている。現代の画家は、視覚に固有の触覚的機能を新たに発見している。「このとき画家は目で描くにしても目で触れながら描いている」（ドゥルーズ 二〇一六、二〇四頁）。単に視覚と触覚の共感覚（synesthésie）が発見されたのではなく、視覚にとっても触覚にとっても未知の知覚対象が、視覚と触覚に対して同時に現前したのである。誇張して言うなら、ドゥルーズの絵画論の視野では、創造的な画家はますます盲目になっていくのである。盲人の写真家（ユジェン・バフチャル）が存在し、盲人のための映画を考えた映画作家（ゴダール）が存在することはたしかに無意味ではない。つまり視覚の真実を発見するためには、一度闇の視覚の中に沈潜しなければならないかのようなのだ。

ドゥルーズはガタリとともに『哲学とは何か』にも書いている。

抽象表現主義、ミニマル・アート でも同様であって、たとえば、絵の具のしたたりや、繊維や、層状のものが用いられたり、薄紗やチュールといった生地が使われたりし、そうすることで画家は、或る盲目状態のなかで、タブローの背後で描くことができるのである。アンタイにおいて、いくつもの折り畳みは、画家のまなざしに対して何かを隠している。それはいったん広げられて観賞者の目に委ねられるのだ。絵画は、どのような様式を取ろうとも、どのような状態にあろうとも、思考されるのだ。視覚は思考によって存在し、目は聴く以上に思考するのである。
(Deleuze et Guattari 1991, p. 184／三二八頁)

アンタイは、キャンバスを折り畳んで染色した襞をテーマに制作したハンガリー出身のフランスの画家である。

見えるものの形態と可視性の条件そのものを穿つかのような絵画の試みは、光と形態の裏側や間隙に、あたかも「触手」をのばすようにして入り込んでいくが、この過程はまさにここで「思考」と呼ばれている。ここまで私は、視覚をむしろ触覚に還元することによって視覚の根源的位相をさぐる試みについて、しばしば言及してきたが、「触覚」とは結局「思考」と呼ばれるものでもありうる。見えるものの形態と条件（遠近法）を解体しながら、視覚の背後に移動し、触覚の襞に入り込もうとするかのような現代絵画の試みからは、知覚とは何であり、知覚がどんな変化を体験しているかについて、まだたくさん知るべきことがあるにちがいない。

3　脳

ドゥルーズはとりわけ『千のプラトー』、『フーコー』のような著作のあとは、「脳」についての関心を示すようになる。『シネマ２＊時間イメージ』では「脳の映画」について語り、『哲学とは何か』の結論は「カオスから脳へ」と題されることになる。もちろん身体から脳へと問いを移したわけではない。脳は頭部に局在する一つの器官ではなく、いわば「器官なき身体」であり、身体にもまして「器官なき身体」として作動するのである。

連合作用のプロセスは、ますます脳の連続的な組織網の中の切断に直面するようになった。いたるところに微細な亀裂があり、それは単に越えるべき空虚なのではなく、一つの連合的なメッセージの発信と受信の間に、そのつど導入される不確かなメカニズムでもあった。つまりこれは、確率的で、半ば偶発的な空間、「ある不確実なシステム（an uncertain system）」の発見であった。
(Deleuze 1985, p. 275／二九三頁)

脳は精密な有機性である以上に、非有機性のシステムであるという性格をもっている。脳についての知識が精密になればなるほど、知覚や感情や意識に関して知られていることを、脳の各部位の機能に還元したくなる。確かに脳科学はその方向に日夜たえず前進している。しかし精神、心、意識、知覚の働きを脳という器官に還元しうることは確証されていないし、それを疑う理由は少なからずある。そもそも脳の知識が、思考のどの水準にあるか、ということが、いつも問題になるからである。われわれの精神や知覚や思考が、脳のメカニズムに深くかかわるとしても、往々にして、その「かかわり」の性質や水準自体が注意深く考えられていないという印象を受ける。これらを的確に考えることは、まだ科学にとっても哲学にとっても残された課題のようだ。

ドゥルーズは脳の還元主義的認識には決して協調しなかった。しかし脳が決して統合されない不確実な「システム」であることをあくまでも前提としたうえで、「脳こそが「主体」であり、脳が主体になる」と、あえて彼は書いた。「脳が考えるのであり、人間が考えるのではない。人間とは単に脳として結晶したものにすぎない」(Deleuze et Guattari 1991, pp. 197-198／三五三頁)。そして確かに脳は、人間に似た「主体」ではない。

すでに見てきたように視覚の働きは、ただ目に見える光(網膜像)に関して心像を決定するというレベル以外の、様々な知覚心像とその記憶のアレンジメントからなり、そのアレンジメントは脳の損傷によっても分断されうる。そもそも知覚は多元的に(異質な知覚や記憶の間で、環界の中で)決定されるという意味では、あくまでも複合的であり、この複合は不安定で、不確定である。

プルースト的な蜘蛛とともに知覚、身体を思考しようとするなら、脳の還元主義的、局在論的な認識は、ある面では有効であっても、おおむね排他的で「対象化」の傾向に導かれていると思える。しかしドゥルーズが提案しているのは、むしろ「対象化」的ではない脳のイメージなのだ。

むしろ心的対象(すなわち生命的観念)が場所をもつとするならば、その場所は、対象化されることができないある脳の裂孔、間隙、そして合‐間のなかに、シナプスの亀裂のもっとも深いところにあるのだろう。(ibid., p. 197／三五二頁)

このように亀裂、間隙として把握された脳は、あくまでも「開かれた思考」のモデルを与える。ところが脳の「表象」の中にさえも、機械のような対象の集合と、社会的な権力やコード（階層性、全体と部分、中心と周縁、コミュニケーション能力）が、閉じたモデルとして、そのようなモデルを確信する人間的な主体とともに回帰してくるのだ。脳科学の大勢は、脳の「パフォーマンス」を可能なかぎり開発し活用しようとして邁進しているように見えるが、脳はそれほどパフォーマティヴに作動しないからこそ、ときに驚くようなパフォーマンスをやってのける。

4　映画、映像

映画ははじめから、行動の要求によって中枢化されない視覚を、カメラとフィルムという技術的手段によって実現していたといえる。確かにフィルムには、被写体に狙いを定める視覚が知覚するより以上のもの（「視覚における無意識的なもの」、「無意識が織り込まれた空間」（ベンヤミン））が刻印されるからである。こうして映像技術の生み出した映像には、あらかじめ何かしら過剰なものが含まれていた。ベンヤミンはあの重要なエセーで、むしろそのように過剰な映像を前にした大衆の「気の散った（くつろいだ）状態での受容」に注意をうながしたのである。しかしこの「知覚（統覚）の徹底的な変化の兆候」は、機械から繰り出される過剰な映像に（観客として）受動的に身をゆだねることによって、いわば〈自己疎外〉が強化されることでもある。それはあたかも可能性として、人間が自己の滅亡さえも美的に享楽しうる、ということさえ意味している。

やがてサイレントからトーキーへと移行した映画は、ただ同期化された音声を映像に付け加えることによって（より完成された技術として）、サイレントにとって代わったのではない。サイレント映画がそれに固有の映像と言語（特に字幕）とそれらの編成をもたらしたあとで、トーキーはさらに新たな映像と言語（音声）を、新たな編成とともにもたらし、それぞれに新しい視覚、聴覚を、また視聴覚の連結を、つまり総体として新しい知覚を、新しいイメージ空間とともにもたらしたにちがいないのである。

しかし映像は、サイレントからトーキーへ、トーキーからデジタル映像や3D映像へと技術的な進化をとげるたびに、むしろ運動的な操作性を高め、自在に行動する超能力的なヒーローを出現させ、ますます〈自己疎外的〉な構造を強化してきたのである。知覚は、映画（映像）という自動装置の精巧な作用を通じて、まさに統合作用にほかならないコミュニケーションに巻き込まれていく。ある面で、映像とは何よりもまず自己疎外的な商品であり、映像のコミュニケーションとは、知覚、身体、思考にまで及ぶ画一化や統制の精巧な装置にほかならない。誰にでもアクセス可能なメディア（ヴィデオカメラ、携帯電話、インターネット）は情報を開放しデモクラシーを推進する装置であると同時に、精密で恒常的な管理と統制の手段でもある。映像はすでにサイレントの時期からファシズムと親密に合体してきたが、やがて様々に高度化するメディアを通じて、いたるところにミクロなレベルで作動するファシズムを生み出しかねないのだ（それはたとえばギー・ドゥボールによって「スペクタクル社会」としてすでに指摘されたことでもある）。

たしかに映画は創成期から、たえず行動的な運動の知覚を強化し拡大してきた。しかしドゥルーズは、とりわけ『シネマ2＊時間イメージ』で、逆にそのような運動的傾向に離反するかのような映像も生み出されてきたことを指摘している。こうして映画が運動‐行動的図式から脱落し、純粋な視覚と聴覚の対象を作り出し、やがて視覚と聴覚のあいだの知覚さえも作り出したことにドゥルーズは注目している。映画はもはや運動を現前させるのではなく、むしろ時間を表現する芸術になったと（これは絵画が形態ではなく、「力を描く」ようになったことと無関係ではない）、彼は明確に、一つの反歴史的ともいえる映画の立場を表明したのだ。そのようにして彼は、プルーストの作品を読解しながら提案した、あの異様な〈知覚の哲学〉を、映画に対しても注入しようとしたようなのである。

あの何も見ることがなく、自らの身体と一体の巣の広がりを通じて伝わってくる振動しか知覚しない蜘蛛が観る映画とはどんなものか。またそのような蜘蛛が、蜘蛛の巣のように編み上げる映像（イメージ空間）とはどんなものだろうか。一方で私たちの知覚は、映像を受信し送信するときも、行動とコミュニケーション（あるいは情報）の要求に覆われ、これに服従している。実は巣の上に張った蜘蛛さえも、ひたすら餌を捕獲するために知覚を集中し、行動（捕獲し捕食すること）に備えているのである。

しかしプルースト的な蜘蛛は、視覚と聴覚の制限と敷居を超え、視覚と聴覚の有機的な統合性さえも解いて、知覚されない不定の振動に対して知覚を開き、そこに開けるカオスを探知し、記号や兆候を感知しようとする。そもそも脳とは、意識や知覚をはるかに超越する自動知覚機械として構成され構造化され、非有機化されている。

映画（映像）は脳に比べれば、はるかに不完全な自動装置であり、脳が世界を探知しつつ自己を構成する能力に比べれば、はるかに単純化された探知の結果を記録し再生する装置にすぎない。しかしその脳は映像を知覚し、操作し、操作された映像を知覚する。こうして映像表現は、視覚・聴覚の様々な連結可能性を操作しつつ探索し、また視覚・聴覚それぞれの自律的創造作用までもたえず革新してては拡張してきたのである。そして言語とは聴覚（音声）のイメージであり、また視覚（文字、記号）のイメージであり、それらの操作でもあるかぎり、聴覚と視覚の新たな結合や分離、自立性と連結の可能性は、同時に新たなイメージ空間に言語行為を繰り広げる新たな人間の登場を意味している。それは新しい恐怖をもたらすのか、それとも喜びと自由をもたらすのか、未だ来たらぬものの可能性とは、いつも両方の可能性である。ファシズム、革命、情報革命、超資本主義、出口がないかに見える新たな管理社会……は、たえずこの両義性とともに歩んできた。未だ来たらぬものが不意に実現されてしまうとき、しばしばそれはグロテスクで破局的である。むしろ未だ来たらぬものの潜在性を注視しなければならない（ブランショの示唆）。

5　イメージ空間、現前しないもの、システムの連鎖

現象学にとって〈知覚〉は、本質的な問題の一つだったが、ドゥルーズもまた〈知覚〉を本質的に問いながら、現象学の地平を遠く離れて、強い緊張を〈知覚〉の場に介入させた。知覚は「知覚不可能な深さ」のなかで成立するものであり、知覚不可能であるが、知覚するしかない何かとともにある(Deleuze 1968, p. 297／㊦一六八頁)。それは視覚にも、特定の器官にも帰属することがなく還元されることがないという意味で、「器官なき身体」の知覚であった。運動のイメージを記録し再現する装置として現れた映画は、いわばそれ自体も運動の器官であるかのように機能し、その機能を精巧に進

化させてきた。しかし別の一面で映画は「運動の器官」である状態から逸脱し、知覚されないものや、知覚の間隙を知覚することにむかっていた。それはもはや運動ではなく、運動の要求（その図式、その単位）から脱落した時間を知覚することでもある。そのような意味で、ある種の映画は「運動イメージ」から離脱して「時間イメージ」へと変貌していったのだ。そして視覚イメージと音声（イメージ）の有機的な結合が解かれるとき（たとえばオフヴォイス）、私たちは光と音の間隙を知覚し、あの「知覚不可能な深さ」を知覚しているようだ。もはやそれは運動の知覚ではなく、運動さえも可能にする知覚されないものの知覚なのだ。

「カメラ・オブスクーラ」という、世界から隔離され閉鎖された密室における知覚のモデルは、じつはさまざまな領域で形を変えて出現し、いわば西洋の政治的支配のモデルとしても機能してきた。絵画における遠近法、フーコーが「表象」と呼んだ認識の体制、あるいは彼が監獄に関して「一望監視方式（パノプティコン）」として抽出した権力、デカルトのコギト、グーテンベルクの銀河、等々は、それぞれに連結されて、思考も、知覚も、身体も、情動も、統制し、拘束し、序列化しつつ統合していたのである。当然「イメージ空間」もまたそれらによって統制されていた。しかも統制であるものは、しばしば自由として受けとられたのである。

そして知覚不可能であるが、知覚するしかないものとは、知覚として現前しないが、確かに知覚されている何かでもある。ところがコミュニケーションという言葉を使うたびに、私たちは、その何かを、たしかに現前する何かの情報とみなしている。映画や映像について論じるスペシャリストたちも、見られるものは〈画像〉として知覚の前にすべて現前しているかのように語りながら、ある統制のシステムに加担することになっている。そこには、まるで、あの恐るべきカメラ・オブスクーラのシステムのあらゆる変形版が連合して、まだ現代の情報やイメージの空間に執念《しゅうね》く生き延びているかのようなのだ。こうして「イメージ空間」は、たえず発見され、創造され、再発見される一方で、排除され、切断され、制限され、知覚されないものになってしまう。私たちは、しばしば残酷で暴力的なニュースやドラマの映像のほうに注意を奪われるが、じつは同時に、イメージ空間をめぐる熾烈な闘争や駆け引きのなかに巻き込まれている。しかしそのことは、しばしば知覚されない。

イメージは知覚されないもの、知覚以前のものからなり、また確かに知覚として体験されるものでもある。それは感覚に与えられるデータではなく、網膜像のようなものではない。あるいは「心像」にあたるものでもない。潜在性においてひしめいている知覚の帯域は、錯綜した入れ子状のイメージ空間を構成する。それは知覚として分化し分節される手前の知覚の帯域であり、そこには知覚の間の知覚があり、共通感覚的、共感覚的な知覚がある。無意識や、無意志的記憶と呼ばれるものもまたイメージ空間を構成する。それ自体は言語でも意識でもないが、言語や意識が成り立つには、まずこのイメージの連鎖と広がりがなければならない。

イメージは、網膜像のようなものではないとしたら、決して現前しないのである。その意味でイメージとは、まさに知覚されるしかないが、知覚しがたいものである。したがって知覚される〈もの自体〉はない、などと断定する必要はない。むしろ知覚対象は無限で、知覚の下にはさらにミクロな知覚の帯域がある。現前しない潜在的知覚については一切語ることができないとか、一切の知覚は虚妄であるなどと断定する必要はない。知覚対象は「果てしない」だけだ。脱構築の哲学は、ただ「現前」を否定することだけに徹底して、そのことについては実に饒舌なのに、いわば現前しないものに対しては、潜在的なものに対してさえ緘口令を設けてしまったかのようなのだ。

「カメラ・オブスクーラ」はもちろん知覚のモデルにとどまらず、西欧の支配や排除や階層のシステムを構造化し、イメージ、言語、知覚、身体を連結し、ある図式や形式の中に、この連結を固定して動きをおさえようとするモデルでもあった。監獄だけでなく、活字という媒体（メディア）さえも、あるいは思考と主体の哲学的定義（コギト）さえも、この体制に連結され統制されていた。視覚と聴覚の接合（トーキー映画）、イメージに対する言葉の優位（ロゴサントリスム）も、端的にこの体制にとって欠かせない要件だったにちがいない。

「カメラ・オブスクーラ」の暗く明るい支配は、不透明な連鎖の恐ろしい体制を世界のいたるところに広げていたが、じつはいたるところに、その綻びも亀裂も生じていた。そこにはまた綻びや亀裂の知覚もあって、知覚の戦争が、いまもたえまなく進行している。しかしその戦争の知覚もまた抑制され排除され、一方では強化され強制されて、私たちの日常を包囲している。

第六章　時間の〈外〉とタナトス

1　プルーストの問い

時間という謎と、個人から社会にわたる世界の途轍もない複雑さは、プルーストの思考から片ときも離れなかった。しかもこの二つの問題は、表裏一体に絡み合っていた。そういうふうに二つの大きな問いを同時に問うた『失われた時を求めて』は、確かにそれだけで前代未聞の作品だった。一人の人間という「小さな精神的細胞」の生活の、「神秘、反応、法則」を理解しなければ、国家も社会も理解できない。ドイツとフランスの戦争も、それぞれ「多様な形をした幾百万という小さな多角形」の巨大な集合のぶつかりあいである。「あたかも大洋の幾百万という波が高まって、太古から連なる海岸の断崖を壊そうとするように、また巨大な氷河がゆっくりと破壊的な震動を繰り返しながら、周囲を枠のようにとりまく山々を打ちくずそうとするように」（Proust 1954, tome 3, p. 771／鈴木訳、⑿一七〇頁）。ドレーフュス事件をめぐる抗争や大戦に対しても、プルーストは、個々人の意識と無意識における屈折や、共振や、違和が、〈社会〉として出現しては、また〈社会〉によって作用され変形されるメカニズムに対して精細な洞察を続けた。社交界のかけひきを観察することは、すでにそういう洞察の周到な準備になっていた。また戦争を牽引するものは決して戦場の力学だけでなく、戦争を解釈し議論し決定する背後の集団的思考でもあるかぎり、プルーストは戦争をめぐる〈ロビー活動〉の場に対しても、稠密な洞察をきたえあげていたのである。ガブリエル・タルドが『模倣の法則』を通じて、この社会という「集合的夢想」あるいはむしろ「集合的悪夢」を究明しようとしたように、またエリアス・カネッティが『群衆と権力』によって、あらゆる「群れ」の現象を注視したように、プルーストもまたミクロからマクロにいたる群れの幻影と欲望の連鎖的構造を、それに魅入られるようにして観察し続けたのである。

それぞれの人間の言うことと為すことの不一致は、それ自体がほとんど原理のようなものである。社交界とは、どれほど「嘘の力能」が席巻する場であるか、そこに出没する人物たちの欲望が、いかに偽装に偽装を重ね、虚栄や不倫や倒錯愛の戯れを通じて、もうひとつの渦巻く次元を形成しているか、このことに関しても、さらに壮大な探求が続けられた。

若いニーチェの未完の文章「道徳外の意味における真理と虚偽について」は、まさに人間より以前の生存の力に属するかのような「偽装術」について書いている。

個体の維持の手段として知性は、その主要な力を、偽装ということにおいて、展開してゆく〔…〕つまり、人間においては、欺瞞、阿諛、虚偽と瞞着、陰口、体面保持、借りものの光耀における生、仮装、隠蔽的な慣習、他人および自己自身に対する芝居など、要するに、虚栄という一つの炎をめぐって絶えずそのまわりをひらひら飛び廻るということが、実に甚だしく規則および法則となっているので、人間どもの間に、誠実にして純粋なる真理への衝動が現われて来ることができたということほど、理解し難いものはほとんどない位だと言っていいのである。（ニー

チェ　一九九四、三四七頁）

プルーストもニーチェも「偽なるものの力能」をめぐるしたたかな洞察者として、すでにデカルトからもカントからも遠い地平で、真理の哲学とはまったく異なる仕方で哲学していたといえる。

ところでプルーストは、社会と、そこで行われる「偽装」に対するこれらの洞察を独自に繰り広げるだけでなく、それを「反復」の思考とともに実践した。「事物は絶えず繰り返される創造によってのみ存在する」、「世界の創造も、一度かぎりのものではない、それは必然的に毎日行なわれている」。このことは『失われた時を求めて』の話者とシャルリュスが一致して提案する見解なのだ。戦争は、ただ一度の宣戦布告によって始まるのではない。「真実は、毎朝新たに宣戦布告が行なわれている、ということなのです」(Proust 1954, tome 3, p. 796／鈴木訳、⑫二二〇頁)。ガブリエル・タルドのように語るなら、「宣戦布告」もたえず「模倣」されなくてはならないのだ。そして「模倣」は反復されなければならず、反復的構造を確立しなければならない。どんなに凡庸に見える事象も、それが凡庸になるためには、おびただしい反復を経なければならない。最も多く反復されたものが最も凡庸になる。その意味で、凡庸なものこそは驚異的で偉大である。反復のこのような相を、それと一体の時間の位相とともに描き論じつくすために、プルーストの小説はどうしても長大なものでなければならなかった。

2　時間の外の時間

そして社会と個人の反復される事象はすべて時間のなかにあり、時間とともにある。そのことを考え続けたプルーストは、『見出された時』ではまさに驚くべき時間論を述べるのだ。そのような時間論をまさに証明し、実現するような作品が予告されることになる。いうまでもなく、予告されたその作品とは『失われた時を求めて』という書物そのものである。こうして反復の構造は、この点でも作品の中心に注入されている。そして反復的時間のなかの思考は、「時間の外」として実現される。この「時間の外」というプルーストの言葉が、とても気にかかるので、そのことを特に考え直してみたい。

　幼少期をすごしたコンブレーを思い出させる、お茶にひたしたマドレーヌの味。ゲルマント邸の中庭の不揃いな鋪石のうえでよろめいたとき蘇った、ヴェネツィアのサン・マルコ寺院の敷石の感触。そのほかにもナプキンやタオルのごわごわとした手触りが時をへだてて一致し、あるいは皿に当たるスプーンの音が、かつて旅行中に耳にした、鉄道員が車輪を叩くハンマーの音に重なる。そういう感覚によって現在と過去が結びつくのは、単に記憶や回想や想起の現象そのもので、それは確かに時間の中で生起することであるが、同時にそれはその時間を超える時間の体験となる。むしろ「時間の外」において「超時間的なもの」が見出されるのである（過去にも現在にも属さない「対象＝x」、とドゥルーズは『差異と反復』のなかでこれについて書いている）。

　プルースト（の話者）は、まずこうした無意味に思える微細な感覚（口にふくんだ菓子、不揃いな鋪石、布の触感、スプーンやハンマーの騒音……）を無際限につめこんだ「壺」が、生きた時間のなかに堆く積み上げられていることを指摘する。そのなかのあるものが特別な「しるし」となる。それは確かに二度以上反復されなければならない。長い間忘れられ、望まれずに（無意志的に）反復され、反復によって、敷石やマドレーヌの感覚をはるかに超え、ヴェネツィアやコンブレーで生きた広大な時空が、日本の水中花のようにひろがることになる。感覚はひとつひとつが他の無数の感覚を内包する多様体である。プルーストのこの見方は、個人や性格についても徹底された。ひとりひとりの仕草やくせや発音の特徴などは、個性や人格のような単位よりもはるかに重要な襞として、個人と群れの特徴を形成するのだ。

そしてこのような些細な感覚的与件は、ひとたび忘却され、さらに反復され、想起されなくてはならない。そして想起され、生き直され、観照されるとき、この感覚は、それ以上の法外なスケールに広げられ、感覚的与件を超えて特異な性質を帯びる。「今や外部の対象を知覚するときに残る不完全なものから解放されて、純粋なもの、肉体を離れたものとなったこの生涯の一瞬は、大いなる喜びによって私をいっぱいにしたのである」（Proust 1954, tome 3, p. 869／鈴木訳、⑿三七〇頁）。こうして「私」は「時間の外に（en dehors du temps）」出ているのである。

「時間の外」とは、そのように肉体を離れて「純粋」であることだが、それはまた「現在」からも「過去」からも超出していることである。

すなわち、皿に当たるスプーンの音、不揃いな敷石、マドレーヌの味などを、現在の瞬間において感じると同時に、遠い過去の瞬間においても感じていた結果、私は過去を現在に食いこませることになり、自分のいるのが過去なのか現在なのかも判然としなくなっていた、ということだ。実を言うと、そのとき私のなかでこの印象を味わっていた存在は、その印象の持っている昔と今とに共通のもの、超時間的〔extra-temporel〕なもののなかでこれを味わっていたのであり、その存在が出現するのは、現在と過去のあいだにあるあのいろいろな同一性の一つによって、その存在が生きることのできる唯一の環境、物の本質を享受できる唯一の場、すなわち時間の外にでたときでしかないのだった。（ibid., tome 3, p. 871／鈴木訳、⑿三七四頁）

忘却の時間によって隔てられた過去の印象と、現在に蘇った感覚とが溶け合い、この同一性（identité）は「時間の外」への扉を開き、物の本質を享受させるという。「同時に過去と現在に共通していて、その両者よりもはるかに本質的な何か」が発見される。それによって人は、想像されるにすぎない過去と、感覚されるにすぎない現在を超え、想像と感覚を一体にして協和させる。過去と現在が同一になることは、想像における限定と、感覚の制限を超えて、もはや想像でも感覚でもない印象を「時間の外」として享受することなのだ。

日常生活においていつも優勢で、勝利をおさめるのは、差し迫った行動の要請であり、その意味では現在と差し迫った未来だけが、私たちの知覚の対象である。しかし知覚とはすでに少し知的（理念的）になった感覚である。マドレーヌや敷石の体験においては、いつも現在と未来によって締め出されていた過去が目覚め、ただ目覚めるだけでなく現在に浸透するのである。こうして発見された「時間の外」は、「純粋状態の時間」とも呼ばれる。そのように聞かれる音や呼吸される匂いは、「現実的であるが現勢的ではないし、理念的であるが抽象的ではない」。

こんなふうにして、マドレーヌや敷石の体験は、話者に法外な法悦をもたらすことになった。もはや死さえ、何ものでもない。時間の外にあり、未来も現在も過去もない次元にあるものにとって、死という言葉に何の意味があろうか。

　この時間の、いやむしろ「時間の外」の体験と時間論は、もちろん感動的であり、プルーストの文学的大発見に属するといってもいい。しかし超出、本質、純粋、不死、外部のような語彙でこの発見を語るプルーストの思考は、あらゆる種類の思想的、宗教的、美学的超越と無縁であるようには見えない。要するに「時間の外」とは、ただ時間を超越することだったのか。『告白』において時間について考えたアウグスティヌスは、もっぱら時間のなかにあるだけで、時間について何も知らず、時間のなかに分散している人間の悲惨を告白した。「主よ、ただあなただけが私のなぐさめ、わが父、永遠です。それに反してこの私は、順序も知らない時間のうちに散らばっています」（アウグスティヌス一九七八、四三四頁）。

「時間のうちに散らばる」とは、過去、現在、未来に分散することであり、それらはそれぞれ「魂のうちにあり」、人が時間を測るときは、時間そのものではなく、「その印象」を測るにすぎない。その印象において、過去の記憶や、未来への期待が成り立つことも、人間の時間をますます分散させるばかりで、この分散にあらがって集中や統一を実現するには、永遠なる神にすがるしかない。アウグスティヌスの時間論は、いまも斬新で切実だが、プルーストと似ているところがあるとしたら、彼なりの方法でやはり「時間の外」を考えているところだ。もちろんアウグスティヌスの場合と違って、プルーストにとってそれはもはや神ではない。むしろ「時間の外」とは、まさに時間の真実、あるいは真実の（「純粋な」）時間のことである、と彼は言いたいのだ。

　このとき時間はまさに前後によって認知される直線的継起ではなく、川のように流れるものでもない。人は、時間という一線上を点のように占めたり、移動したりするわけでもない。ベルクソンが

『物質と記憶』に描いた円錐形によれば、その頂点としての現在は「凝縮」（縮約）であり、円錐の内部すべては過去であり、その頂点にむけて凝縮されうる記憶として広がり、弛緩して渦巻いている。そこにありうる、あらゆる隣接、連鎖、そして飛躍や断絶さえもが、記憶の、そして精神の力能に対応する。

プルーストの時間論は、時間を直接的継起として表象することをまったく拒絶しているという点ではベルクソンに近い。「時間の外」と言いながら、むしろ過去と現在が同時であり同一であるような体験に注意をむけ、過去と現在という区分の「外」に時間を発見することは、決して神のように永遠者として時間の外に立つことではない。しかしプルーストの使う「本質」や「純粋」という古典的用語には、少し用心してかかったほうがいいのだ。もはや、そういう言葉では言えないほど斬新なことを、彼は言おうとしていたかもしれないのだ。

子供時代にコンブレーで味わった、お茶の滲みたマドレーヌの味や、サン・マルコ寺院の不揃いな敷石を踏んだ感触は、一度忘却の底に沈んだ後で、別の場所で、類似した体験によって蘇る。記憶とは確かに過去の体験に回帰していくことだが、そのときも決して過去と現在の区別がわからなくなってしまうわけではない。しかしある種の想起においては、過去が現在にまさに侵入し貫通するかのように強烈な共振が起こり、過去と現在が同時性、あるいは同一性として生きられる。記憶の深みにもぐりこんで、それが深ければ深いほど、まるで深海の水圧に逆に押し上げられるように、その記憶は現在に侵入し強い印象を刻みつけることになる。異なる二つのマドレーヌの味覚は、異なるものであり、同じものである。異なるものであるからこそ同じであり、異なるものが反復されている。「時間の外」とプルーストが呼んだ同一性は、同一ではないものの共振であり、異なるものの反復である。

異なるマドレーヌを、ひとりの子供と大人が、別の時空で口に含んだのに、それは同じマドレーヌである。少々の差異は、むしろ同じことを確かめ、反復を肯定し、反復は差異を肯定する。これはまさにドゥルーズが『差異と反復』で展開したとおりの奇妙な論理だが、プルーストの体験はまさに、そのような差異と反復の論理を、正確に説明しているように思われる。

　あるいは最初の体験が結晶核となり、忘却を経た末に次の体験が結晶を形成する。あるいは現在の体験が核となり、かつて忘却の彼方で繰り返されてきた体験とともに結晶を形成する。このとき核と媒質は識別不可能である。この過程はドゥルーズの『シネマ2＊時間イメージ』における「結晶イメージ」の定義にも合致するようだ。そして結晶とは、異なるものの反復であり、差異と類似は、両方とも結晶の形成をうながすのである。「差異と反復が対立するのは、ただ外見上のことである」。そうドゥルーズは、『プルーストとシーニュ』のなかですでに書いている。『差異と反復』のドゥルーズは、それほど頻繁にプルーストを引用するわけではない。しかし確かにマドレーヌをめぐる反復について触れ、それは過去にも現在にも所属しない対象＝ｘとして時間を示す、と説明している。

　そしてマドレーヌは一度忘れられ、潜在性の深みに潜った印象の反復でなければならない。この反復は、そのような仮死、断絶、間歇性とともにあるのだ。記憶は忘却を反復し、忘却こそが記憶を蘇らせる。あるいは時間の積層あるいは重層は、数々の断層とともにある。この思考は、もはや古典的でも弁証法的でもない。

3　第三の時間と「ひびわれた自我」

ドゥルーズは『差異と反復』で、「時間の総合」を、三つの形式に分けて論じていた。三つの総合作用はまた「反復」の三つのタイプに対応し、時間の三つの様相にあたるものである。『失われた時を求めて』には、おそらくこれら三つの様相がすべて含まれている。

三つの様相の第一は「習慣」であり、第二は「記憶」であり、第三は「時間の空虚な形式」と呼ばれるもので、より不可解である。もちろんプルーストの小説における「失われた時」から「見出された時」にいたる時間の体験は、決していくつかの異なるタイプに還元されるものではなく、渾然一体となっている。そもそもドゥルーズの提案する三つの反復とは、それぞれに反復されて、他の反復に移行しては循環し続ける。第三の反復（「空虚な形式」）も、反復されるにつれて第一の反復（「習慣」）に溶け込み、回帰しうる。すでに第一の反復さえも、決して素朴な反復ではなく、差異を含んで果てしない広がりに浸透している。

「長いこと私は早めに寝《やす》むことにしていた」（Proust 1954, tome 1, p. 3／吉川訳、(1)二五頁）という冒頭の一文から始まるのは、フランス語の半過去の動詞が延々と続く習慣の記述である。コンブレーの子供時代、母親がキスしにきてくれるのを待って悶々とする、あの「就寝の悲劇」が回想される。子供は習慣のなかで生きることを余儀なくされる。そして習慣に耐え、習慣にすがるようにして生きているのはとりわけ老人たちだ。またフランソワーズをはじめとする〈使用人〉たちもまた、習慣にしたがい、習慣を支え続けることで生きている人々だ。フランソワーズは、忠実で辛辣で頑固で、その思考は、石のように堅固である。これとちがって次々趣向を凝らし、新しい出会いや快楽を求めずにはいられない貴族たちと倒錯者たちは、いわば習慣という反復に耐えられない人間たちなのだ。プルーストの小説の、重要な基層をなすともいえる〈使用人〉をめぐる記述は、まさに〈習慣〉という時間の探求を支えている。その習慣は石のように堅固である。

しかしその石さえも、長い時間のなかでは風化し、溶解し、変形する。

墓石はといえば、その下にコンブレーの歴代神父の尊い遺灰が埋葬され、内陣の床に信仰心あふれる石畳を形成していたが、石それ自体、もはや無機質の固い物質ではなくなっていた。時間の作用で柔らかくなり、元来の四角い枠の外にまで蜜のように流れ出していたからである。墓石は、こちらではブロンドの波となって溢れ出し、その結果、大文字のゴシック花文字をひとつ波間に漂わせ、大理石の白いスミレの花を水中に溺れさせたかと思うと、手前のべつの箇所では、墓誌の省略されたラテン語をさらに縮めたり、省略された文字の配列にも気まぐれを持ちこみ、単語の二文字だけを近づけ、他の文字同士を途方もなく離したりした。(ibid., tome 1, p. 59／吉川訳、(1)一四一頁)

死者を永く記念するための墓碑は、やがて溶け出し、そこに刻まれた文字も解体していく。時の作用の前には、固体も液状化して波打つようになる。あるいは水中花のように襞を広げる。人が老いるということも、時の作用を受け、記憶だけでなく、体にも顔にもそのような変形や褶曲が起きるということである。「顔の地質学」などとプルーストは言い出すのだ。

コンブレーでお茶にマドレーヌを浸して食べたことはただ一度のことではなく、これも些細な「習慣」であった。しかしマドレーヌの味覚は、時間の戯れとともに喜びとなる。それは習慣の外、時間の外の体験だった。しかし時間の戯れは、むしろ破壊作用とともに、たえまない死とともにある。そこで時間の外に出るとき、もう死は存在しないとプルーストは書かずにいられなかった。習慣という時間の形態は、死とともにあった。習慣の賛歌は、死の賛歌でもある。

そしてドゥルーズのいう第二の時間の総合（作用）とは、記憶であり、記憶の想起である。とにかく記憶には、過去と現在の結合という別のドラマがある。このときはじめて過去は確かに存在するが、現在と同時に存在するという点では、あたかも過去は存在しないかのようだ。あるいは現在こそ、ある幻覚にすぎないもののようだ。習慣において、過去はいつでも忘却されたまま現在に折り畳まれていた。習慣にとって、思い出すことはなんら特別なことではなかった。習慣どおりに、死者は葬られ、悼まれ、そして忘れられる。時間の序列に狂いが生じることはなかった。死は確実に進行し、決して超越されることもなかった。

記憶において時間軸はすでに錯乱するのだ。過去と現在が同一、同時となり、異なるものが反復するという奇妙な事態が生じる。時間の外が体験され、あたかも時間も死も超越されるようだ。記憶において観照されるのは想起されるものだけでなく、時間それ自体であり、これはすでに芸術的な体験でもある。「失われた時」と「見出された時」の反復は、確かに同じ時が異なる時として、異なる時が同じ時として、失われ見出される円環と迷路を表現している。回想はまさに「現実的にして理念的なもの」になり、理念であることがそれ自体現実であるような事態として実現される。プルーストは、このように〈回想〉の構造そのものに踏み込むことによって、あらゆる〈回想の物語〉というジャンルの彼方にいってしまった。しかし時間の問いはこれで尽きてしまうわけではない。

確かに「第三の総合」によって示唆されている時間の相貌が、プルーストの探求にも含まれているのだ。ドゥルーズは、まずカントの述べた先験的な時間と空間という形式を通じて、そのことを展開している。デカルトのコギトは、「私が考える」と「私がある」をまったく無媒介に、「ゆえに」によって連結していたのだ。しかし「考える」という規定と、「ある」という無規定な事態が結び合って、「私は考える、ゆえに私はある」と言明されるためには、時間という「形式」が不可欠である（それなら空間のほうは不可欠でないのか、という問いが当然わきあがるが、時間は「内感の形式」として空間より根本的であるというカントの観点にしたがうことにする）。コギトのその飛躍を指摘したカント（『純粋理性批判』）の思考から、「ひびわれた私」などという意外な概念を引き出したのは、ドゥルーズの独創といえる。「考える私」と、「ある私」とのあいだで、私は一致することがなく引き裂かれている。あるいは、考えるのは決して私ではなく、私以外のものである。カントはランボーよりはるか以前に、詩（学）ではなく哲学において、ランボーの手紙に現れた「私とは一個の他者である」という発見にあたるものを表明した、とドゥルーズは言うのである。

こうしてドゥルーズもまた、かつてランボーが夢見たとおりの思想的怪物になっていたというべきだろうか。とにかくこの引き裂かれた自我のただなかに、「時間の空虚な形式」が介入しなければならない。こうしてはじめて、考え、かつ存在する「私」のような何かが出現するのである。ところで、「時間の外に出る」ことは追想にかかわり、記憶の本質にかかわることでもあったが、そのときすでにプルーストは「時間の空虚な形式」にあたるものに出会っているのではないか。マドレーヌの味覚を通じて、過去のイマージュと現在のイマージュが共振する。それが話者にもたらす喜び、充溢は、過去の内容からも現在の内容からも超越した次元の、つまりただ「理念」であるような現実の発見でもあったのではないだろうか。そのような発見をプルーストは、結局、芸術に託すしかなかった。芸術は、確かに感覚の精密な追想より以上のものであり、別の次元に追想を導く。そして芸術が死を超越するといっても、死を超越するとは決して死を拒否することではなく、むしろ死と親和することであり、死の超越的次元と結びあうことである。

4　タナトス

ドゥルーズの提案する「第三の総合」における「時間の空虚な形式」は、やがてフロイトの二つの重要な概念「ナルシシズム的自我」と「死の欲動」に結びつけられる。フロイトにしたがうならば、ナルシシズム的自我は、特定対象へのリビドー備給をやめ、リビドーを自我に逆流させる。もはや何も欲望しないかのような中性的リビドーが形成され、それは性を離脱したエネルギーとしてタナトスに奉仕するのである。

『失われた時を求めて』の重要人物の二人の死、アルベルチーヌの事故死と、サン＝ルーの戦死は、小説にとってじつに重大な事件なのにもかかわらず、それは奇妙に簡潔にしか語られない。話者がじかに死に立ち会ったのではなく、アルベルチーヌの訃報は、電報によってもたらされるだけだ。サン＝ルーの死については、どんなふうに知らされたかの記述さえなく、死の場面が想像で描かれることさえもない。社交界にありがちな現象として、「誰かが死んだと知ると浮き浮きする」などとも、プルーストは皮肉に書いている。こういうプルースト（の話者）の、死に対する冷ややかな姿勢には、何かが内包されていると感じる。

それらの死よりももっと濃密に描かれたのは、話者が少し異様なほど愛した祖母の死とその亡骸だった。

その髪は、わずかに白いものをまじえているだけでいままで彼女の年よりも若々しく見えていたのであった。ところがいまは、逆に、それが顔の上に老いのかんむりをおしつける唯一のものとなって、顔のほうは若がえり、そこからは、長年のあいだ苦しみが彼女につけくわえた、しわ、収縮、むくみ、ひきつれ、たるみが、消えさっていた。彼女は、はるかな昔に、両親が配偶者を選んでくれたときのように、純潔と従順の線が繊細にひかれた顔立になり、けがれのない希望に、幸福の夢に、罪のない陽気さにさえ、かがやく頬になっていた、そうした顔立や頬は、年月が徐々に破壊していったものなのであった。生命は、いましがた、ひきさがるときに、人生の幻滅をもっていってしまった。ある微笑が祖母の唇の上に浮かんでいるように見えるのであった。この喪のベッドの上に、死はすでに、中世の彫刻師のように、彼女を乙女の姿で横たえていた。

(Proust 1954, tome 2, p. 345／井上訳、(5)六二頁)

長々と引用するのは、この記述が同時に特異な時間論になっていると思うからである。死んだ老女が、死の床で乙女に変身している。これはある奇跡、聖女伝説の描写のように見えないこともない。しかし、死によって時間の破壊作用が停止したとき、祖母は老いることをやめたというのである。つまり老いは、ただ生命に属するのだ。生きるものだけが、襞を重ね、グロテスクな細部さえも増殖させて生き続けるのだ。死の瞬間には、「失われた時」（乙女）と「見出された時」（老女）の一致が起きたのである。この一致は時間を超越しているが、それは時間の作用がもたらしたものであり、時間の本質に属している。

おそらくプルーストにとって、死は決定的な終わりではなく、もはやドラマではなかった。たとえば不眠や嫉妬のほうが、はるかにドラマであった。死は乗り越えられるべきものではなく、むしろ親和すべきものだった。そうだとすれば、とりわけ『失われた時を求めて』を書く過程で、プルースト自身のリビドーも対象を失って逆流し、彼自身のタナトスに奉仕するようになったのかもしれない。たぶんそれが「時間の外」ということの最終的な意味であった。

誰も、特に若い読者なら、そんなことを読みたいと思って『見出された時』まで読み進みはしないだろう。華やかで、魅力的で、才気にみちていた人物たちが、みんな老いて、「今ではぼろ切れ同然」の人物に変身してしまい、しばしば識別不可能なほどである。数十頁にわたって怪物たちのパレードが描かれる。それはただ時間が、時間の破壊作用が生み出した怪物たちである。年老いても、まったく変わらず美しい女たちはといえば、時間を拒絶する別の怪物なのだ。

プルーストは老いたヒロインとヒーローたちをめぐって、あいかわらず時間論を続ける。

それは過去を現在から引き離すものだった。いやそれ以上に、現在と過去のあいだにある関係だった。この午後の集い《マチネー》は、かつてのぞき眼鏡と呼ばれたようなものだったが、しかしそれは長い歳月ののぞき眼鏡だった。すなわち一瞬の光景ではなくて、形をゆがめる〈時〉の遠近法のなかに位置づけられた人間の光景であった。(ibid., tome 3, p. 925／鈴木訳、⒀三二一頁)

これはしかも最終的な時間論であり、その結論であり、話者の人生の時間はもう残り少ないが、彼が書くべき書物を書くためには、この〈老いの時間〉の発見さえも確かに必要だった。つまり「その本の素材を、本当に充実した印象、つまり時間の外にある印象だけで構成するわけにはいかないだろう」(ibid., tome 3, p. 932／鈴木訳、⒀四五―四六頁。傍点引用者)。それだけでなく「人間や社会や国がそのなかにひたされて変化してゆく時間に関係した真実」もまた重要なのだ。これらの怪物たちはまさにすべてを変形し偽装し断絶する時間の、外ではなく内に生きているのだ。

このグロテスクなパレードを描きながら、老いた人物たちを一人一人注視し、残酷なほど精密な肖像をプルーストは書き続けている。彼らはあくまでも時間の肖像として話者を引きつけ、時間をめぐる書物のほうに話者を導いていくのだ。

巨大なうねりが、同じ怒り、同じ悲しみ、同じ勇敢さ、同じ奇癖を押し上げるのが感じられた。何人かずついっしょにとらえられた同一シリーズのそれぞれの部分が、次々とスクリーンに映し出される影のように、同じ光景を繰り返すことになる。(ibid., tome 3, p. 944／鈴木訳、⒀五八頁)

ここには時間の映画を思わせる記述さえ含まれている。もはや時間は生の形式でも条件でもなく、時間としての生そのものが映画の内容である。

怪物たちの記述は次のような女性の記述においてきわまる。

女たちは、過去の自分の最も個性的な魅力にしがみついていたが、彼女たちの顔を作っている新たな素材は、多くの場合もうそれに適していなかった。顔の地質学においてこのような変動が完成するまでには、どれほどの紀《ペリオド》が流れねばならなかったであろうか。それを考えるにつけても、鼻に沿った部分がすっかり侵蝕され、頬のまわりには巨大な沖積土がたまって、うす汚れたしつこい塊で顔全体をとりまいているのを見て、人はぞっとするのだった。(ibid., tome 3, p. 946／鈴木訳、⒀七二頁)

話者は、かつて注目を集めた華やかな人物たちの〈老醜〉に、ただ絶望したり、それを皮肉ったりしているのではない。彼はただ大地も人間も顔も変形させる時の（地質学的）作用に驚いて、むしろそれに魅入られているのだ。八〇歳をすぎたゲルマント公爵は、ただ時の作用によって高みに達している。つまり時の作用によって、公爵は竹馬に乗ったように、眩暈がする高さに押し上げられ、ふらつきながら、やがてその高みから落下するまで、さらに押し上げられるのだ。話者がこれから書こうという書物が、そういう時間の寓話で終わっていることは、奇妙でもあり感動的でもある。それは、ひとつの書物のなかに、その書物を書く過程そのものが書き込まれるという入れ子状（mise en abyme）より以上のことを示している。

習慣と回想という、それ自体限りなく入り組んだ時間と反復の様相は、もちろんプルーストの作品にとって第一の探求の課題である。しかしそれがもうひとつの異次元をもつことを、『見出された時』の時間論は、時間の内と外のトポロジーとして証明し、達成するのである。そこには確かに時間の中枢として、タナトスが周到に織り込まれていた。

フロイトの「死の欲動」は、生の原理としての快感原則（快原理）に逆行するものだから、もちろん否定、対立のニュアンスが濃く含まれている。プルーストのタナトスは、はるかに緩やかで、微細で、中性的で、凡庸で、たえまなく、生の中心そのものに浸透している。人はそれを知らずに老いることなどできない。しかしプルーストは、それをフロイトのように「原理」などとして認識したのではない。タナトスは、生と欲動にとっての原理などではなく、そこに原理などない。そして祖母の死の記述において、タナトスはそこでもまた「時間の外」として、奇跡のようなイメージを出現させている。タナトスはここで、ただ「時間の外」であり、形而上学的な原理ではない。

5　もうひとつの時間の裂け目

もちろん時間の「外」は、人が時間の「内」にあるからこそ、はじめて意味をもつのだ。人はその両方を生きることができる。この両義性にこそ、時間の「真実」はある、というべきだろうか。そしてプルーストは、確かに誰よりもしたたかに、反復の異なる相貌（習慣、追憶、タナトス……）が総体として浮かび上がるまで、反復を反復しつつ再発見するようなおびただしい持続と実践に挑むことになった。私はドゥルーズが定義した三つの反復を思い出しながら、『失われた時を求めて』の反復を仮説的に読み解こうとしたが、ドゥルーズが単純な反復から複雑な反復へと進むように定義していたのに比べると、プルーストの反復はどれをとっても、すでに単純な機械的反復ではない。習慣はすでに死という障壁とともにあり、無数の連続、不連続をともなう反復であってそれ自体が奇跡のようなものだ。ここまで反復の錯綜する構成を見極めたプルーストにとって、未来はその中に吸収されてしまう。残された未来とは、もはやゲルマント公爵の確実な死や、話者が書かなければならない大作の執筆だけであるが、それもほとんど終わりつつあり、執筆自体が、これから始まること、そしてすでに終わったこととして、やはり反復の時間の中にある。つまりプルーストは、未来について語る語彙を少しも持たなかったようなのだ（ベンヤミンの「歴史の天使」も過去の廃墟をみつめ、死者を蘇らせ、破壊されたものを復元しようとしながら、ただ「進歩」という強風によって未来へと後ずさりせざるをえなかったのだ）。

思考する人間は、まさに思考することによって、時間による規定を受け付けず、過去と未来の間にありながら時間の裂け目に生きる。ハンナ・アレントはこんなことを書きながら、やはり「時間の外」について語っているのだ。

この時間の裂け目は精神の領域といってもさしつかえない。あるいはむしろ思考によって踏みならされた道といえよう。思考の活動様式は死すべき人間が住まう時間の空間のなかにこの非時間《ノン・タイム》の小径を踏み固める。〔…〕人間の存在は無限の過去と無限の未来の間に立ち現われるものであるゆえ、新たに到来する人間一人一人が、この非時間の空間をあらためて発見し着実な足取りで踏みならさねばならない。（アーレント　一九九四b、一四―一五頁）

もちろんこの「非時間の空間」とは、アレントのいう公共性の空間と異なるものではなく、「始まりの始まり」という試みの場所のことでもある。ところでアレントはこれを語るためにまずカフカの手記を引用し、それをまさに時間の寓話として読みこんでいる。

彼は、ふたりの敵をかかえている。第一の敵は、うしろから、彼が出てきた原点のほうから彼を圧迫する。第二の敵は、彼の行くてに立ちふさがる。彼は、このふたりの敵と戦わねばならない。ほんとうは、第二の敵と戦っているときは、第一の敵が尻押しをしてくれるはずである。というのは、第一の敵は、彼をまえのほうに押そうとするからである。おなじように、第一の敵と戦うときは、第二の敵が助けてくれるはずである。第二の敵は、彼をうしろへ押しかえすからである。（カフカ　一九八一、二三九頁）

まったくカフカらしいダブルバインド（二重拘束）のエピソードである。

アレントは「第一の敵」を「過去」とみなし、「第二の敵」を「未来」とみなしながら、この断片をカフカの時間論と理解して彼女の時間論を始めるのである。このときカフカの夢で肝要なのは、二人の敵を出し抜いて、「戦線から抜けだし、これまでの戦いの経験を生かして、たがいに争うふたりの敵どもの審判官をつとめること」である。これはアレントにとって、まさに過去と未来の裂け目に位置し、非時間の空間に、つまり時間の外に立つことにほかならない。カフカはその裂け目に立つことを夢見て、果てしない格闘を続けるが、そこを公共空間のようなものとして構想することも実現することもできない。

アレントは、このエピソードをかなり強引に〈時間論〉として解釈したが、確かにカフカのダブルバインドは、時間に関するものでもあったにちがいない。ユダヤ人の家族、伝統、共同体は、カフカにとって終始重たい過去であり、カフカの時代の未来には暗雲がたちこめ、悪魔が戸を叩く兆しに囲まれていた。しかしアレントの問題は、必ずしもそのような歴史的文脈にかかわることではない。彼女はここでも、そして『精神の生活』でも、直交する矢印として未来と過去を描き、その交点から対角線として伸びるもうひとつの矢印を描いた図をかかげている（アーレント 一九九四a、(上)二四〇頁）。それぞれが無限の矢印であり、この対角線は「現在」ではなく、むしろ「思考の流れ」を示している。

過去と未来の裂け目は、現在であり、瞬間であるにちがいないが、それ以上にこのベクトルは、思考の流れであり、永遠の矢である。そして時間の裂け目が「思考」であり、「思考の流れ」であることは、おそらくカントからドゥルーズが受けとった「空虚な形式」にもかかわるのだ。

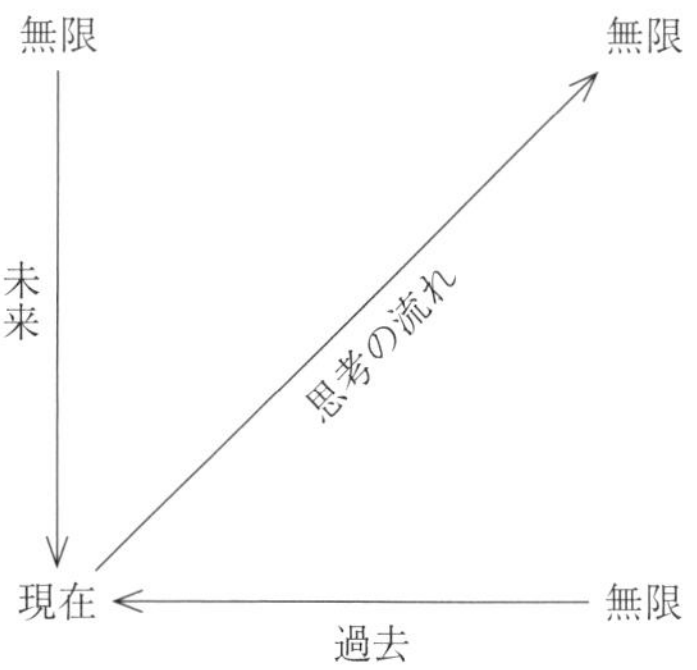

時間は、ア・プリオリな形式として、はじめて現象の外で、思考とともに流れるようになるからだ。そして瞬間とは、裂け目であり、凝縮でもあるかぎり、それは同時に永遠でもある。アレントは、瞬間と永遠が重なり合うこと自体が「永遠回帰」であると、ハイデガーのニーチェ講義まで引用して書いている（同書、二三五頁）。

「時間の外」、時間という「空虚な形式」が、ここでは少し別の観点から問題化されている。すでに現在という瞬間が、時間の外、現象の外であり、裂け目であるといわれている。アレントにとって、決してそれは単に空虚ではなく、それこそが思考の可能性であり、公共空間の創設の可能性である。それならタナトスを中心に織り込むようになった別のドゥルーズ的、プルースト的時間論は、それの対極にあるものだろうか。この両極を、むしろ時間論の大いなる可能性として受けとってもいいと思う。

プルースト、ベンヤミン、カフカ、アレントたちの記した、それぞれに破局的な時間の体験において、時間は引き裂かれ、逆流し、循環し、散乱する。そのような時間に折り込まれたタナトスと空虚に、芸術だけでなく、政治さえも対面しなければならなかったのだ。フロイトが少々性急に提案した「死の欲動」が、彼の説明するように「有機体」が「無機物」に回帰しようとする傾向であることを認めるかどうかは別にして、時間の外で、有機的時間は非有機化されている。この「外」において、有機性に包括されるかのような時間は無機化され、あるいはむしろ非有機化される。「時間の外」は、有機性の断絶や停止や間隙を意味する。この非有機化は、思考の生、身体の生ばかりか、芸術や政治における生さえも巻きこみ、触発することになる。様々な非有機化の経験と実験について、その事例について考え続けなければならない。

第七章　反〈生政治学〉的考察

1　黙示録的な一文

『知への意志』の中にフーコーが書き記したあの一文（「死なせるか生きるままにしておくという古い権利に代わって、生きさせるか死の中へ廃棄するという権力が現われた、と言ってもよい」（フーコー 一九八六、一七五頁））がもたらした奇妙な衝撃を振り返ってみなければならない。「と言ってもよい（on pourrait dire）」と仮説であるかのように彼が述べたのは、この発言の含むあまりにも重大で剣呑な内容が理由だったのか。いずれにしても、それは十分に不吉な死の告知を含んでいた。ただ「死なせる」のではなく「死のなかへ廃棄する」という二重に残酷な死をせまる権力は、もはや決して偶然でも例外でもなく、新しい権力の常態であり原則でもあるかのように指摘された。

フーコーは「権利（droit）」と「権力（pouvoir）」という言葉の意味を、ここでそれほど厳密に定義していない。それにしても、死なせる権利とは「君主」の権利であったが、「生きさせる」権力とは、もはや特定の人格に属するのではなく、政府や行政などの諸機関によって分節され、むしろ匿名の権力として分散され、国民、住民の生命に対する管理、統制、調整を、従来よりもはるかに綿密に実践するようになることを強調したのだ。

かつて君主は、目に見える、あからさまな力を行使して人を殺すことができた。そのように明白で無慈悲な暴力を克服したかに見える近代の社会が、他方では原理的に、より残酷に、陰険に生命を抹殺しうるということ、実際に抹殺してきたことを、フーコーは同時に指摘したのである。それは権力が決して避けることができないばかりか、むしろその中枢の原理として働くアポリアをまっすぐに指示していたのだ。

「大量虐殺は死活の問題となる」、戦争の決定は「生き残れるかどうかというむき出しな問いをめぐってなされるようになる」、「核兵器下の状況は、今日、このプロセスの到達点に位する」、「一種の生物学的危険であるような人間だからこそ、合法的に殺し得る」（同書、一七三―一七五頁）。フーコーは数頁にわたり、このように暗黒の世紀の到来を告げる黙示録的記述を素早く展開している。そしてナチズムの「優生学的再編成」、また「人間が記憶しうる最大の虐殺」についても語ったのだ。

ところがフーコーが「生政治」、「生権力」と呼ぶものは、厳密には西洋の一八世紀中葉に出現したものとされ、「種である身体、生物の力学に貫かれ、生物学的プロセスの支えとなる身体」（同書、一七六頁）がその焦点になっている。また生物学的プロセスとは、「繁殖や誕生、死亡率、健康の水準、寿命、長寿」（同頁）であり、それらを変化させる様々な条件である、とフーコーは説明している。「生政治」は、以前に彼が『監獄の誕生』で精密に研究したような身体をめぐる調教、規律のシステムと連動して、もはや君主の権利としても、あらゆる主権や法権利の形態によっても説明のつかない新たな権力の網目を世界にひろげていくのである。

そして『知への意志』は『性の歴史』第一巻として書かれたのだから、まさに生の政治は、性の政治として、身体の調教・規律という側面と、生殖を行う生物学的人間に対する統制・管理というもう一つの側面を連動させることになる。「性」の活動も、有機体としての人間にじかに介入しうる知や技術をともなう新しい権力の対象となった。「性」を、あいかわらず法による取り締まりや検閲や道徳的禁忌、そして〈抑圧〉の対象として考えていては、新しい生権力そのものに深く浸透され、これに組み込まれた生と性の状況をとらえそこねてしまうことになる。

フーコーは、まさにこのことに力点をおいて『知への意志』をしめくくったので、むしろこの本をめぐる議論もしばしば、性ははたして抑圧されているのか、いないのか、をめぐることになった。欲望や性的自由の抑圧は長い間、政治的な争点であるばかりでなく、精神分析にとっても争点となってきたのだから、フーコーは、「抑圧」の概念自体も問いながら、ここでも大胆な発想の転換をうながしていた。

さらに、この本のもう一つの重要な論点は、生と性をめぐる権力は、強大な、目に見える中心によって作動するのではなく、微細な、いたるところに分散した、無数の点を通じて、内在的に作動するということであった。この権力は、一定の中心に局在して作動するものではないため、もはや支配者と被支配者を截然と分割することができない。この提案に関しても、もし権力がそのように非集権的で、ほとんど実体性も可視性も欠くならば、反権力の戦いはもはや不可能ではないのか、という疑問も抗議もやってきた（「権力は至る所にある。すべてを統轄するからではない、至る所から生じるからである」（同書、一二〇頁））。

こうしてフーコーが、少し黙示録的な口調で素早く語った「生政治学」のほうは、『知への意志』が刊行された当時は、それほど議論をまきおこさなかったように思う。しかし「生きさせるか死の中へ廃棄するという権力」という恐ろしい指摘は、私の頭の中で落ち着きが悪く宙ぶらりになったまま、不気味な印象を放ち続けた。フーコーはきわめて厳密な書き手であるが、「人間の終焉」という挑発的な宣告を含むあの主著（『言葉と物』）もあって、決して黙示録的発言をみずからに禁じてきたわけではない。「人間の終焉」とは、厳密に、西洋の「言説」の編成が、どのように「人間」という観念を作りだし変更してきたかという考察の一結論であり、それ以上のことを意味していたわけではない。しかしそれがどれほど限定された問題系の中で厳密に述べられたことであっても、「人間」に関するある「言説」の終焉とは、そのまま「人間の終わり」という黙示録的な意味をもちうる。

フーコーは十分に真摯であり狡猾であり、挑発的でもあり、みごとに挑発に成功した。言説の編成に関する厳密な分析とともに「人間の終わり」について語ったからこそ、それは思想史上の事件になりえた。そして「生政治学」もまた「人間の終焉」に劣らず黙示録的な示唆だったのだ。死なされるのではなく、生きさせられる人間とは、『言葉と物』において、労働によって生産し、言語を分節し、有機的な生を営む生物として見出された「人間」のことでもあったにちがいない。そのような生物の生として見出された人間は、もはや「生殺与奪」の権をもつ支配者の前に現れていた「死なされる」人間ではない。それが人間の生を尊重するヒューマニズムのようなものの嚆矢であったかどうかは明らかではない。むしろ人間の生の統治と権力の目標が、生殖から死にまでいたる人間の有機的生にむかって特化されるようになること、この変化は確かに「人間」を発見した「エピステーメー」に連鎖していたものにちがいない。ヒューマニズムや「人権」をめぐる思想や倫理は、もはや「人間」の観念の出現や、「生政治」の強制力を視野に入れずに考えることはできないのだ。

これもまた西洋近代のある時点に位置づけられる歴史的、制度的な権力機構の精緻な考察に発した提案であったとしても、フーコーは瞬く間に、数頁で、二〇世紀の強制収容所や核兵器の危機にまで

「生政治」の定義を拡張している。未曽有の規模で冷酷な死をもたらす「生政治」論は、もうひとつの「人間の終焉」論でもあった。そして「死の中へ廃棄する」という「生政治学」の可能性が、まさに暴発するようにして現実化するのが、二〇世紀の戦争と収容所であったとすれば、フーコーはその兆候をすでに数世紀前の西洋に発見し、この世界の体制がますます生政治的なものになっていくことを、控えめながら暗示していたことになる。

環境破壊や人口の爆発的増加がまだ地球的規模の脅威となる前に、すでに「生政治」によって、人間は危機的状況を着々と作り上げてきた、と言ってもよい。そして厳密には、環境と人口に対してさえ、すでに「生政治」は様々な作用を及ぼしてきたにちがいない。生と死の権力をめぐるフーコーの図式はきわめて簡潔で、簡潔なだけに衝撃的なのだが、綿密な論証を欠いている。しかしそれはとにかく果てしないスケールにわたる深刻な問題提起だったのである。

2　政治の課題とは生命ではない？

フーコーはハンナ・アレントの書物にわずかしか触れていないが、私の頭のなかで「生政治学」は、アレントが問うた政治と生命という問題に連鎖するのだ。よく知られているようにアレントの政治学は「公共性」の概念と一体であり、「公共性」とはどこまでも複数性を尊重し、異なる意見を闘わせる自由のことでもある。そのような「公共性」と、これを創出し持続する「活動」が、彼女にとってそのまま政治の内容とみなされていた。こうして「公共性」という理想を、何か絶対的なもの、果てしないものとして、一途に追い続けたように見えるが、しばしば彼女の批判的思索は、「公共性」を単なる理念や政策に貶めてしまう現実の政治的過程にむけられていた。そして「公共性」の創出それ自体を目標とするかのような政治は、歴史の様々な過程で実現されていたと彼女は考えたのである。そのような政治の前に、まさに大きな危険としてたちはだかるのは、いつも「生命の危機」という事態なのだ。アレントは端的にこう書いている。

「もし、政治とは残念ながら人類の生存維持のために必要なものにすぎないということが本当だとすれば、実際には政治は自らを抹消してしまうことになる」（アーレント 二〇〇四、二二頁）。アレントにとって現代世界が手に入れた「絶滅戦争」の可能性を前にした政治とは、もはや政治の基本的要件（公共性、自由）を欠いている。

ここで問題となっているのは、ただ単に自由だけではなくて、生命であり、人間やひょっとしたらこの世での生命体全体がさらに生き続けられるかどうかということでもある。ここから生まれてくる問題はすべての政治を危うくするものであり、現代の条件の下では、政治と生命の維持とは相互に調和するということが疑わしく見えてくる。（同書、二二頁）

こういう思考にとっては、まさに「生政治学」という言葉自体がナンセンスで、そもそも成立しえないだろう。アレントにとって政治は、生命の維持（生きさせること）にじかにかかわる活動ではなく、まったく別の次元にあるからである。しかしアレントはただ生政治学的問題が出現する前の、古典的政治（学）に執着していたわけではない。政治はすなわち統治ではなく、生命維持をはかる体制でもないといい続けながら、アレントはひたすら構成的次元の政治に着目し続けた。この政治にとって究極的な敵（反対物）として「全体主義」の歴史を詳細に研究する書物を書いた。さらに晩年には、公共性の思考をカントの第三批判（『判断力批判』）の美学的判断に照らし合わせて深めようとしたのである。

こんなふうに「生政治学」を、アレントの公共性の政治学と照らし合わせることによって、何が見えてくるだろうか。生政治は、生命を配慮し統制する政治として出現するが、このとき「生命」も「政治」も新たな様相を帯びることになり、この二つの間に新たな関係が結ばれたにちがいない。アレントは「生命」を目標とするような「政治」そのものに力強い否定を向け、ギリシアのポリスやアメリカの独立革命を再評価し、そこに実現された公共性の政治を理想化するかのように語ったが、ただ回顧的にではなく、新たに実現し構成すべき政治としてもそれを語ったのである。人間の生命活動は、動物のそれと異なって、意識され意欲された生命活動であり、それはマルクスの言う「類的存在」としての自由な活動である。アレントにとって、政治はそのような意味の「生命活動」であり、フーコーの言う「生政治」の標的となった生命活動ではない。しかし生物としての人間の発見はすでにそのような両面をもっていた。アレントの政治学は、フーコーの生政治学の対極にあるしかなかった。

二人の提案を受けて、私たちは改めて、今日の世界で政治は、生命とどう向き合い、生命をどのように扱い、操作しているのか、と問うことができる。そして、この世界で政治は何をするのか問い直すことになる。政治が生命を配慮するのは当然のことであり、他の何にも代えがたい絶対の目標でなければならないと思われるが、それは政治にとって必ずしも自明なことではない。おそらく政治はもはや過去のような意味の政治ではなくなっているが、それでも同じ〈政治〉という言葉があいかわらず使われている。ある時代から、とりわけ生命を配慮することになったといわれる政治は、いったいどう変化し、何を実現し、何を実現できずにきたのか。アレントの批判は単に〈政治は何を失ったか〉ではなく、生政治以前の、あるいは生政治以上の政治を見据えながら、生政治に巻き込まれてきた政治を再考するための示唆として読むことができる。

そしてフーコーの「生きさせるか死の中へ廃棄するという権力」という定式には、ある根本的な断絶が含まれていることにも注意しなければならない。一八世紀中葉に出現して「繁殖や誕生、死亡率、健康の水準、寿命、長寿」などを綿密に配慮するようになる「生きさせる」権力が、なぜ、どのようにして「死の中へ廃棄するという権力」にもなりうるのか、生の権力が、どのように「死の権力」に変容しうるのか、そのことについても実はフーコーはそれほど説得的に書いてはいないのだ。

絶滅戦争の可能性とともにあり、絶滅か否かという選択に専心するような政治について、アレントだけでなくフーコーも、絶滅収容所と核兵器について触れながら問題にした。そして環境破壊や人口爆発は、生死にかかわるもうひとつの政治の課題を、明白につきつけるようになっている。これらはどれも生政治学的問題であり、また少なからず生政治的な変化が生み出した結果でもあるにちがいない。しかしそれらをただ黙示録的なヴィジョンに溶解させてしまうのではなく、それぞれ別の次元、別のレベルの問題として再考したうえで、それらの脈絡をとらえなおすことが必要にちがいない。「生政治」という言葉がかなり衝撃的であったために、それぞれに解きほぐして固有のレベルで考えるべき異なる問いが、こぞってそこに雪崩れこんでいったのではないか。

それにしても「黙示録」は、いたるところに、映画の中にも、哲学の中にも、とりわけ政治の中にも繰り返しめぐってくる。

3　生政治か、構成的政治か

そして生命と政治の脈絡に、たとえ絶滅戦争ではないとしても、戦争というファクターが介入することによって問いはたちまち錯綜する。いずれにしても戦争は、生命よりも上位にある価値を前提とする。敵の生命は抹殺してもかまわない最低の価値しかもたない。脅かされている自国民の生命を救うことが戦争の理由であっても、そのために自国民（の一部）も犠牲になることは戦争の前提であり、このときあくまで尊重されるのは、国民よりも国家なのだ。ヴァルター・ベンヤミンは「暴力批判論」で、政治的暴力をめぐるアポリアについて書いている。「人間」とは人間の生命とも、人格とも一致するものではないと断りながら、人間の生が尊いという「ドグマ」は決して自明のものではなく、それがどこから来たかを問わねばならない、と彼は提案している（ベンヤミン 一九九四ａ、六二―六三頁）。

しかしそれ以上深くこの「ドグマ」の由来を追究することよりも、ベンヤミンの関心は、法とともにある暴力の両義性に向かった。法を維持するための、法に規定され規制される暴力（たとえば警察）は、法の外にあって法の規制を受けることなく、むしろ法を措定する暴力（たとえば革命）と、しばしば区別しがたい。そういう不分明な暴力の状況では、人間の生命もまったく無防備な状態に、つまり法的秩序の周縁におかれることになる。文学、言語、メディアを犀利に批評する新しい唯物論を展開したベンヤミンの思考の根底に、構成的な政治あるいは政治の構成的次元について、これほど鋭敏な問いがあったことは忘れがたい。

ナチズムの出現した時代に「構成的権力」をめぐって、このような目覚ましい思考があらわれたのは決して偶然ではない。「生政治（学）」という言葉を必ずしも使わないとしても、この言葉で指示されたような政治の転換は、生産や交通や金融の革新を通じて加速された資本主義と連動して世界を大きく揺さぶり、そのような構成的次元の政治への思考をうながすことにもなった。ベンヤミンの暴力論も、ハンナ・アレントの「公共性」の政治学も、そしてカール・シュミットの「例外状態」の政治学も、そういう歴史的動揺に対する敏感な反応だったし、ハイデガーの存在論さえもそれと無縁ではなく、存在者の構成的次元に深く下降しようとする試みだったと言える。

「例外は通常の事例よりも興味深い」、「例外状況は法律学にとって、神学にとっての奇蹟と類似の意味をもつ」。そういう挑発的な文章を書くことのできたシュミットは、やはり政治の「構成的次元」に深く下降し、ときには倒錯的な神学に似た議論を展開している。

> 具体的生活の哲学こそまさに、例外とか極端な事例とかに対してしりごみすることは許されないのであって、最高度にそれに関心を寄せるべきである。具体的生活の哲学にとっては、通例よりも例外の方が重要でありうる。しかもこれは、逆説をこのむロマンチックな皮肉でなく、平均的にくり返される事例の明白な一般化以上に深部に食い入ろうとする洞察がもつ、徹底したきまじめさからの発言なのである。（シュミット　一九七一、二三頁）

こう書いた彼は確かに大まじめに法的思考の極限で思考したのだろう。しかし「例外は通例を裏づけるばかりか、通例はそもそも例外によってのみ生きる。例外においてこそ、現実生活の力が、くり返しとして硬直した習慣的なものの殻を突き破るのである」（同頁）とまで結論する法学者は、一個人の資質を超えて、「例外的な」時代の例外的な政治的圧力に、じつに敏感に反応していた。おそらくシュミットだけに属するものではないこのような思考形態が、ナチズムの推進力にもなったにちがいない。

構成的次元における政治という問いは、シュミットの場合のように例外状態に対する強い関心をもたらし、一方ではハンナ・アレントが続けたような、公共性の創出を焦点とする思考をもたらした。そしてこれらは、おそらく共通の背景をもちながらも、まったく対極的な思想を形成したように見える。

一見したところフーコーのいう「生政治学」は、そのような「構成的次元」にかかわるものではない。しかしフーコーはとりわけ政治的実践に関しては、〈代表〉や〈表象〉に導かれる政治をたえず批判して、政党政治からもマルクス主義からも距離をとろうとした。すでに精神科病院や監獄の発生について精密な歴史学的研究をしたこと自体が、少なくとも別の政治を提案していたのだ。『知への意志』では、まさに生政治学に対して「抵抗する力」について、わずかにではあるが印象的な記述を残している。

要求され、目標の役割を果すものは、根源的な欲求であり人間の具体的な本質として、彼の潜在的な力の成就であり可能なものの充満として了解された生である。それがユートピアであるかないかはさして問題ではない。そこには極めて現実的な闘争のプロセスがある。政治的対象としての生は、ある意味では文字通りに受け取られて、それを管理しようと企てていたシステムに逆らうべく逆転させせられるのだ。権利よりも遥かに生のほうが、その時、政治的闘争の賭金＝目的となったのであり、それはこの闘争が権利の確立を通じて主張されたとしても変わりはない。（フーコー 一九八六、一八三頁）

フーコーにとっては少なくとも、この生政治学的争点をめぐって、新たな政治と抵抗が構成されつつあり、されるべきであり、そこにもまた、一つの構成的な次元が出現しうるということだっただろう。

そしてその後に「勇気をもって真理について語ること」（パレーシア）を通じて、あるいは「自己への配慮」としてフーコーが追求したのは、アレントのようにでも、シュミットのようにでもないやり方で、政治以前の、政治を構成しうる次元をどのように思考するかという課題だったのだ。ただ自己を配慮すること、自己とどのように関係するかという問いさえ、決して制度や道徳を自明の所与とはみなさずに、それらの外部で、自立的に、どのような自己を構成するかという問いとともにあった。「生政治学」という問いに、みずからは、さして精密な答えを与えることがないまま、彼はただこの問いを控えめに、しかし挑発的に提起した。その問いは十分挑発的に伝わっていった。フーコーは短い晩年に、ギリシア、ローマの文献に分け入り、遠い時空から、答えには見えない答えを示唆し続けた。あたかも「生政治学」というような問題など、もう忘れてしまったかのようだったが、そのようにしてフーコーは粘り強く考え続けたのだと思う。

4　生政治のシニシズム、例外の常態化

もうひとつここに今日の生政治学的状況について、かなり断定的に、絶望的宣言のように書かれた言葉がある。

我々の政治は今日、生以外の価値を知らない。（ジョルジョ・アガンベン『ホモ・サケル』）（アガンベン 二〇〇三、一九頁）

生政治は、もはや政治の一部をなすものでも未来の兆候でもなく、ましてただ政治にとって例外的な事態ではなく、むしろ全面化したという指摘である。アガンベンは確かにフーコーから「生政治」という問題を受けとったにちがいないが、彼の思考のモチーフはむしろカール・シュミットに親和的であるようだ。「例外状態」への理論的パッションのようなものが、アガンベンの思考を牽引していたように見える。そして例外はただ規則の外部に締め出されるのではなく、締め出されながらも内部に包摂される、という。そのように「不分明な」領域にある人間は「ホモ・サケル」（聖なる人間）と呼ばれる。

アガンベンはホモ・サケルの例をわずかしかあげていない。古代ローマにおいて「境界石」を掘り起こしたもの、親に暴力をふるう子、客人を不正にあつかう主人……。そのような罪を犯したものは

「聖なる人」と呼ばれ、こういう人物は殺害可能だが、犠牲に捧げることはできないという異常な状況におかれた（同書、一二三頁）。彼は例外状態におかれ、生きながら死んでいる。そういう不分明な状況においやられる。このような状況におかれた人間をアガンベンは「剝き出しの人間」と呼んでいる。一体誰がこんな例外状態に人をおいやるのか。それこそが「主権」とよぶべきものであり、「主権」はまさにこのような例外状態を生み出す能力であり、また例外状態を必要とすると考えられる。

確かに主権は、憲法を制定し政体を決定するという意味では、その憲法や政体の外部にあり、同時にそれらに規定されるという意味では内部にある。アガンベンは、そのような意味で、主権と、それに裁かれるホモ・サケルは「同型的」であるという。しかし構成的権力である主権と、権力から排除される人間は、決して同じ立場にたつとみなすことはできないのではないか。

ホモ・サケルは、さらに別の形でも存在する。彼らは犯罪者というよりはヒーローに似ているのだが、「闘いの前に自分を死者の神々に荘厳に献じたが戦死しなかった者」（同書、一三七頁）である（彼らはデヴォトゥス（devotus）と呼ばれる）。出陣する前にみずからを犠牲に捧げたこの人間は、もはや生還しても、世俗に属することができない。「その生とは、世俗的な生の形式のもつ現実の文脈からも宗教的な生の形式のもつ現実の文脈からも二重の排除において引き離され、もはや死との深い共生に入りこんだということによってしか定義づけられず、とはいえまだ死者の世界には属していない、という生である」（同書、一四三頁）。

こうしてホモ・サケルとデヴォトゥス、そして〈主権〉に、同型的なもの、同じ排他的包含の論理を認めて、アガンベンは一気に黙示録的結論を与えるのだ。「今日我々が目にしているのは事実、生そのものが先例のない暴力へと露出されているということである」（同書、一六〇頁）、「ホモ・サケルという形であらかじめ規定することのできる形象が今日もはや存在しないのは、我々が皆、潜在的にはホモ・サケルであるからかもしれない」（同書、一六一―一六二頁）。それは例外が常態化して、もはや例外と通例との区別が不可能になった世界である。

確かにこの例外状態の政治学は、今日私たちの生が、どのように政治に包摂され防衛され、どのように排除され遺棄されているかを考えさせる。またそのように生を囲い込む政治が、どこからやってきたかも考えさせる。その意味で注意深く検討してみる気にさせる指摘なのだ。ところがアガンベンのホモ・サケルの研究は具体的な事例に乏しく、また事例の分析にあまりふみこまず、おおむね図式的にしか記述されていない、という印象を与える。アガンベンの関心は、あらかじめ抽象化した図式のほうにあって、彼のあつかう「例外状態」そのものに決して例外や多様性を認めたくないかのようだ。

5　日本のホモ・サケル

残酷な戦争を生きのびて帰還した人間は、ただそれだけが理由で、例外的で、不分明な状態におかれることになる。たとえば第二次世界大戦後には、日本にさえもたくさんのホモ・サケルたちが実在したのだ。五十嵐惠邦『敗戦と戦後のあいだで――遅れて帰りし者たち』は、まさに日本の戦後に生きられた「例外状態」を通じて、戦争から戦後へと屈折した歴史的時間を照らしだす書物である。五十嵐は「生政治学」にも「ホモ・サケル」にも触れていないが、この本は確かに「生政治」の巨大な一ケースとして日本の戦争と戦後を再考するという課題を示唆し、すでにそのことを実践してもいる。

戦時に敵の捕虜となり、収容所での長い苛酷な生活のあともどってきた人間は、いわば「生きた英霊」であり、まさに犠牲に捧げられたあと生きのびてしまったのだ。あるいは戦闘中に軍の指揮を離れて孤立状態にあった兵が、敗戦を知らないまま、または知らされても信じないまま、ジャングルにこもり仮想敵と戦い続けた（横井庄一、小野田寛郎の例）。日本の戦後に現れた〈ホモ・サケル〉は、戦後にひとたび抑圧され中和されてしまったナショナリズムを新たに甦らせるために格好のヒーローとなった。ところが小野田に少し遅れて帰還した「最後の日本兵」中村輝夫は台湾の人であり、日本にもどったときはもはや日本国籍ではなく台湾に所属した。中村は、こうして例外的な戦後を生きのび、また帰還しても旧植民地の兵として二重に例外状態におかれ、台湾の故郷にもどり、それほどセンセーショナルな話題になることもなく四年半後に病死した。中村はしかも台湾においても高砂族というマイノリティの出身で、台湾国語を話さなかった。

五十嵐は、ソ連・シベリアの収容所に抑留されたのち帰還した人々についても書いている。とりわけ詩人石原吉郎の抑留と帰国後の生涯に頁を割いている。抑留者もまた何重にも例外状態を生きることになった。まず例外的に苛酷な抑留と強制労働であり、一〇万といわれるおびただしい死者の間で生きのびて故郷に帰るという例外的体験であり、日本にもどっても、一般に決して彼らは歓待されはしなかった。そもそも〈戦犯〉として拘束された〈例外者〉であり、ソ連に抑留されていたあいだに〈共産主義を吹き込まれた〉かもしれないし、逆に彼らがソ連の収容所の非人間性を弾劾するなら、こんどはソ連への批判を聞きたくない左翼から非難を浴びることもありえた。そのうえ極限状態で同胞たちの死者を目撃してきた抑留者は、生きのびてしまったこと自体を罪責として重くかかえることになる。こうして幾重にも重なる例外状態は、ただ帰還者を不分明な宙吊り状態におくだけでなく、彼の精神に重くのしかかり、荒廃させてしまうことがありうる。帰ってきた石原吉郎は、詩を書くことで、かろうじてそのような例外状態を生きのび、荒廃を耐え、荒廃に抗おうとしたにちがいない。

たしかに例外状態をめぐるシニシズムという問題があるのだ。例外者は例外状態をもたらす権力の客体となり、抑留者はソ連から、日本から、社会から、そしておそらく身内からも圧力を受け、挟撃され、あるいは遺棄され、しかもそのような圧力を、みずから自己の心身を苛むようにして受け止めてしまう。例外者を、あるシステムの客体（対象）とみなすことは、まさにシニカルな立場に立つことである。アガンベンは、繊細な本質的批評を展開する書き手でもあるが、生政治と例外状態について考えるときの彼の立場は、この意味でどこまでもシニカルである。

例外者となった主体が、荒廃をどう生きのびたか、いかに〈被害者〉の立場を拒んだか、五十嵐の書物は、まさにこの点に触れている。

被害者の位置に立たないことは、被害者の位置から「告発しない」という態度にほかならない。それは、自らの行動の主体を、政治的あるいは歴史的な力に解消してしまわないという決意でもある。つまり、被害者として規定された自己はより大きな力学によって生み出された、二義的な、いわば陰のような存在でしかないが、石原はそれに反して、自らの体験を政治そして歴史から切り離し、自己を行為者として再生しようとする。つまり、自らの体験は受動的、反動的なものではなく、あくまでも主体によって選ばれたものであるという立場を構築しようとしたのであ

る。（五十嵐 二〇一二、一三八頁）

例外者（ホモ・サケル）の中には、生政治のシニシズムに対抗するようにして、対抗など不可能だという絶望に属するシニシズムさえも貫通して、もうひとつのシニシズムが構成されるかもしれない。石原は、既知の日本語ではなく、外国語でも身内の言葉でもない言語を、切断し飛躍する言語を、意味の極限に詩として結晶させることになった。

アウシュヴィッツ、ラーゲリのあとにも、その体験をめぐってまだ書かれなければならない詩というものがあった。もはや詩は不可能であり、詩であるかどうかもわからないが、とにかく言語そのものに潜んでいる力の機構を引き裂き、意識のシニシズムをひび割れさせるような言葉を見出さなければならなかった。

生権力を行使する主権の「例外性」と、ホモ・サケルと呼ばれるような人間の例外状態は、ホモ・サケルが客体とみなされている間は、あたかも論理的に同型に見えるが、そのような状態を苦しみ、生きのびて死ぬ主体としてそれを見るならけっして同型的ではないのだ。そこに垣間見える〈生権力の外部の生〉について語る言葉と論理をさぐらなければならない。もはや詩と呼べるかどうかわからないが、このような生の状況に引き裂かれてもなお生きのびるための言葉が書かれてきたのだ。

そもそも政治制度と法的言語は、生命の外部にあり、生命はもともと政治の中にも法の中にも包摂されていない。このまったく自明な事態から出発して考えてみなければならない。私たちはいくつかの例外状態（の政治学）を見てきたが、そのような例外状態について語るには、政治と法が、例外ない、く生の世界を被いつくすことを前提としなければならない。そうではなくて、政治と法のほうがむしろ例外であり、まさに例外を生み出す例外的な作為であったことをシュミットもアガンベンも決して前提とはしていない。

6　生政治の客体と主体

アガンベンは、法と言語の「本質的な近さ」について書いている。

> ある語が、現勢力にあり実際に発せられた言説の審級において現実の一切片を外示できるという力を獲得するのは、その語が非外示（つまり、言葉《パロール》からはっきり区別される言語《ラング》。言説における具体的な使用から独立して存在する、語彙としての純粋な整合性としての語のこと）においても意味をもつからにほかならない。それと同じく、〔法的〕規範が個別事例を参照できるのは、規範が、主権による例外化において、純粋な潜勢力として、現勢力にある実際の参照がすべて宙吊りになったところで効力をもつからにほかならない。（アガンベン 二〇〇三、三二―三三頁）

習得された一つの言語の潜在的な全体と、様々な場面で使用される単語と意味（外示）とはまったく異なる次元にある。同じように、法についても、法が全体としてもつ強制力は、個々の事例に適用される条文とは異なる次元にある。言語も、法も、そのように潜勢力と現勢力のレベルをもつことをアガンベンは指摘している。言語の外部に（例外として）あるのは、むしろ言語が（パロールとして）

個々に使用されて指示をおこなう以前に、体系（ラング）として言語を成立させている潜勢力であり、それが法規範にとってやはり例外的である主権の潜勢力と対比されている。確かに言語は、それ自体は無意味である形式（体系）によって意味作用をもち、法もまた個々のケースに適用される以前にいわば〈命法〉の形式であることによって効力をもつ。しかし言語と法は同じ形式ではない。同じとみなし、形式とみなすことがすでにひとつの作為であり選択なのだ。この観点にとって、法はすでに言語の超越的使用という性格を備えていて、法が審判すべき権力関係をともなっている。

このように同型的に（つまり形式的に）把握された法－言語にとって、外部とはあくまで内部に包摂されるべき〈例外〉であり、アガンベンの思索は、このような〈例外性の〉トポロジーについて綿々と語りはしても、彼の生政治学は、言語についても、法についても、それぞれの場でどんな力関係が作動し、どんな抗争や抵抗が発生するかに目をむけるよりも、逃れがたい例外性の形式的論理を適用することに集中している。その考察は、力関係のなかで翻弄されて生きる主体の過程について語る言葉をもたないようなのだ。ここでも言語の外部に、言語が触知しえず、分節しえない生の次元が広がっているという自明の事実は、アガンベンにとって問題ではない。しかし実は〈例外的なもの〉の領域は、言語と法の外に果てしなく広がっているのだ。

ホモ・サケルが単にそのように閉じたシステムの対象であり効果であるだけでなく、そういうシニカルなトポロジーのなかにあっても、なおかつそれをさらに変形するトポロジーをつくりだすなら、生と政治の間には、審判し、例外とみなし、排除しつつ包摂するような力関係とは別の脈絡が発見されるのではないか。「政治的対象としての生は、ある意味では文字通りに受け取られて、それを管理しようと企てていたシステムに逆らうべく逆転させられるのだ。権利よりも遥かに生のほうが、その時、政治的闘争の賭金＝目的となった〔…〕」（フーコー 一九八六、一八三頁）とフーコーが暗示するだけにとどめた、そのような「逆転」はいたるところに発生するのではないか。
「種である身体、生物の力学に貫かれ、生物学的プロセスの支えとなる身体」（同書、一七六頁）をめぐる生政治についてフーコーが書いたことに立ち戻る必要がある。生政治を前にした生が何を経験したのか、生きる主体の側に何が起きているのかを見ることなく、ただ生政治の生み出す「例外状態」について考えているだけでは、決して解明できないことがある。むしろ恒常的な暴力と抵抗のほうに、恒常的な「例外化」に目をむけなければならない。生政治学は決して、法とともにある社会に綿々と存在してきた「例外状態」の一ケースにとどまりはしないのだ。

アガンベンは、生政治学を一気に普遍化するようにしてこう書いてもいる。

> 現代の文化にあって、あらゆる他の闘争を左右するような決定的な政治闘争こそ、人間の動物性と人間性のあいだの闘争である。すなわち、西洋の政治学は、その起源からして同時に、生政治学なのである。（アガンベン 二〇〇四、一二〇頁）

実は、生命、生物、「生きている種」として把握されるようになった人間をめぐる政治について、そのような政治に包囲された生についてアガンベンはほとんど語っていない。むしろ例外状態にほかならない剝き出しの生（ホモ・サケル）を、強制収容所の瀕死の生と重ねて「動物状態」と形容しているが、動物はいつもガス室に追いやられた人間のように生きるわけではない。アガンベンは「死の中へ廃棄するという権力」のほうに、思考を傾けすぎたのではないか。

生命、生物として、生物学的に、あるいは臨床医学や解剖学や遺伝学によってとらえられるようになった人間は、確かに政治にとって、権力にとって新たな対象として現れ、それにつれて政治も権力も変質していったにちがいない。おそらく人間の生きる力、意志、欲望も、それにつれて変質していった。また同時に、生と、生きる身体が、新たな力関係のなかに介入するようになった。動物でもある人間が、新たな光に照らされるようになったのである。生政治の世紀がやってくる前に、スピノザの『エティカ』はすでに、身体は何をなしうるかと問い、人間の意識よりもはるかに精巧に様々なことを実現しうる動物の生を肯定する倫理を考えたのではないか。

例外なく生命を配慮し、管理し、統制しようとするような政治が、それでも例外状態を生み出すことが必然であるかのように、生政治学の思想家は語る。それはまさにシュミットの言う「神学的奇蹟」のように語られたのではないか。実はフーコーの語り口さえもこの「奇蹟」と無縁だとはいえない。

この「奇蹟」を例外状態の政治学として超歴史的に論理化するのではなく、(それはいささかも奇蹟などではないのだから) 生をめぐる政治において、生と政治の両方で何が起きたのかを考えなければならない。新たな圧力と力関係に包囲されながら変容した生は、この力のシステムの標的となりつつも敏感に反応し、みずからをどのような力として再構成し、持続し、どのような生の主体であろうとしたのか。人間の生(ビオス)は、動物の生(ゾーエ)を決して排除してきたのでないとすれば、どのようにして、それを新たに迎えようとしたのか。

確かにアガンベンの関心は、私の問いとは別のところにあり、むしろ政治の構成的次元でもありうる例外状態がどういう不条理な暴力を生み出すかに、とりわけ注意を喚起して、強制収容所という例外状態についても重要な問題提起をしたといえる。それは二〇世紀ドイツの思想家たちが、それぞれに異なる立場から注意をうながしていた構成的、発生的な次元における政治と権力の問題に照らして生政治学をとらえる試みだったといえる。

しかし生政治学を、ただ例外状態（動物状態、不分明状態）の政治学（むしろ論理学というべきか）に還元することによって、まさに生政治にさらされる生命という主体と、その「主体化」をめぐる思考は排除されてしまったのだ。

7　二つの系譜、抗争

生政治学的状況において、生そのものに、そして生の条件と生の表象に、どんな変化が起きたのかを考えなくてはならない。たとえば生物学の周囲では、分子生物学や遺伝子学にいたる精密な方向に目覚ましい進展が起きるのと同時に、ある種の進化論や優生学のように、ときには科学的厳密性を逸脱したドグマにまで生物学的思考は拡張されていった。生政治学は、しばしばいかがわしい似非生物学と合体した。

臨床医学、解剖学、生物学のような知が連動して、生物、生体としての人間の把握が進んでいったと同時に、そのような知は当然、統治のなかに組みこまれ、権力にとって新しい課題をもたらしたにちがいない。そういう文脈においてフーコーは「生きさせる」政治に着目したが、確かにこの生命の知は、生命に深く浸透して生命を操作するような知でもあり、生命がどのように営まれるかを精細に知って統治することは、逆にどのような条件で生命が死にうるか、生命を殺しうるかを知りつつ統治することでもある。生命の次元とは生殖の領域でもあり、すなわち性的活動でもあり、性をめぐる知もこのような生政治学的転換に組み込まれ、やがて性科学だけでなく心理学や精神分析さえもがそれに合流していくことになる。

フーコーが生政治を一気に二〇世紀の強制収容所や核兵器にまで関係づけたことは、確かに少々性急に見えた。しかし生命を精密に把握し操作するような知の体制は、確かに平行して物質にもおよび、やがて無数の生命を瞬時に殺傷しうる技術を生み出すことにもなった。一方では新たな生物学や進化論のもたらした生物としての人間という表象を、政治的表象として、かつ生政治学的対象として再構成するような過程が進行していったのだ。ナチズムには、このように異なる出自を持つ傾向が注ぎ込んで合流したにちがいない。これらすべてを「生政治学」という言葉で一括し、覆い尽くすことはまったく性急な飛躍なのだ。ただし、これらすべてが同じ傾向を共有しつつ共振したことを、「生政治学」という言葉は暗示してもいるのだ。

そして一方では精神と身体、人間と動物を分かつ形而上学や宗教的世界観がますます疑われるようになり、身体、動物の生を生きる人間に新たな光があたるようになってきた。一七世紀の西洋では、確かに身体と動物の生が再発見され、しかも異なる光のなかで発見されてもいたのだ。

デカルトは当時の医学や解剖学に通じ、身体を情念の座として定義し、あくまで管理し、操作し、抑制すべき対象として、まさに身体の生を、精神と理性から分割した。すでにデカルトのなかに、生と身体を対象化し物象化する生政治学的な知性が、かいま見えるともいえるのだ。デカルトは精神と物質を二分し、生命さえも、物質＝機械として、精神から分離した。この二元論には、生命の場所がなかったのだ。

そのデカルトを批判したスピノザのほうは、身体を操作しうる精神も、意識も、自由意志も否定して、「身体は何をなしうるか」を問い、身体、生命、ひいては自然の〈能産性〉のうえに理性を基礎づけようとした。これさえも、もう一つの生政治学的倫理というべきだろうか。少なくともこの倫理において、生命は管理し操作すべき権力の客体ではない。スピノザにとっては、この生命こそが主体であり、その要求の延長線上に一つの政治が構成されなくてはならなかった。

生をめぐる哲学と政治に関して、ここに少なくとも、たがいにせめぎあう二つの系譜がうかびあがってくる。ネグリ＝ハートが『〈帝国〉』で、西洋近代の中心にある「葛藤」として指摘したことも、おそらくこれにかかわる。


近代性の中心にはひとつの葛藤がある。すなわち、一方には、人びとの欲望と連合からなる内在的諸力、共同体への愛があり、他方には、社会的領野に秩序を押しつけ強要するような、全体的な支配力をもつ権威による強力な管理があって、これらのあいだに葛藤が存在するのである。

（ネグリ＋ハート 二〇〇三、九九―一〇〇頁）


この「葛藤」は、スピノザとデカルトのあいだの哲学的対立として表現された葛藤でもある。それはまた「内在性」として生の力を肯定する共同体と、その生の上に君臨しつつ精細な管理の網目を拡げていく生政治とのあいだのせめぎあいにも連鎖していった。

スピノザのあとには、誰よりもニーチェがこの一方の系譜上に浮かび上がってくる。

ニーチェの哲学は、確かに生命を新たな光の中でみつめる生命主義として、西洋の形而上学、宗教、科学をまさに生命の敵として断罪したのである。おそらく「生政治学」的な知と実践は、出現すると同時に、様々な反応や抵抗をひきおこしたにちがいない。しかし決してそれは「生政治学」と呼ばれることも、人間の生をくまなく包囲する新たな体制として意識されることもないまま、様々な反応、反響、反抗をもたらしたし、逆にそれらの抵抗にさらに反応するものでもあった。

ハイデガーはニーチェの哲学を高く評価しながらも、その哲学の含む「生物学主義」を批判している。

たとえば生物学において有力な特定の生物観が、植物界と動物界からほかの存在者の領域へ、たとえば歴史の領域へ転用されるとすれば、これを生物学主義と言うことができる。この場合には、生物学主義というこの名称は、すでに述べた、生物学的思考が生物学に固有の領域を越えて拡張され、おそらくは誇張されるという、前にも触れた境界侵犯を表示することになる。（ハイデッガー 一九九七、七二頁）

しかしニーチェが、いかに生物学的に思考しているように見えようとも、彼は「存在」を「生」として考えながら、「生物学的に見えるこの世界像を形而上学的に基礎づけている」とハイデガーはいうのだ。実は生物がどんな存在であるかということ、生物が存在するということ自体について、決して生物学は決断をくだすことなどできない。それは哲学だけに可能だと彼はいいたいのだ。にもかかわらず「存在を生という意味で理解する存在観よりも生き生きした存在観は、とても考えられない」

（同書、六六頁）とも彼は書いている。要するにニーチェの生物学的思考の本体は、あくまで存在の哲学のほうにあるのに、生物学的に見える主張のほうに気をとられ、ニーチェの存在論的核心にまで届かない皮相な読み方をする世の傾向を、ハイデガーは批判していたのだ。

一体ニーチェの生物学（的思考）とはなんだったのか。それはいわば〈似非進化論〉として読まれ、危険な優生学的発想をかきたて、ついにはナチズムの〈生政治学〉に取り込まれるような事態さえも確かにおきた。そういうニーチェのなかに、実はどのような生政治学が、あるいは内在的、能産的な生の哲学（スピノザの系譜）が潜在していたのか。あくまでニーチェの「生物学主義」の根底にある存在の形而上学の深みを読もうとしたハイデガーの思索は、どんな系譜をひきうけようとしたのか。それとも彼はあらゆる系譜からまったく孤立した独創的な思想家だったのか。そのハイデガーは、生政治学の加速された実例であったかもしれないナチズムに接近したが、ニーチェのほうは生物学に接近しながら、生政治学の危機を敏感に感じとり、あくまでもその外部に別の〈生の哲学〉をうちたてようとしたのではないか。それぞれがときに倒立を含む立場にたちながら、生政治学的な状況に敏感に反応していたようなのだ。

8　ニーチェの応答

ニーチェはどのように生物学を理解し、どのように主体を生物学化し、むしろ主体を生物として解体し、生物という別の主体を発見したのだろうか。バルバラ・スティーグラーの小著『ニーチェと生物学』（Stiegler 2001）は、この問題を綿密にたどっている。たとえばルドルフ・ルートヴィヒ・カール・ウィルヒョーの細胞に関する考察を受けて、ニーチェは生物の根源的な過程を、自己にとって未知の他者が〈刺激〉としてあらわれる場面に見ている。その刺激（の印象）が苦痛をもたらすとき、生物は、刺激を受けるだけでなく、それを解釈し同化する主体でもありうる。このような主体は、環境から孤立した同一のもの（同一性）ではなく、環境を構成する他者たちからたえず影響を蒙り、影響に反応し、他者の他性を同化するような主体である。厳密にはそれは意識でも主体でも同一性でもなく、ただそれ自体性（ipséité）とでも呼ぶべき何かである（ibid., p. 39）。

ニーチェは、生命と生物のなかに、意識ではなく、〈権力への〉「意志」を見ている。決して生物に目的論や超越的理念を適用するのではなく、やはり生物学（とりわけ発生学の創始者ヴィルヘルム・ルー）にしたがって、生物の自己形成の過程を、〈自己調整〉であり〈内的闘争〉であるような過程として考察したのである。ただ環境による淘汰や、生存のための闘争として生命の進化を考えたダーウィンは、こういう発想に比べると、決して生物の〈内部〉に入ることがなかった。ニーチェはルーにならって、生物の内部の微細な単位にまで、差異、不等性、複数性、序列、闘争、調整作用を見出そうとした。生命体における調和や安定や同一性は、このような過程において、その効果として事後的に出現するだけで、決して過程を導き決定するものではない。生命における差異は持続し永続するのであって、決して解消されるのではない。ニーチェの考える「権力への意志」も、このような差異の意志として生物を貫通し、人間をも貫通するのである。

そのようなニーチェの思考は、生物の記憶はあくまでも外界からの影響に対して受動的にふるまうとみなしたヘッケルにも対立し、むしろ「断絶や非連続の力」として生物の〈意志〉をとらえようとした。スティーグラーによれば、ニーチェはこうして同時代の生物学や生物学的思考に大いに触発され、またそれを批判しながら、生物についての思考を重要なモチーフとして「権力への意志」の哲学を練り上げていったのである。生物が進化を遂げながら、予定調和的に、均衡や統合（いわば道徳的理想）にむかうと考えたスペンサーにもニーチェは批判をむけるしかなかった。〈調和〉や〈均衡〉は、事後的にそのような状態を呈するだけで、あくまでも差異の抗争そのものが生命とその進化の過程を牽引するのである。小さな変化が数限りなく重なり、淘汰が重なっていくなかで進化が起きるというダーウィンの進化論では、生物界における淘汰も抗争も、まったく穏やかに漸進していくものに過ぎないが、ニーチェにとって、生物はたえず異常や例外を生み出すのであり、変化や抗争こそが常態なのだ。

ダーウィンもスペンサーも、個体としての生物の短い時間スケールでは、同一的に安定的に存在する個体と個体性を前提にして生物界を考えている。しかしニーチェにとって、個体は決して自己に一致せず、たえず差異化するのであって、生物の自己はあらかじめ存在するのではなく、そのつど形成され発見されるのである。

ニーチェの「生物学主義」の一側面と見られてきた優生学的な思考も、実は同じ傾向に貫かれている、とスティーグラーは指摘している。ニーチェは優生学の創始者フランシス・ゴルトンの書物を読んで共感していたという。彼女の指摘によれば、ゴルトンの優生学は、ナチズムが採用したような似非ダーウィン主義とは一線を画すものだった。ゴルトンの見方では、自然淘汰はむしろ新しいものの出現を阻み、群集的本能に導かれるような社会を伸張させる。遺伝はむしろ人間の能力を平均化し、差異を抹消するように働くので、人工的な操作によって差異や多様性を増強する必要があるとゴルトンは考えた（ibid., p. 110）。遺伝（子）の人工的操作は逆に、「純化」や「等質化」の方向にも行われうるし、優生学的発想はむしろそのような危うい方向に発展して、現在でもことあるごとに甦ってくる。それにしてもニーチェは、同時代の優生学にさえ、彼の差異（そして「権力への意志」）の哲学を裏づける根拠を見ていたらしいのだ。これは彼の「超人」の思想にもかかわることである。「超人」の思想とは、単に優生学的な発想のヴァリエーションではなかったとすれば、むしろ人間という同一性の外に出て、差異や多様性としての荒々しい生を迎えようとするような発想だったかもしれない。

　おそらく「種である身体、生物の力学に貫かれ、生物学的プロセスの支えとなる身体」（フーコー）は、生政治をはるかに超えて人間の主体的意識の前に出現し、主体と意識を揺さぶり、徐々に引き裂くことになった。生が「人間」の外部として、根底として発見されると同時に、同じその生は、たちまち「人間」の次元に収容され管理されなければならなかった。生を再発見し生の定義を革新しようとする思考と、再発見された生を綿密に知り統制しようとする権力の実践は、おそらく同時に進行したのである。人間を「生きさせる」綿密な配慮は、奇妙なことに人間の生を疲弊させ、閉塞させ、ときには無残な死へと遺棄することになった。生政治（学）とは、生をめぐる意識と実践における大きな転換に対する一つの応答であり、同時にそのような状況に対処しようとする権力の再編成の過程でもあった。生政治にとって人間の生は、認識し調整し管理すべき対象となったが、人間はかつてその生を統制する主体のようでありえた。やがて人間は歴史的主体の位置から脱落し、むしろ生の方こそが真の主体になるという転換さえ起こりえたのである。生というその主体は、もはや西洋の哲学が定義し、問題化してきたような主体ではありえなかった。ニーチェはそれを、意識ではなく生の「意志」として、たえまなく変容する差異の群れとして考えた。

生政治と密接に連携する体制、認識、科学、技術は、確かにナチズムの場合、例外状態の政治と結合されて恐るべき殺人機械を生み出した。アガンベンはそのような事例をとりわけ法的次元の「例外状態」として、古代ローマから現代にいたるまで権力システムに通底するものとして考えた。その問題提起は本質的で貴重だったが、それにしても生政治という巨大な問題の、〈法的例外性という〉ただ一つの側面にしか触れてはいないのである。

9　非占領地帯のアルトー

ナチズムに支配されたフランスで、非占領地域の精神科病院でからくも生きのびたアントナン・アルトーは、いったいなぜ「器官なき身体」という、あの奇妙な言葉を繰り返しノートに書き刻みながら、人類に対して、歴史に対して、まったく孤独な宣戦布告をするような試みを続けたのだろう。みずからの心身に、とりわけ身体の深みに及ぶ巨大な敵の力に対して、ドン・キホーテのように空しい戦いを彼は続けたというべきだろうか。彼の奇妙な戦いは、とりわけ身体器官に、いやむしろ器官として操作可能、把握される生命に、そして生命を生誕、生殖、労働力、寿命として、もろもろの機能として、やがて操作可能、移植可能な器官としてとらえる政治、医学、その他もろもろの知と実践にむかった。

生政治は、使用され、分解され、操作され、消尽される器官の集まりとして、生きた身体を管理し統治するという意味ではまったく容赦のない体制なのだ。アルトーが「器官なき身体」の宣戦布告となるラジオ・ドラマ（『神の裁きと訣別するため』）を、アメリカで組織的に行われているという人工授精の技術を糾弾することから始めたことには明白すぎるほどの理由があった。もちろん彼が、生殖に介入する新しい技術に抗議したことよりも、器官として生命を分離し、対象化し、操作するような生の意識と実践に対して誰よりも根本的に敏感に抵抗したことに目をむけなければならない。「器官なき身体」とは死の次元の表出でもあり、死と隣り合った身体であり、実際にアルトーには死が間近に迫っていた。しかしそれは確かに生政治学が器官としての身体にもたらしうる死とは別の死であったにちがいない。つまりそれは生政治学のもたらす、「生きさせるか死の中へ廃棄する」という、あの奇妙な生と死の結託の外に出ようとするこころみであった。

生政治（学）にとって、人間の生は生物学的対象として、技術的統計的な操作や統制の客体となりうるものである。差別や収容の対象となる以前に、すでに生物学的対象となるとき、人間におけるビオスとゾーエの分割は行われている。それ自体奇跡でもあるような生の有機性は、ただ使用や消費や廃棄の対象になっている。「疎外された労働」も、生政治の視線の前では、ただ統制すべき「むき出しの生」として現れる。ニーチェが生物と生命に見ていたものは、もちろんこのように還元された「生」のことではない。ニーチェに対してハイデガーが批判したような「生物学主義」は、むしろ生政治にかかわる観点ではあっても、ニーチェのものではない。ニーチェにとって、生物学とまったく分離されうる存在論など無意味であるのは、生命の有機性の果てしなさは、人間がその延長線上に作り出した非有機性と同様に果てしないからである。生権力を構成する「生」も、「権力」も、そのような果てしない有機性と非有機性の結合に対して、まったく貧相で、硬直した〈形式化〉を行っている。確かにそれは危険な〈例外化〉でもあるが、例外とその危険を指摘するだけではもちろん不十分なのだ。生政治を、あたかも普遍的な政治であるかのように語り、その例外性を政治の本質であるかのように強調することによって、生政治の視線を共有することになれば、さらに危険は倍加することになるのだ。

新たな知と技術や政策を通じて生命に介入する生権力は、有機的な生の主体に非有機的に介入し、非有機的生を浸透させる。それは有機的な生に介入しながら、非有機的生の次元を拡張していく過程でもあり、生きる主体にとって深刻な危機にちがいない。この非有機性をただ破局ではなく、別の〈自由〉の可能性に転換しうるかどうか。非有機的生は肯定的転換の可能性でもあるが、それは別の〈生政治〉を要求するはずである。

第八章　知覚されえないが、知覚されるしかないもの

子供の頃、いろんな空が俺の物の見え方を研ぎ澄ませた。あらゆる性格が俺の顔つきに陰影をつけた。さまざまな「現象」が揺れ動いた。

（アルチュール・ランボー「戦争」）

1　知覚の哲学以前

知覚を通じて認識されるものはすべて疑わしい。これはデカルト哲学の、そしておおむね西洋の古典的哲学の基本的立場であった。確実に認識するためには、知覚と思考が分離されなければならないし、分離することはもちろん可能なのである。夢を見ている人間には身体がなく、知覚もない。それはただ考えている状態で、その考えはまったくあやふやである。それでも、このとき考えている私のほうは確かに存在する。すでにデカルトからはるか遠い世紀に生きる私たちにとって、夢を見ている人間に知覚がないなどという判断はもちろん奇妙であり、知覚に影響されないまったく純粋で自律的な思考の能力があるなどと考えることもまったくナンセンスであると思える。

いっぽうでデカルトは情念や知覚を生み出す身体というやっかいな〈機械〉の働きを、少しも神秘化することなく精密に知ろうとする点においても徹底していた。ところが思考の働きのほうは、決して外延的なひろがりに属さず、あくまでもそれを超越した次元にある。この思考の能力（理性）こそは、私の能力であり、そのような能力としての私に属し、他の何にも、神にも信仰にも属さずに自立している。デカルトは神の存在を否定しようとはしないが、もはや神の存在を必要としていない。デカルトの「信」はあくまでも人間の理性に向かっていたにちがいなく、全知の神に向かっていたのではない。神はただコギトの明証性を保証すべき「完全な存在者」として、コギトが宣言された後でやっと言及されるにすぎないのだ。

要するに感情や知覚を生理学的な機械とみなすという点でも、思考する普遍的、超越的主体の純粋な孤立したイメージを提案したという点でも、デカルトはまったく徹底していた。思考の場所は身体のなか（つまり生命のなか）にはなく、脳のなかにもなく、それ自体はまったく神秘的な実体のようだった。もちろんデカルトは決して理性を神秘化していたわけではない。じつはのちにカントが「純粋理性」として問題にするような思考のア・プリオリな能力と形式を、すでにデカルトは確信をもって定義し提案していたといえないこともないのだ。そして、それは有機的な生命とは無関係の、純粋な無機性であり、超感性的な次元にあるのだ。身体は物質で組み立てられた機械にすぎず、もう一方にそれから自立した純粋な精神が確固としてあるとすれば、デカルトの思考にとっては生命の場所がなく、したがって有機性が何かという問いもないかのようだった。

『方法序説』で語られたデカルトの探求の軌跡はもちろん感動的であり、一八歳の頃にそれを読むことによって刻まれた印象はとても強烈だった。その冒険的、実験的な姿勢は、ある思想的実践の要求に密着していて、きわめてプラグマティックであり、決して静観的な思索ではなかった。そのように実践的な要請から、いわば人間の身体、情念をあくまで機械と見なす立場と、思考の主体をあらゆる外部性から分離し抽象し普遍化する徹底した思索が生まれたのである。神の存在証明さえもプラグマティックな要請にしたがっていた。そして『情念論』では、情念を統制するというあくまで実践的な要求に基づき、脳に局在するという「松果腺」を通じて動物精気を誘導するような精神の作用に基づく「倫理」を構想し、情念のもたらす「悪」から喜びを引き出すことさえも提案しているのだ。[1]

デカルトにとって、そのように世界を分割する思考の発生に立ち会うこと自体が一つの哲学的実践であり、そのような実践を再演するかのような哲学的エクリチュールが、フランス語で創造された。まさに思考の発生過程そのものを、哲学的問題として解き明かしたという意味での哲学的自叙伝として、『方法序説』のほかにアウグスティヌスの『告白』が浮かんでくる。書かれた内容とは別に、彼らのエクリチュールには、思考の発生に立ち会うものの「叫び」のようなものが含まれている。デカルトの後では、ルソー、ニーチェ、あるいはキェルケゴールと、その数は増えてくるようである。ジル・ドゥルーズが「私的思想家 (penseur privé)」と名づけた思想家たちの系譜が浮かびあがってくるのだ。もちろん「私的」とは、「私」を主題とするという意味ではない。彼らの思考は、思考の制度的前提の外部から、まったく未知のモチーフに駆られるようにして、しかもまったく親密な自己の圏内に発生したという意味である。

やがて哲学者よりもむしろ、プルースト、ローベルト・ムージル、アルトー、ベケット、フェルナンド・ペソアのような文学者のほうが、まさに思考の発生過程そのものを、そして思考することの困難を、知覚する身体の過程として考察するようになる。もはや彼らにとって、思考にはあらかじめ形式も、理想も、先天的なものもない。思考という発生、出来事、過程があるだけである。そして、そのような思考の発生、出来事、過程は、たえず「思考されたもの」として収拾され剪定されてしまうので、この世界も、この社会も、制度も、あたかも思考すること自体を阻害し排除するべく作られているかのようなのだ。

彼らは、それゆえに思考の不可能性、麻痺、中絶を通じて、あくまで知覚されるものをめぐって思考し続けた、といえよう。それぞれが「自意識の地理学」のような探求を試みることになった。哲学史の新しい一章が彼らに捧げられるべきであった。

しばらく——何日間だったのか何カ月間だったのか分からない——何ひとつ印象を記していない。我思わず、ゆえに我あらず。自分が誰なのかを忘れた。存在の仕方を知らないので、書くことができない。斜めに眠ることにより別人になった。自分を思い出さないというのを知れば、目覚める。（ペソア二〇〇七、二一一頁）

知性の装いをとおして生ある物が本能的に持続するさまは、わたしのもっとも奥深く、もっとも絶え間なく瞑想することのひとつだ。意識という、真実みに欠ける偽装はわたしには、何ひとつ装わないあの無意識を際立たせるのにしか役立たない。（同書、四五一頁）

ペソアが考え出した数々の書き手のひとりベルナルド・ソアレスの果てしなく続く手記は、いまだ「錬金術」のような段階にしかないという「自意識の地理学」を探求しようとした。このような「地理学」のことをソアレスは「感覚の化学」とも言いかえている。彼らの「哲学」は、むしろこのような「地理学」、「化学」として模索されるしかなかった。

しかし、さしあたって私の問題は、デカルトによって厳密に思考の外部に排除された知覚の問題が、いかに現代の哲学の中心に浮上するようになったか、ということである。「知覚」の問題が本格的に浮上するには、どうやら「現象学」をまたなければならなかった。[2] フッサールはデカルトから「超越論的主観主義」という原理的方法を受けとったが、メルロ＝ポンティ（とりわけ『知覚の現象学』）にとって、まさに知覚の思考はコギトの思考に反するものでしかありえない。「私は世界に狙いを定め、世界を知覚する」、「世界とは私が知覚するところのものである（le monde est cela que nous percevons）」、「知覚の明白性は、十全な思考や論理必然的明白性とは異なるものである」（Merleau-Ponty 1945, p. xi）。つまり私は考える前に知覚するのである。知覚以前には〈私〉さえも存在しなかった。『知覚の現象学』には、もはやデカルトの私（コギト）の場所はなかった。デカルト哲学の本体に、知覚の場所がなかったからである。

2　虚偽の力能、ディオニュソス

しかし知覚の哲学者としてニーチェを忘れるわけにはいかない。さして精密な論証を加えることもなく、「思考するためになにゆえ〈私〉が存在しなければならないのか」と書き、「肉体こそが大いなる理性である」と大胆にデカルトを一蹴することのできたニーチェは、ある意味では、もはやデカルト的問題を少しも共有しえない地平とともに出現したというしかない。いったいデカルトとニーチェを隔てる二世紀半の間に何が起きたのだろうか。

二八歳のニーチェは「道徳外の意味における真理と虚偽について」という未完のテクストのなかで書いている。

個体の維持の手段として知性は、その主要な力を、偽装ということにおいて、展開してゆく。〔…〕つまり、人間においては、欺瞞、阿諛、虚偽と瞞着、陰口、体面保持、借りものの光耀における生、仮装、隠蔽的な慣習、他人および自己自身に対する芝居など、要するに、虚栄という一つの炎をめぐって絶えずそのまわりをひらひら飛び廻るということが、実に甚だしく規則および法則となっているので、人間どもの間に、誠実にして純粋なる真理への衝動が現われて来ることができたということほど、理解し難いものはほとんどない位だと言っていいのである。（ニーチェ　一九九四、三四七頁）

それは確かに道徳的な欺瞞といったものではなく、道徳以前に、すでに言語や知覚の発生的構造そのものに含まれた「欺瞞」である。花を「ハナ」と呼ぶことは必然ではなくまったく恣意的で、ハナという語はすでに花という対象の「隠喩」でしかない。つまりひとつの神経刺激がある形象へと転移され、次に音韻へと転換されるのだから、言語はすでに二重に隠喩的（つまり欺瞞的）であり、そのうえ、あらゆる語が恣意的に置換され、意味を転換し、ときにはその意味を逆転させるのである。毒を意味していたものが、いつしか薬を意味するように。ソシュールはこのことを単にシニフィアンとシニフィエの絆の「恣意性」として強調し、それは彼の言語学にとって基本的前提となっていたが、若いニーチェにとって、すでに言葉とは入り組んだ隠喩の迷宮である。

そして知覚もまたたえず欺くのである。私たちは見ていないものを見たと思いこみ、聞こえないものを聞いたと思いこむ。もちろん夢を見ることがすでに、毎晩繰り返される「偽装」された生の実践である。ニーチェは「クラドニの音響図形」について語っている。金属板の上に砂をまいて音の振動を伝えると、音波が金属板の上に図形を出現させる。いわば音が可視化されるのである。それを見れば、聴力のない人さえも音を知覚し、音とは何かを理解したと思い込むことができる。人間の知覚もいわば、そのような偽装を絶えずおこなって、知覚しないものを知覚したことにし、逆に知覚したものを知覚していないことにすることができる。

しかしニーチェのモチーフは決してそのような欺瞞を（道徳的に）批判することではなかった。知覚や言語の欺瞞は、道徳外の、道徳以前の次元にあって、「個体の維持」というようなほとんど進化論的な生命の必要にかかわっている。保護色や擬態、スズメバチそっくりの形をしてハチをおびき寄せる蘭、巣のありかを隠そうとして遠くに飛び降りるひばり……。「偽なるもの」とはまさに生命のひとつの根源的力能なのである。そして知覚する生物として人間が存在しなければ、虚偽にみちた人間の世界が構成されることもない。その意味では、もともと真理も虚偽も、知覚をめぐる判断に属している。知覚をめぐる様々な組織、編成、工作、抗争が、たえず繰り広げられている。ちなみにドゥルーズの『シネマ』で最もニーチェ主義的な章は、『時間イメージ』第六章「偽なるものの力能」である。その中心人物はオーソン・ウェルズであった。ウェルズはついに実現しなかったが、メルヴィルの『信用詐欺師（*The Confidence-Man*）』の映画化を構想していたのである。

ギリシア悲劇をとりあげてアポロンとディオニュソスに対応する二つの芸術衝動を定義したとき、ニーチェは知覚の編成に関して、まったく異なる二つの体制があることを指摘していたといえる。その後にも芸術衝動や芸術意志の様々なタイプが、ドイツ語圏の美学者たちによってさかんに論じられるようになる（とりわけアロイス・リーグル、ヴィルヘルム・ヴォリンガー）。ニーチェはその点でも先駆者であったが、美学をまさに知覚の編成という角度から構想したという点で先駆者であった。そして知覚の編成と、偽なるものの力能とは、ニーチェにとって軌を一にする主題だったのである。

とりわけドイツ語圏における、そのような知覚をめぐる目覚ましい哲学的展開においてベンヤミンを忘れることはできない。ベンヤミンは「五感の形成は、いままでの全世界史の一つの労作である」と書いたマルクスにまったく忠実なマルクス主義者だった。そこで知覚の成り立ちを決定する物質的、技術的条件に敏感な注意を向けたのである。彼は「複製技術時代の芸術」として写真、映画を論じながら、新たな視覚メディアがもたらす知覚の変容について思考することになった。産業革命以降の新しい都市とは新たな知覚の場であり、商品はまさにそのような場で知覚され購買されるようになったのである。資本主義とは、生産や市場、搾取や労働にかかわるだけでなく、知覚を操作し、搾取し、疎外する〈知覚の資本主義〉でもあることにベンヤミンはいち早く注目したといえる。ベンヤミンにとって、ボードレールはいち早くそのような知覚の場のダイヤグラムをパリの街路から抽出しえた詩人であった。

3　知覚の抗争

骨の髄までニーチェ的だったジル・ドゥルーズの哲学はもちろんディオニュソスの側にあった。思考はある暴力にうながされて始まり、暴力の知覚から始まる。ドゥルーズにとっても、思考は決して先天的な、無条件の普遍的能力ではない。しかしディオニュソスとは単に暴力、無秩序、混沌、陶酔、恍惚のような状態のことではない。世界を構成する無限の差異は、たえず感覚され知覚されながらも、選別され編成され局限されるのである。つまりそのような差異の深さは、ある限定された拡りに還元されるしかない。差異の無限の深さは知覚不可能でありながら、知覚されるしかないものである。その深さの知覚なしに、知覚は成立しない。しかしその深さが制限されなければ、知覚は安定しない。この「深さ」といかに対面するか、あるいは対面しないかが、知覚の哲学の問題となる。『差異と反復』において、とりわけ「感覚されるものの総合」として、ドゥルーズはすでに彼自身の知覚の哲学を十分に構築していた（Deleuze 1968, p. 297／㊦一六八頁）。

『千のプラトー』で提案された「平滑空間」と「条理空間」は多くの点でニーチェのディオニュソスとアポロンに対応する。しかしすでにリゾーム対樹木、分子状対モル状、戦争機械対国家装置などとして与えられた対立項からなるモデルは、提出されるたびに数を増やし、より繊細な識別をうながしている。そして二項対立が三つ提案されるなら（2×2×2）、私たちはすでに八つの分類を前にしているのである。さらには平滑空間にも条理空間にも分類されない多孔空間について、あるいはリゾームでも樹木でもない側根、ひげ根についてドゥルーズ＝ガタリは語っている。こうしてたえず中間項が発見されて分類は、非対称的に増殖するのだ。

そしてドゥルーズはいよいよ『感覚の論理学』において、リーグルやヴォリンガーの美学的提案をとりあげ、彼らの提案した、すでに〈脱領土化的〉であった概念をさらに脱領土化したのである。リーグルにせよ、ヴォリンガーにせよ、西洋の外（とりわけエジプト）の美術的伝統や装飾模様と西洋美術を対比しながら、それぞれの「芸術意志」を規定し、これに対応する異なる「感覚の論理」を抽出していたのである。ドゥルーズはリーグルのいう haptisch（触覚的なもの、あるいは視触覚）を参照しつつ、フランシス・ベーコンについて語った。つまりベーコンの絵は、端的に反遠近法的であった。遠近法とは、視覚の対象から距離をとり、対象に関与せず関与されることもないように静止して世界をみつめるような方法であったからだ。ベーコンの方法は、色彩の構成においても、人物像のデフォルメにおいても、またキャンバスの上の筆触によっても、周到にそのような西洋の「写実主義」的原則を退けるものであったが、にもかかわらず彼は二〇世紀絵画の新たなコンテクストにおいて「具象」を復活させた稀有な画家でもあった。この断絶とこの反復こそ、まさにドゥルーズの唯一の絵画論の主題であった。

もうひとつの重要な論点は、ヴォリンガーが具象と抽象を、両方とも美術の古い伝統に位置づけ、抽象を非有機的な不動性の意志（エジプト）に、具象を有機的な生命への感情移入（ギリシア、ルネサンス）に結びつけたことにかかわる。ところがヴォリンガーはいわばこの二つの芸術意志の中間に、非有機的であるにもかかわらず強度の力感を表現する装飾模様の伝統をヨーロッパ北方に発見し、それをゴシック美術の源流とみなしたのである。それはまさに非有機的な生命感というべき相反する傾向のあいだの緊張をはらんだ表現であり、ヴォリンガーはこのような芸術意志が、印象主義ではなく、むしろ同時代の表現主義に注ぎ込んでいると考えた。このように示唆された「非有機的な強度の生」というモチーフを、ドゥルーズはさらに強調し拡張して、それこそがベーコンの絵画創造を導いたと考えたのである。非有機的な強度の生とは、おそらく「器官なき身体」の生のことでもある。「器官なき身体」とは、有機的な生成（卵）としての身体である一方、器官の集合として組織された安定状態を離脱して、たえず零度に、あるいは空隙に復帰しようとする非有機化の過程そのものである。

とりわけ『感覚の論理学』を通じて提案された知覚の生は、どのような特性をもっていただろうか。haptisch は、視覚を通じて受けとられる触覚的なものという〈共感覚的な〉様態より、もう少し普遍的な問題を含んでいるにちがいない。すでに見る主体も、見るという行為も、何かが見えるという構造も、それを包囲する世界の、知覚されえないが知覚されるしかない〈所与〉のなかに巻き込まれている。また同時にそのような世界のまっただ中で生きる身体の厚みの総体のなかで、何かが見えている。見ることは、眼という「器官」の光学的機能と、対象からやってくる光の間の作用には決して還元されない。光と眼の場に折り重なるアレンジメントは、現象学の述べるような〈見る‐見られる〉のキアスム（交叉）という一語によっても決して十分には表現されないのである。確かにメルロ＝ポンティは、「肉」という言葉に、器官を貫通し横断する無形の身体というほどの意味を与えているが、「肉」はまだ器官とともにあって有機的な統合性から離脱していないという印象を受ける。

フーコーが、監獄という刑罰の装置から抽出したパノプティコン（一望監視装置）は、美術史とは何の関係もなく、また必ずしも知覚それ自体の構造にかかわる指摘でもなかった。あくまでも彼は、権力の制度のなかで、知覚の場がどのように構成されるかを考え、権力の様々な装置や技術が、まさに知覚そのものを形式化し様式化することを示唆していた。言葉と物は、物の知覚を通じて結合されるのである。『言葉と物』でフーコーは、とりわけ「表象」という認識の歴史的体制を問題にしたが、それが複数の権力によって成型される知覚の場に対応することが、やがて『監獄の誕生』で明白に示されることになった。

言葉は確かに物自体を指示するのではなく、物の知覚を指示するのである。そして歴史とは、知覚の編成の歴史であり、その編成をめぐる抗争の歴史なのである。そこで知覚をめぐる現代史の抗争の中に入っていこうとして、ドゥルーズは新たな映画史を書くというよりも、むしろ映画史それ自体を、知覚の編成の歴史として再考することになったのではないか。問題は、映画史を人類史に照らすことよりも、むしろ地質学のような発想で、映画の中に知覚の層の編成や構造化を再発見することだったにちがいない。

「存在するとは知覚されることである（Esse est percipi）」と書いたバークリーの哲学にとって、知覚されるものとは、事物の「観念」にほかならないのだから、その意味ではデカルトの立場に近く、やはり知覚と身体にはなんら実在的、肯定的な意味が与えられてはいなかった。しかしベケットが実現した唯一の映画『フィルム』は、まさにこの一文の意味をまったく転換してエピグラフとし、まさに知覚される存在を問題にしている。これに続くベケットのテレビ用の映像作品でさらに追求されたのは、最小限の知覚の反復的な図式（リトルネロ）である。そのような図式によって極小の空間を走査し、走査しつくし、知覚の生の可能性を消尽するようにして、映像における反復はやがて停止する。

このような還元または最小化の手続きによって知覚されるようになるものが確かにある。あるいはそれはもはや知覚でさえなく知覚の間隙において知覚されるものである。奇しくもドゥルーズは、まさにそれを「イマージュ」と名づけた。そしてそれは単に間隙であるわけではない。間隙であったなら、そこには単に空虚があるにすぎない。そのような空隙が、やがて別の知覚でみたされるわけでもない。ドゥルーズは「知覚されないもの」を、端的に「潜在性」と呼んだのだ。「潜在性」には間隙などないが、知覚されるものは選択され、間隙を生じさせる。この「潜在性」は知覚不可能であるが、知覚されるしかない何かである。知覚されないならば、むしろ思考される何かである。

もう少し一般的な文脈で知覚を考察するならば、視覚、聴覚、触覚、嗅覚、味覚などとして知覚されるものは、決して光、音、事物の肌理、等々そのものではない。紙の上に描いた立方体の図を見るとき、眼の前には線の集まりがあるだけだが、私たちはそこに立方体を知覚する。知覚はそれ自体が選択し、形成してきた潜在的な何かを知覚するのである。このとき知覚される立方体は、知覚される対象の外にあるといってもいい（ニーチェによればそれは単に虚偽であり、嘘の力である）。

そして知覚には明白な切断も間隙もない。それぞれ感覚器官に対応し、あたかも分離されて機能するかのような知覚は、決して他の知覚から孤立して構成されるのではない。知覚は、いつでも編成されたものの知覚である。むしろ〈共感覚〉のように、本来わかちがたい知覚の帯域が形成されているにもかかわらず、器官とその機能にしたがって分割された知覚の機能が、視覚、聴覚……などとして抽象され部分化されているのである。

皮膚は単に触覚するのではなく、音とともに震え、光を感じている。実は触覚そのものがすでに局在的に確定しがたい深度（深部感覚）と拡がりをもって、あたかも五感を横断するようにして共感覚的に作用しているのだ[3]。私たちは確かに聞きながら見、見ながら聞くことができるのであって、共感覚は根本的で恒常的な能力である。五感が協働することは、何よりもまず感覚にとっての前提条件である。そしてこのような前提条件さえも、これを分離し分解して扱い、思考することが可能であり、可能であるからこそ、たとえば映画では、映像とサウンドトラックを別々に操作し、周到に構成し編集することもできるのだ。

とはいっても知覚の哲学は、知覚にとっても、哲学にとっても、決して最終的な審級をなすものではない。むしろ知覚されないもののほうが最終審級として存在しなければならないのは、知覚のほうが〈知覚されないもの〉から出現するからである。ドゥルーズのように、〈知覚されえないが、知覚されるしかないもの（l'imperceptible, mais ce qui ne peut être que perçu）〉（ibid.／同頁）とそれを言いかえてもいい。あるいは知覚は、いつでも潜在するものを知覚し、さらにそこから別の潜在性を構成する。しかし潜在的なものはたえず偽装され、現働化され、たとえ潜在性とともにあっても、潜在的なものとして知覚されることは稀なのだ。

4　生成における断絶

ドゥルーズの映画論においても、結論に近づきながらますます重要な主題になったのは、光学的イメージと音声的イメージ（音声ももちろんイメージであり、フレーミングをともなう）の不一致であり、離接（disjonction）であり、二つのイメージ（およびフレーミング）の断裂、あるいは間隙を通じて知覚され思考されるものである。しかし厳密に言えばそれはもはや知覚されないで、ただ思考されるものにかかわるのだ。『時間イメージ』の後半では、思考、脳、言語、言語行為のほうへと、ドゥルーズの論は重心を移していった。そしてまさに「時間」という言葉がそれらの主題すべてを包括していたのである。

　実はドゥルーズは、現象学よりもベルクソンに依拠して、果てしないカオスを横切るひとつの平面の出現として知覚を出発点においていた。知覚はそのような平面の知覚であり、それ自体がカオスの断面である。それは彼の映画論の出発点であるだけでなく、ドゥルーズの思考の変わらぬ原点であったといってもいい。しかし唯物論者でありスピノザ主義者であるドゥルーズにとって、知覚とは同時に、身体において、かつ精神において生起する作用である。一度もデカルト的な二元論に与したことがないはずのドゥルーズが、それでもことあるごとに非身体の次元（すなわち非有機性）の還元不可能性について、様々なヴァリエーションを与えながら考えたことを、決して忘れるべきではない。意味、表層、出来事、襞、抽象機械、そして思考……最後にはこの系列は、「言語行為」という概念に結ばれていった。もちろんそれらは決して身体と異なる〈実体〉などではありえないから、存在というただひとつのものの異なる〈様態〉であるというしかない。この〈様態〉は身体‐生命の有機性から隔てられ、非有機化されている。しかし単に無機性ではなく、あくまで非有機化された有機性の〈様態〉でもある。

　クァンタン・メイヤスーは「減算と縮約――ドゥルーズ、内在、『物質と記憶』」という長文のエセーで、ドゥルーズ哲学の内在主義（一元論）について重要な示唆をしている。無限の無数の知覚対象から、知覚が何かを固有の対象として生成するときには、ある知覚対象が取り込まれ、他は取り込まれない。それをベルクソンのように「縮約」と呼ぶこともできようし、あるいは「引き算」、「遮断」、「排除」、「選択」などと呼ぶこともできるだろう。それにしても、このことは単にニュアンスの違いだけでなく、まさに生成の論理をどのように構成するかにかかわるのだ。

メイヤスーはそれをまずリズムの抽出として説明した（「あらゆるリズムを含むイマージュとしての物質からのひとつのリズムの選別」（Meillassoux 2008, p. 81／一五七頁））。もちろんこれは意識による選択などではなく、意識のはるか手前で、かろうじて何か知覚そして意識のようなものが成立する場面の考察である。それは選択というよりは、むしろある種の迂回であり、遅延でもある。リズムを形成する波はただ周期的な反復であり振動であるのではなく、動きつつ媒質の集合の収縮や弛緩をあらわす。波は、こうして現れる流れと流れの遮断という二つの位相からなる。これはまた何かが事物の深層から浮かび上がり、同時に深層から来るものが遮断され、この何かが表層に接合されて、まさにカオスを横切るひとつの規則性の面を形成するということでもある。このとき時間にも、ある断絶が生じ、断絶のない連続的時間（クロノス）に、不連続の多方向的な時間（アイオーン）が介入している。

そこではすなわち事物から出来事への転換が起きている。これは有機性から非有機性への転換でもありうる。有機性が失われてしまうわけではなく、非有機性によって停止され、切断され、有機性としても変質したかのようである。メイヤスーのこのような提案が正しいかどうかわからない。これはどうやら検証しうる次元の事象ではない。しかしドゥルーズが『意味の論理学』で述べたような出来事そしてアイオーンの時間、そして非身体、非有機性の次元を、知覚をめぐる生成の論理の中心に組み込んだという点で、これはかなり目覚ましい示唆なのだ。

物質から生命、人間にいたる存在の連続性を一途に問題にしたベルクソンに対して、ドゥルーズはその連続性を尊重しながらも、決定的にそれから断裂する次元の創造性を問題にすることになった。『運動イメージ』の出発点には、確かに世界の無数の運動に無限に開かれた知覚の状況があり、ベルクソン的充実がある。映画のカメラは、とりあえず中枢化されない知覚そのものを具現している。こうして映画史は、いわば知覚の原初からの生成と進化の歴史を反復し再現したのである。しかしやがて『時間イメージ』によってもたらされる映画史の断絶は、実はまさに知覚をめぐる生成の論理のなかに内在しているものと考えられる。知覚の生成において、あるいは生成の飛躍のなかで、すでに時間は、時間の分裂、不連続として出現していたからである。この時間はすでに表層の時間に、非有機性に浸透された時間であり、言語も思考も、この表層と一体なのである。

単に事物（実体）を指示するのではなく、非事物（非実体）としての概念の作用を成立させなければ、言語は言語たりえなかった。そのとき言語の音声も、物理的音響ではなく、すでにイメージ〈聴覚像〉と化している。思考は身体から離脱しなければ、身体を操作することも、非身体としての言語を使用することもできない（ここで私はまるでデカルトのように語っている）。歴史の出来事は、いかに下部構造によって決定されようとも、下部構造を構成するものは、たとえば労働であれ、道具であれ、生産様式であれ、それらは言語と思考の命法によって組織されなければならない。下部構造の次元さえも端的に〈コミュニケーション〉と一体であり、言語の効果と切り離せない。ひとつの革命は、怒れる民衆の物理的暴力の爆発か、それとも民衆を結集する理念の結晶か、それを言うのは難しいが、〈理念〉の爆発のような面がなければ、革命ではないだろう。

とにかく時間、言語、思考、出来事、非有機性は、すでに有機的生成とともにある不連続性、転換、飛躍、断絶と、連鎖し連動するのである。それが〈革命〉のような歴史的事件として知覚されなくても、出来事はたえず起きている。そして出来事が集中し連鎖し、事物の間を貫通し飛躍するような集団的思考が生成しなければ、おそらく〈革命〉と呼べるほどのことは決して生起しないのだ。これは『千のプラトー』で、「指令語」として「非身体的変形」として問題にされたことに密接にかかわる。身体を決定的に変化させるのは、非身体である。しかしその結果として変化するものは、やはり身体である。

5　出来事または非有機性

マルグリット・デュラスの映画『インディア・ソング』が、『時間イメージ』のほぼ末尾でとりあげられている。音声はいつでも画面外から聞こえ、登場人物の声と思われる声のあいだに、特定されない人物のささやき、叫び、歌がゆきかい、反復される主題曲と交替する。この映画で音声と映像の自律性は極限まで徹底されている。音声は画面との有機的な関係を失って、「オフのオフヴォイス」（パスカル・ボニゼール）とでもいうべきものになって浮遊している（Deleuze 1985, p. 327／三四五頁）。ただ浮遊しているだけでなく、自律しながら音声要素の間に厳密に連続体を構成してもいる。

ドゥルーズは、言語の本質的構造とは、シニフィアン＝シニフィエでも、メタファーでもなく、あるいはバンヴェニストのいうような発話の主体性に支えられるものでもないと、ガタリとともに考えた。むしろ「自由間接話法」にドゥルーズは注目したのである。自由間接話法とは、間接話法から、主節に当たる「Aが……と言った」の部分を省略した形態である。蜜を見つけたミツバチはダンスを踊って蜜の存在（蜜がある）を仲間のミツバチに知らせるが、そのダンスを見ただけで、蜜を見ていないミツバチがさらにダンスを踊って、他のミツバチに同じ情報（蜜があると言われた）を伝えることはできない。とすればミツバチのダンスは言語であるための要件をみたしていない。自由間接話法とは、誰が言ったのか明示しないままに、しかも間接的な情報として伝えられる情報のことである。そして言語とは、そのような間接性と、そのような非人称性を本質とする記号なのである。それがほんとうにあったことか（嘘の力？）、誰が言ったことかを確かめるすべもないまま、私たちは言葉をまず吹き込まれ、言葉の中に導かれる。しかし自由間接話法的な性質は（「嘘の力能」とともに）、言語にとって本来的な規定でありながら隠蔽されるのである。それゆえ言語にはあくまでも発話の主語ばかりか主体があり、命題には真偽がある、とみなされるわけである。これは生成にとって本来的な断裂が、生成以降の知覚と時間の中では、まれにしか露見しないのと同じことだ。

トーキー映画はもちろん言語行為（会話）の映像を新たに出現させたのであったが、それはまずアメリカ映画におけるアメリカの市民の、都会の民衆の、その新たな〈公共性〉の表現でもあった。そしてドゥルーズはますます語る行為のほうに論点を移動させ、第三世界の映画において、民衆の存在と主体性が、語る行為とともに出現することに注目したのである。物語の内容（語られたこと）ではなく、語りの行為自体に注目することは、まさに語りが指示する「出来事」の次元に注目することである。

非主体、非身体、非有機性の次元にある「出来事」は、こうしてあらためて自由間接話法と連結しなければならなかった。知覚における初発的な断絶とともにあった時間の生成は、言語存在の出現に連結されることになった。言語存在の生成的構造とは自由間接話法であるとすれば、『シネマ』に集約された、知覚、時間、言語行為にわたるドゥルーズの哲学的主題の連環が、かなり明瞭に見えてくるように思える。

実体も主体も斥けて、世界をひたすら出来事が関係する場として考え、そのような出来事の知覚と関係づけとして精神をも考察する、というまったく徹底した哲学をつくりあげていた点で、ドゥルーズはホワイトヘッドを『差異と反復』のなかで高く評価していた。のちにライプニッツ論として『襞』を書くことになるが、この時期にはホワイトヘッドについての本格的な講義をすることも構想していたのである。しかし結局それほど深入りすることがなかったのは、ホワイトヘッドがあくまで「有機体の哲学」という枠組みで「出来事」を考えていたからだろうか。ホワイトヘッドにとっては、時間・空間さえも出来事の系列から抽象されるものにすぎない。しかし「器官なき身体の哲学」にとっては、時間は生成における断裂であり、このことも「出来事」の本質的な様相なのだ。生成とはすなわち起源のことではない。生成とは、たえまない過程のことであり、出来事はそのたびに断絶であり、断絶とともにある出来事として知覚される。しかし出来事は非有機的であっても、やはりそれは有機体に属する出来事なのだ。だからこそ、有機体の深さにあくまでも敏感な非有機性の哲学がなければればならない。このような両義的過程とともにある知覚の哲学は、もちろん知覚器官の機能の認識ではなく、現象学的な「キアスム」の思索でもありえない。知覚の機能は、たえまない変化（非有機化）の過程の結果であり、そこから出現するものでもある。

確かに現代物理学や数学基礎論を究めながら「出来事」の哲学に到達した『過程と実在』の哲学者と、『差異と反復』の哲学者が交叉し、相照らす局面があったにちがいないが、やがて後継者たちによって「プロセス神学」として展開されるようなホワイトヘッドの思想には、新たな自然哲学的「世界観」として読めてしまえる一面がある。「出来事」と「知覚」の細い間隙を縫うようにして、やがて広大な次元にそれを拡張するうちに、「超越者」がもどってきたのだろうか。ところが時間の哲学における「断絶」は、それとはまったく逆の分裂的な「力能」の表現であり呼びかけなのだ。この哲学には「世界観」のような安定した立場を見出すことが決してできない。

終章　問いの間隙と分岐

1　有機体に連鎖するもの

ドゥルーズとガタリの『千のプラトー』には「有機体」と「器官」に対する奇妙な宣戦布告が見出される。私のこの本の思考の全部が、この布告への応答のようなものだ。

> われわれはしだいに、CsO〔Corps sans Organes（器官なき身体）〕は少しも器官の反対物ではないことに気がついている。その敵は器官ではない。有機体こそがその敵なのだ。CsOは器官に対立するのではなく、有機体と呼ばれる器官の組織化に対立するのだ。アルトーは確かに器官に抗して闘う。しかし彼が同時に怒りを向け、憎しみを向けたのは、有機体に対してである。身体は身体である。それはただそれ自身であり、器官を必要とはしない。身体は決して有機体ではない。有機体は身体の敵だ。CsOは器官に対立するのではなく、編成され、場所を与えられねばならない「真の器官」と連帯して、有機体に、つまり器官の有機的な組織に対立するのだ。（ドゥルーズ＋ガタリ 二〇一〇、(上)三二五頁）

有機体は身体に対立し、器官の有機的な組織は「器官なき身体」にも「真の器官」にも対立するという。この批判は、有機体と身体を区別し、たがいに敵対するものとみなし、身体に味方して、有機体を排撃するという奇妙な闘いを促しているかに見える。第二次世界大戦でドイツ占領下にあったフランスで、非占領地帯の精神科病院に避難したアルトーは、まさにそのような「闘い」を孤独に持続する思索を続けたのだ。

「有機体」とは「地層」であり、地層化するもの、地層化されたものでもある。「有機体は身体でもＣｓＯでもない。それはＣｓＯの上にある一つの地層、つまり蓄積、凝固、沈殿などの現象にすぎない。この現象は、形式、機能、支配的な階層化された組織、組織化された超越性などをＣｓＯに強制し、そこから有益な作用を取り出すのだ。〔…〕われわれはたえまなく地層化される」（同書、三二六頁）。それがもたらす「有機化」とは、生物学的な意味の有機的過程をはるかに超えて、階層化、組織化、機能化、形式化、等々を人間の生と身体に介入させる、と二人の著者は続けている。とりわけ三つの大きな地層がある。

われわれにとっての三つの大きな地層を考えてみよう。つまりわれわれはこの三つによって最も直接に拘束されるのだ。それは有機体、意味性、主体化である。有機体の表面、意味性と解釈の視角、主体化または服従の点。きみは組織され、有機体となり、自分の体を分節しなくてはならない〔…〕。（同書、三二七頁）

有機体とは生物の定義そのものにほかならないが、人間を「地層化」する過程としての「有機化」

は、生命と身体にじかにかかわる組織にとどまらず、人間と社会を構成する活動や知のあらゆる連環に関する過程でもある。「意味性」は言語の使用全般にかかわって、やはりこの連環に深く組み込まれている。さらには、ひとりひとりの個は、社会的、政治的、経済的な体制のなかで「主体化」されることによって、やはりこの連環を形成する基本要素になっている。こうして有機化と地層化の果てしない網状組織が形成されている。

確かに「われわれ」は、生命有機体の次元を超えて、何重にも有機化されており、たえず有機化されてもいる。しかし他方では、同じくらい非有機化されてもいるのだ。言語も、意味も、社会と主体の形成も、生命有機体の「地層化」の延長であり拡張であると同時に、すでに生命有機体に対しては異質な組織化の過程であり、それはむしろ非有機性の果てしない平面を形成するからだ。人間の世界を限なく貫通するかのような「有機性」のかたわらには、その「有機性」から離脱してきた「非有機性」の側面が、二重分節のようにして付着し折り重なって独自の作用を持続している。

有機的なものの作用と組織は、この本で見てきたように、社会の様々な「地層」に、政治や思想や芸術の領域にまで深く浸透しているが、同時にそこに作動する非有機的なものの特性もまた至るところに発見されうる。非有機的なものは、単に無機的なもの、非生命的なもの、機械的なもの、一部始終が人間の知性によって構築されたもの、等々として、世界のいたるところにありふれているが、ここで注目すべき「非有機性」とは、そのようなもの自体ではない。「器官なき身体」でもあるような「非有機性」の様々な様態や兆候を、われわれは言語に、芸術に、イメージに、知覚に、そして性愛と死に、そして生命の現実そのものに発見することができる。

私は初めての著作を『意味の果てへの旅』と題したが、「意味の果て」にあるものとはそのような

「非有機性」のことでもあった。『反歴史論』という本を書いたが、歴史を貫通し浸透している有機性の観念に抗して、歴史のなかにも非有機性を発見しようとしたからだった、と今なら言うことができる。それ自体有機化された歴史の認識が、あらゆる認識の有機的モデルとして働いているからである。

フェリックス・ガタリは彼自身の最も実験的な書物『分裂分析の地図作成法』では、領土、流れ、機械、非身体性、等々における様々な形成、連結、運動を、とりわけそれらの突然変異的な脱領域化に着目して、数々の図表とともに思考している。それは様々な領域における有機化にむけられた批判のための、かなり例外的な思考実験であったにちがいない。様々な領域や位相において現れる非有機化の過程をガタリは検知し、図式化しようとしていたが、その成果はドゥルーズとの目覚ましい共同作業にも、ごく一部しか体現されなかった。

2　形相、図像、イメージ

このような有機性の批判を進めようとするなら、どうしても有機体が何かについて再考することをせまられる。そのためには生物学だけでなく、生物有機体を「システム」として認識するシステム論や、自己組織論も無視することができない。しかしこの方面の成果を読むことによって、必ずしも有機体とは何かについて有効な概念が得られるわけではない。そもそも「体系概念が生命という事実を把握するのに適切かどうか」(ヨーナス 二〇〇八、一一二頁)と問うような観点さえあるからである。

生成は体系として理解されるかもしれないが、必ずしも体系それ自体ではない。そのように問いながら、私はまた哲学にもどり、ベルクソンが『創造的進化』で、なぜ「生の躍動」について語り始めたのかを考え直すようなことにもなった。「生の躍動」がいかに論証不可能であいまいな概念に見えようとも、「死の欲動」（フロイト）を認めるとすれば、「生の躍動」を考える思考にも少なからず説得性はある。

ハンス・ヨーナスの『生命の哲学』は、物質が生命を獲得したことを「自由」として捉えるような発想を貫いている（訳書の副題は「有機体と自由」となっている）。そのことは次のように表現される。

> 生きている形相（die lebendige Form）は、物質のなかで、大胆で特殊なあり方をしている。それは、逆説的で、不安定で、不確実で、危険で、有限で、死に深く結びついたあり方である。死の不安に満ちたこの大胆な実存（Existenz）は、実体が有機体になることによって企てた自由という根源的な冒険を、眩い光のもとに照らし出す。（同書、一〇頁）

ハイデガー主義的な死のモチーフが感じられる思考だが、ヨーナスは「生命」に照準をあてることによって、あの「存在」の思想からむしろ距離をとっているように感じられる。

この本でヨーナスが、視覚の「高貴さ」、「比類のなさ」について書いていることに、私は注意をひかれた。「視覚はとりわけ、同時的なものないし並列されたものに対する感覚、したがって延び広がったものに対する感覚である」、「この眺望の構成は「一瞬」のうちに成し遂げられる」、「視覚の比類のなさは、同時に存在している多様なものを静止しうるものとして直観することに、すでに示されている」（同書、二四九—二五〇頁）。こうして視覚の特性を、同時性、対象からの距離、出来事からの分離、中立化、静態化、つまりはある「自由」の獲得として彼は規定している。視覚のこのような特性は、有機体の「自由」の本質的な理由として指摘されているのだ。こうして視覚がもたらす「共時的現前」は、かたや聴覚や触覚が時間的連続のなかで作動することと対比される。感覚的データを一つの「図像」として把握するような能力も、あくまでも視覚によって与えられる。「こうして視覚が指し示したところへ、精神は歩んでいったのである」。

このような特性をもつ視覚のヘゲモニーについては、むしろ西洋文明自体を、視覚の「比類のなさ」によって決定されてきた伝統として批判する指摘が、近代以降にさかんに行われるようになった。すでにニーチェの「アポロン的なもの」の批判は、「視覚優位」の文明に対する根底的な批判であった。視覚芸術にほかならない絵画についてさえも、「視触覚（haptic）」のように、視覚の優位や純粋性を再考する問題提起が現れた。ミシェル・セールの『五感』のような書物は、むしろ皮膚における触覚をあらゆる知覚の根源とみなし、視覚さえも光に対する触覚とみなすような観点を大胆に提案している。まさにそこでは、知覚器官の区分を超える器官なき身体の知覚として、触覚が提案されているのだ。

しかしヨーナスのいう「視覚の比類のなさ」は、決して視覚だけにあてはまることではない。問題は、視覚にも他の知覚にも共通に起きうる対象からの分離であり、知覚を超脱するかのような異次元の獲得なのだ。それが共時性とも中立性とも静態とも呼ばれているが、これらは決して視覚だけに属する特性ではない。どんな知覚も、知覚対象から離脱するようにして、その記憶を、形相を、イメージを、図像を形成しうるからである。瞬時に光を知覚の対象とする視覚こそが、なによりもまずそのような異次元形成をうながすモデルになりえたかもしれない。いずれにしても、聴覚はそれ自体に固有の音の「イメージ」を、メロディーや言葉として把握し、触覚もまたそれ自体に固有のざらざらとした、あるいは滑らかなものの形象を、すでに対象そのものから分離して知覚しうるのであり、そのかぎりで確かに形相（形態、図像、イメージ……）を獲得しているのだ（点字を読む指のように）。

ヨーナスは視覚の特別な能力によって、「質料と異なるものとしての形相、現実と異なるものとしての本質」が認識対象になるかのように語るが、そこで重要なことは視覚自体の固有の能力ではなく、むしろあらゆる知覚がそなえているそのような「図像描出という間接的能力」のほうなのだ。

それだけでなくヨーナスは視覚の「比類のなさ」と密接に関連させて、有機体の「形相」について語っている。「有機的形相は、質料に対する依存的自由（bedürftige Freiheit〔必要的・困窮的自由〕）という関係にある」、「自立的で、それ自体で存在している形相は、生命の本質的な性格である。生命を欠くものにとってはたんなる抽象物にすぎない質料と形相の差異が、生命とともに現実的な区別としてはじめて存在の領域に登場してくる。〔…〕存在論的関係の完全な反転〔…〕すなわち、形相が本質となり、質料が偶然となる」（同書、一四八頁）、「有機体の根本的な自由は自らの質料に対する形相のある種の自立性にある」（同書、一五一頁）。つまり視覚の自立性は、有機体のもつ「形相」にかかわるのだ。そして「形相」の自立性とは、有機体の自由のことでもある。そんなふうにヨーナスの生命論は、本質的な形態論にまで展開されている。

形相、形態、形象（図像）については、これら自体をめぐって哲学や心理学や美学などにおいて様々な考察が試みられてきた。この本の第Ⅰ部第一章で、「図像」の問題について考えたとき、私はそのような多様な展開にまで触れてはいない。たとえば心理学におけるゲシュタルトの概念や、それに対するメルロ＝ポンティの興味深い応答などにも触れなかった。メルロ＝ポンティはゲシュタルト心理学に触発されて、「形態（Gestalt）」を精細に検討していたが、『見えるものと見えないもの』の研究ノートでは、「形態は空間‐時間的な個体ではない。それは空間と時間をまたぎ越す或る布置に統合される準備ができている」、「形態とは超越である……」、「形態を経験するのは……身体である」、「私の身体も一つの形態なのだ」、「同時に私の身体はあらゆる形態の構成素でもある」[1]（Merleau-Ponty 1964, pp. 258-259／二九四頁）などと、形態と身体の関連についても触れて印象的な記述を残しているのだ。有機体を解剖学的に分析し、物理化学的機構として解明しようとする認識態度を批判したメルロ＝ポンティにとって、「ゲシュタルト」は、局所的な刺激‐反応の因果関係にはとうてい還元することのできない生命の「内的統一性」あるいは「受肉の弁証法」を体現する。それは「意味の統一」などとも言いかえられるが、決して形而上学的概念ではなく、「神経系自身の平衡の諸法則」に生理学的根拠をもっているとも彼は説明しているのである。

私はこの本の第Ⅰ部第一章で、〈東洋の賢者は「概念」ではなく、「図像」によって思考する〉というドゥルーズ＝ガタリ『哲学とは何か』の指摘をとりあげて考え始めた。確かに井筒俊彦の東洋思想論を見ても、東洋の図像（曼陀羅や卦）は重要な特徴をもつものとして、ユングの元型論にもつながる元型的、根源的思考として位置付けられている。ところが東洋思想における図像あるいはむしろ「象徴」の、過剰で無秩序に見える用法を、ヘーゲルは未開の段階として執拗に批判していたのだ。それにドゥルーズたちもまた、東洋思想における図像を、哲学の内在性に背反する「超越性」として批判するかのように語っている。しかしフランシス・ベーコン論でもあるドゥルーズの『感覚の論理学』では、図像（figure）はまったく異なる文脈で、絵画論、美学の中心概念として肯定的にとりあげられていたのである。

ヨーナスの論にもどると、有機体は、「形相」を獲得することによって、決定的に物質（無機物）から離脱し、ある「自由」を獲得するのである。この文脈で、ヨーナスは、決してゲシュタルト心理学の発想に依拠しているわけではない。視覚の特徴でもある「形相」の非実体性、中立性、理念性を「自由」とみなして、そこに有機体の自由の根拠を見ていたのだ。ところがゲシュタルト学派にとって、知覚は対象の方からくる個別的な感覚刺激によって形成されるのではなく、個別的な刺激に還元することができない「形態」という全体的な枠組みによって規定される。そのように「形態」は、一種の「ホーリズム」という性格をもっている。「形相」もまた、全体を一気に（同時的に）規定するような枠組みという性格をもちうる。それは中立的な自由であるだけでなく、全体を横断し規定する力動的な「枠組み」でもある。しかし、ほとんど純粋な非実体性、理念性、抽象性としてそれをとらえるならば、「形相」はむしろかぎりなく「概念」に近づく。

さらには、それが変動する多様な感覚的与件に密着し、そこに生起する諸力のゆらぎに敏感であるものならば、むしろ「形相（forme）」は、たえず輪郭を震わせ、歪める「図像（figure）」のようであるかもしれない。カントはといえば、物の具体的形態の次元と、純粋な理念的次元にありうる中間の媒介的な何かとして「図式（Schema）」を構想していたのである。

つまり形相から形態、そして図像にいたるまで、様々な物質性、感覚性、理念性の度合いがあることが考えられる。かたち、輪郭、様々な点と線の多様な集合、様々なタイプの〈全体〉、それらに規定される関係、その間に働く力、作用、運動、振動。概念と理性の優位にたえず抗するかのような「形態」。最も純粋な「形相」、実に不純にして不穏な「図像」。それらの知覚、それらの認識。それらのイメージ。イメージには必ずしも形態がない。形態なきイメージ、無形のかたち、アンフォルメル。ジャクソン・ポロックのように。アンリ・ミショー、ジャン・フォトリエ、アンドレ・マッソンのように。形相、形式、形態、図式、形象、図像、そして像（イメージ）は、それぞれ別の「かたち」を意味し、別の問題系のなかにあって、別の問いを投げかける。しかし、それらはただ抽象性、統一性、理念性、物質性、感覚性、動態、静態の異なる度合いを示しているにすぎないということもできる。『感覚の論理学』において、すでに東洋の「図像」とは異なる文脈におかれていた図像（figure）という「かたち」は、概念に対峙する別の記号として使用され、あるいは形式が脱構築され異質な感覚的対象になった状態（形態）を示してもいたのだ。

ヨーナスのいうように、有機体は「形相」を獲得し、それによって自由を獲得すると考えられるなら、それによってすでに有機体は物質から別のものに飛躍したのである。あたかもそれはすでに非物質化、非実体化としては、すでに非有機化であるかのようだが、もちろんそれもまた有機体の、あるふるまいであるにすぎない。いずれにしても有機体は、限りなく物質から自由になり、こんどは生命それ自体からも自由になっていくかのようである。精神の活動、言語による活動は、端的に非有機化の拡張なのだ。それはすでに「器官なき身体」の活動であり創造であるにちがいないが、非有機性もまた組織され、再び器官の集合のように組織され、あたかも新たに「有機化」されるかのようである。ここでもまた物理化学的、解剖学的認識をモデルとした機械的形成と、生命独自の「ゲジュタルト」や「躍動」（ベルクソン）を根拠とするかのような形成、組織が進行し、拡張される。意味性、主体性として現れる有機性も、いたるところでこれに介入し、連鎖して作動する。そこにもまた突然変異、進化、淘汰、退行のような過程さえ現れるだろう。いずれにしても、数十億年というスケールにわたる生物の進化と、たかだか数万年の（現生）人類史の進化とは、比較することも、連想することも不可能で、確かな生物学的進化を遂げるには、人類史はあまりに短い。それでも「器官なき身体」の発想を、ＳＦのような進化論とも突き合わせて点検することに意味がないわけではない。

3　二重分節

『千のプラトー』第三章「道徳の地質学」でドゥルーズ＝ガタリは、言語学、生物学、進化論にまたがるかなり奇想天外な原理論を、半ばフィクションの形で展開している。主人公チャレンジャー博士は講演の中で、地層の形成や有機体の生成を貫く「二重分節」について、次のように語っている。

> 第一次分節は、不安定な流れ‐粒子群から分子状もしくは準分子状の準安定的単位（実質）を選びとり、または取り出し、これに結合と継起の一定の統計的秩序（形式）を課すものといえるだろう。第二次分節は、稠密で機能的な安定した構造（形式）を配置して、モル状の複合物（実質）を構成するものといえるだろう。（ドゥルーズ＋ガタリ 二〇一〇、(上)九五頁）

「第一次分節」は地層を形づくる堆積作用に対応し、「第二次分節」はそれに続く褶曲作用に対応する、という。それぞれの分節において、固有の実質（substance）があり、その形式（forme）がある。タンパク質の構成を決定する細胞化学的変化にも、このような流動的、統計的な様相をとる第一次分節と、安定的な調整機構をそなえるように作動する第二次分節があり、さらには遺伝子コードの働きさえも、タンパク質の系列と核酸の系列という二重分節としてとらえることができるだろう。

このような二重分節の発想は、とりわけイェルムスレウの言語学の発想に触発されたものである。その言語学は、意味するもの－意味されるものの対ではなく、表現と内容という二重のカテゴリーを設け、表現にも内容にも、それぞれ実質と形式を見ている。言語は「表現」としては、音声を「実質」として、それに「音韻」の形式を与えたものである（書き言葉は、線や点からなる図像を「実質」として、それに「文字」の形式を与えている）。そしてそれが指示する「内容」のほうも、それが鳥を指示するならば、様々な鳥を「実質」として、それを概念化した鳥という「形式」をそなえている。有機体の構成（つまり内容）を決定する核酸の配列は、表現としての形式をもち、有機体の内容にも形式をもたらす。言語の次元をはるかに超えて、いたるところに内容と表現があり、それぞれに実質と形式がある。

もろもろの表現が内容に介入し、それを分離し、結合し、切断し、変形し、加速し、減速するばかりか、内容と表現が、また形式と実質が、逆転し交替するかのような事態さえ起きるだろう。単なる表現の変更だと思われたことが、じつは内容の変更であり、形式上の変化と見えることが、じつは実質上の激変であるというように。物が記号に効果をもたらし、記号のほうも物に変化をもたらす。形式化には様々な度合があり、表現の相対的安定性も、あくまで相対的であるにすぎない。二重分節の思想は、形相／質料という古典的な二分法に混乱をもたらすが、それはあくまでも世界の出来事を、いわば分子状のレベルで、流動状態としてとらえるための提案である。そこに現れる様々な「かたち」（形式、形相、形態、形象、図像、図式……）を、観念において、身体において、哲学において、美学において識別しなければならないと同時に、それらの形式化の様々な様相と度合を把握しなければならない。

あらゆる形態は、「もろもろの人口、群れや集落、集団性または多様性」として把握され、また発生や発達も「いろいろな速度、比率、係数、そして微分的関係」として理解されなければならない。そして表現においても内容においても、地層にあたるものには、内部環境と外部環境があり、その間の交換、その間の境界があり、たえず別の層が形成され、もとの地層も変容される。生物の進化そのものが、そのような変容の過程として理解されうる。有機体が、このような「二重分節」を通過する形態や発達の過程そのものであるならば、すでに有機体には、層も器官もないかのようである。層状に形成された組織も器官についても、それらを貫通する変形と変化の過程に着目するならば、有機体そのものがすでに「器官なき身体」に似ているのだ。このような過程では、たえず異常や奇形や逸脱も発生するにちがいないが、それにしても生物は、そして自然は、そして人間の生は、たえず均衡や統一を成立させ、あるいは再構成するかのようなのだ。その果てで、なお突然変異、危機、決定的破局をもたらすことも、それを阻止することも人間にはできるのかどうか。それを予測することはできるようで、やはりできないか。できないなら、それはますます危険であるのかどうか。有機性に賭けるか。非有機性に賭けるか。

4 「生命主義」が歩んだ道

日本近代の大正時代は、維新以降の「帝国」形成期（明治）と、大戦になだれ込んだ軍部主導の独裁政治（昭和）の谷間のようにして、普通選挙法にまでいたったデモクラシー発展の時代であると同時に、「生命主義」と呼びうるような思潮、表現、価値観が広く波及した時期でもあった。鈴木貞美は「大正生命主義」の集団研究（国際日本文化研究センター）を提案して、その多方面にわたる成果を『大正生命主義と現代』（鈴木貞美編、河出書房新社、一九九五年）として総括し、『「生命」で読む日本近代』という自著でも、この「生命主義の誕生と展開」について詳しく追跡している。文学、哲学、宗教から、社会運動にまで広がった「生命主義」の浸透ぶりが、そこに浮かび上がっている。それは前世紀末から西洋に出現していた進化論、ニーチェ主義、様々な生気論、生の哲学、等々に、多かれ少なかれ触発されたものでもあった。数々の事例があげられているが、白樺派の解放的な自然主義的共同体を主導した武者小路実篤（「新しい村」）、『種の起源』の訳者でもあり、ある種の「生命主義」（「生の拡充」、「生の闘争」）を強いモチーフとして無政府主義の運動を広めていった大杉栄、むしろ宗教哲学的文脈で「生命」について思索した西田幾多郎（「永遠の生命」、「真の生命」）のような例が、「生命主義」の傾向と多様性をすでに象徴している。

しかし「大正生命主義は、昭和の戦争期には変質し、ひどく惨めな結末を迎えてしまった」と鈴木は書いている（鈴木 一九九六、二四九頁）。思想（生命観）であり、思潮、風潮でもあるような「生命主義」は、尖鋭な政治的抵抗、自我を肯定する個人主義、あるいはロマン主義、ヒューマニズム、ユートピア主義から、むしろ民族主義、全体主義を支持する有機的な思想形成まで、様々な形をとって現れた。鈴木は戦後日本の生命主義についても語っているが、「大正生命主義」は抵抗や解放の思想という側面をことごとく圧殺され、大戦争になだれ込む軍国主義を補強する「民族の生」の観念に癒着し、吸収されることになったのだ。もちろん生命を焦点とする思想的芸術的探求は、「思潮」、「風潮」としての「生命主義」のようなレベルとは区別して、それぞれの事例において何が、どのように問われていたのかを精細に検討すべきものにちがいない。しかし「日本文化研究」という社会史的な枠組みで行われた研究の関心は、それぞれの思想や表現の特異性にはむかわない。鈴木自身の著書も、ほぼ同じ枠組みで書かれているが、詩人、歌人たちの「生命主義」の表現を引用して、その機微を論じた部分では、もはや「主義」には還元しがたい「いのちのあらはれ」を読み解いていることが強い印象を残すのだ。

この時代の「生命主義」を哲学的に体現したのは、西田幾多郎、田辺元だけでなくニーチェに感化された和辻哲郎でもあった。和辻の処女作であった『ニイチェ研究』では、ニーチェに読みとった生命の思想が展開されていた。ダーウィンの進化論が、偶然の突然変異と、それを淘汰する自然環境によって、生物をほとんど受動性として機械論的に説明したことをニーチェは批判していた。

ニイチェの見たダアウィンの欠点は、環境の勢力を過重し、絶えず変化しようとする内よりの欲求を看過したことである。（和辻　一九八九、一一八―一一九頁）

和辻はこの批判を受け、機械論も目的論も斥ける「最も勇敢な進化の観念」をニーチェの「権力意志」とつなげて読解している。「進化は権力意志の活動それ自らであって、決してある目的への進行ではない。従って人の進化も、人の最も内的な力の、征服、生長、創造等における純粋にして強烈な活動にあるのである。絶ゆることなく生長する生の充実——それが人の進化である」（同書、一三二頁）。そこで「権力意志」は、ひたすら「生の充実」を強める方向に驀進するのだろうか。『道徳の系譜』を書く哲学者は、「権力意志」にふさわしい道徳をも追求することになるだろう。「権力意志」を体現する自由な精神は、「風習の道徳」、「他律的道徳」に鉄槌を下すのであり、それがなすべきことは「道徳の底に隠れている本能を永い間の仮面と匿名とから引き離し、それをその本名において尊敬することである」（同書、三〇四頁）、「ニイチェの道徳は宇宙生命としての自己が自らを実現せんがために内よりおのれを束縛することである。彼の道徳の最高の意義はここにある」（同書、三五八頁）。やがて「倫理学」の教授となる和辻は、このようにニーチェの生命哲学だけではなく道徳哲学についても注意を怠らなかったが、道徳もまた「宇宙生命」の自己実現でなければならないのである。若い和辻が力強く読解した「ニーチェ主義」にとって、生命、道徳、宇宙を貫く「権力意志」は、どこまでも有機的な統合として現れている。

　そして和辻は、開戦に近い年に発表した「普遍的道徳と国民的道徳」のような文章では、「道徳」の意味を、あるいはその文脈を大きく転換させ、キリスト教と仏教を比較しながら書いているのだ。

> キリスト教においては神と個人との間に人間の種々なる共同態を挿《はさ》むことは出来ぬが、無限なる全体性即ち「空」の前に一切の個人を消滅せしめた仏教においては、人間の共同態はそれぞれの段階においてこの絶対的全体性を実現するところの場面である。

大乗仏教の優れた特徴の一つは、家族より初めて国民全体に至るまでの生存共同態が、そのまま絶対的全体性の実現たり得ることの承認であった。生活の共同はそれぞれの程度における自他不二の実現である。具体的なる生の共同として実現せられることを除いては、自他不二は「空」にほかならぬ。かく見れば有限なる人間の全体性は、無限なる全体性即ち「空」において成立し、この全体性が己れを現わす必然的な道として、最も根源的な意義を獲得する。それは人間の無差別の実現として、即ち「空」の具体的な実現として、最高の道徳である。[2]（和辻 一九九一、一七〇─一七一頁）

若い和辻がニーチェに見ていた「権力意志」は、そのまま「絶対的全体性」にすりかわり、それが仏教の「空」とも、ひいては「国民社会」とも、難なく連結されている。「生命主義」は、哲学においても、哲学の外観を纏ったこのように空疎な詭弁にまでなり下がったのだ。それだけでなく軍国、愛国、翼賛の「死の政治」に合流して、それを鼓舞する言葉を編み出してもいた。

西田幾多郎は、『善の研究』で、あくまでも宗教的世界観のなかで「生命」を語ったのに比べれば、戦争末期に書いて未完に終わっていた論文「生命」では、生物学も視野に入れて、機械論的理解を斥ける「有機体論」を展開している。

生命は所謂空間の内にあるのではない。併し又単に外にあると云うのでもない。自己自身の内にかゝる要素を含むかぎり、自己表現的に自己自身を形成する世界であるのである、生命の世界であるのである。かゝる要素を中心として、有機体の内と外と云うことが考えられる。有機体は内に環境を有つと云う。我々の身体の内部も機械的である。外から見れば、我々の身体も巧妙なる機械に過ぎない。内が外である。併し我々の身体は単に機械的ではない。若し然らば身体と云うものはないのである。身体とは、自己自身の内に自己表現的要素を含んだ組織である。(西田 一九六五、三〇四頁)

「自己表現的」という言葉は、メルロ゠ポンティが有機体における「意味」について論じたことを連想させる。このような内と外の「矛盾的自己同一」として「物理化学的に説明することのできない」生命活動について西田は語る。そして彼もやはり「形」に言及している。この思索は、歴史に、社会に、そして国家へと展開されていく。

生理学者は機能と構造とは不可分離的と云う。内と外との絶対矛盾的自己同一として自己自身を形成する歴史的世界にも、客観的組織があるのである、即ち形があるのである。社会と云うものがそれである。私は之を歴史的身体と云う。此の如き意味に於ての歴史的身体と云うのは、単に生物的身体を越えたものではない、之を離れたものではない。歴史的生命は一面に何処までも空間的に、全体的一的に、種的でなければならない。民族的と考えられる所以である。主体は生物的に、環境は物質的でなければならない。ランケが形式的に同一の政体でも国家はそれぞれに生きた個体であると云う様に、歴史的生命は歴史的に基礎附けられねばならない。(同書、三二八―三二九頁)

こうして有機体の弁証法は、一気に国家という「生きた個体」に適用され、ついには「民族精神」に、「血の神秘」にまで飛躍している。「我々は歴史的身体的に歴史的世界形成的となるのである。血は自己表現的であるのである。民族精神の根柢が血の神秘に求められる所以である。社会の成立には、民族が基とならなければならない。血の自己表現がなければならない」(同書、三三四頁)。まったく奇怪な飛躍だが、ここには戦時下の軍国主義の圧力を受けた詭弁ばかりがあったわけではない。和辻哲郎にも見られたように、生命哲学から、政治的全体主義への飛躍、短絡、あるいはすり替え、あるいは拡張は、そもそも彼らの生命と有機体の認識そのものに根ざしていたのではないか。国家を形成する権力関係、支配の網状組織、心的構造、経済的生産的構造、等々を、生命の有機的構成とアナロジックに語ることは、誤謬でも、不正でもないが、そこにあからさまな論理の飛躍や短絡が起きることになっている。政治の次元さえもが、どこまでも有機性として考察されて、政治の作為や力学や葛藤を思考する回路そのものが閉ざされてしまうことになった。

田辺元は、一九三〇年代に「種の論理」をめぐる論文を相次いで発表したが、和辻も西田も、生命哲学を、「国民社会」や「民族精神」へと短絡的に展開していることに比べるなら、国家とは何か、民族とは何かをめぐって、もう少し注意ぶかい弁証法を構築していたように見える。しかし人類でも、個人でもない、それらを媒介する「種」として国家を、民族をとらえる彼の発想もまた、ある生物有機体の考察から発しているのだ。「生命の種化が自然を媒介とし、民族が有限なる土地と物質とにその生命の維持を繋《か》けなければならない限り」(田辺 二〇一〇、一七七頁)と要約される条件にしたがって、「民族の種別」は必然であり、「国家」もまた「種」として必然的に具現されるものである、と田辺は「種の論理」を繰り広げる。「存在の統一は種と個との類的統一」であり、「種」という媒介は、個人の集合の上位にある民族（血縁氏族）として現れる。この民族という「種」は、さらにその内部の対立や階級を統合するという意味で、「国家」という「総合態」にまで「止揚」されねばならない。田辺はこのように「種」として、二重に国家と民族を定義することによって、その必然的必要性を確認し、いわば自由や闘争の抑圧さえも正当化したように見える。

「種」（民族国家）を超越する「類」として世界（人類）や、国際法の観点さえも確かに視野に入れてもいた田辺の、「種」をめぐるこの弁証法も、生物の「論理」をそのまま民族と国家にまで拡張して適用しているという点では、他の京都学派と軌を一にしている。生命有機体または有機的システムの概念が、そのまま社会と政治の平面に短絡的に拡大されて、そこにも有機体モデルが浸透し貫通している。丸山眞男が日本人の「歴史意識の「古層」」として指摘した有機的傾向と、この発想はけっして無関係ではない。このように「生命主義」は警戒すべき思想でもありうる。もちろん警戒すべきなのは「生命」ではなく、そのような適用や発想を強いる有機的発想のほうであり、それに支えられ、それを支える強制力や力関係なのだ。人間の生死を決定する権力という意味での「生政治」があると同時に、生命有機体をモデルとして、あたかも政治さえも生物学的必然性であるかのように理解させようとする別の「生政治」がある。そのように政治を非政治化するかのような「生政治」があって、それもまた第一の生政治とともに合体して機能するようなのだ。

国家の「有機性」と、生物的生命的とみなされた「有機性」とは、いたるところで癒着し連結し、国家が採用してきた進化論や優生学の粗略なイデオロギー版も、そこに組み込まれて、社会と政治のいたるところで作動していたのである。決してそれはファシズムの時代で終わったことではない。だからこそ、知覚、イメージ、映像、そして言語にまで、そしてあらゆる芸術分野にまで、有機性に対する反作用であるかのようにして、有機性を停止させ変質させる「非有機性」の介入を検知することには意味があるはずなのだ。そして有機性と非有機性がたえず反転し、相互に陥入することにも注意をむけなければならないのだ。

5　ある唯物論——戸坂潤の抵抗

戸坂潤（一九〇〇—四五年）は、西田幾多郎、和辻哲郎、田辺元たちの哲学に、日本主義あるいは「日本イデオロギー」を根底で支える思想を見て、ほとんど例外的な本質的批判をむけていた。戸坂の批判は、マルクスから吸収した唯物論に裏付けられていたが、公式や教条と化したマルクス主義からは機敏に距離を設けていたようなのだ。「歴史と弁証法」という原理論的なエセーで「生命哲学」、「生の哲学」を、彼は次のように批判している。

> デカルトの自我表象から始めて、ライプニッツの表象能力所有者モナッドも、カントの自律的自由主体も、フィヒテの自意活動的自我も、自分が自分に還るという形に於ける最後のものを意味し、そしてそういう形の最後のものが、一般的に云えばとりも直さず生乃至生命の形を有つのである。この意味で近世哲学——夫は実はブルジョアジーの代表的哲学であるが——の精華は、要するに生命哲学に帰着すると云うことが出来る。ベルグソンやディルタイの所謂「生の哲学」は、こういう生命哲学の最も特徴的な場合の一つに過ぎない。（戸坂 二〇一八a、四二頁）

それなら、なぜ「生命」は、そのように「最後のもの」でありえたのか。「人々は生命によって、意識の――自我・思惟・観念等々の――独立を表象することが出来るのである。人々は意識の独立な・自由な・絶対的な活動の内に、本当に生きた生命を感得する」、「存在を意識として結果するこの生命哲学は、存在の最後の保証者を、感情的な又は理性的な明白性に求めようとする」(同書、四二―四三頁)。こうして自我、意識、生命を貫通する有機的論理が構成されることになるが、その「明白性」は、あくまで「意識の事実」に関するものにすぎない。しかし唯物論は、むしろ存在の「事実性」を、その「質料性」を、「物質性」を、あるいは「歴史的事実性」を問題にする、と戸坂は生命主義の意識または観念に、要するに観念論としての生命主義に鋭利な批判をむけている。近世哲学が全体として生命哲学に帰着するという指摘は強引すぎると思うが、生命哲学がどのように包括的な観念論として作動するかについてのこの批判は、正確に的を射ている。

昭和に入り、中国を侵略し、国際的孤立を深め、ファシズムと合体する日本主義を強化する思想統制が広がったあの時代において、比較的穏健に見えていた自由主義、倫理学、道徳論、東洋思想研究までが、いかに周到に「日本イデオロギー」の基盤を形成していたか、それらを結びつける有機的連関を、戸坂潤は、京都学派の哲学的核心にも緻密に読み込んでいる。西田の「無の論理」(弁証法)についても、和辻の倫理学や「風土」の思想についても、むしろそのような思考が歴史的現実の葛藤にむかうのではなく、「無」や「空」によって、あるいは「風土」のような半ば自然主義的な観念によって、あるいは伝統的な共同体倫理の肯定によって歴史的葛藤を蔽い隠し、亀裂のない有機的連続性を構成するものだったことを、戸坂は周到に批判していたのだ。

西田や和辻の著作の学術的水準や独創性を公平に評価しながらも、戸坂は彼らのロマン主義や神秘主義、そして文献学的、解釈学的研究さえもが「日本主義」の有機的地盤を整備するトリックやペテンとして働いたことを辛辣に批判しえた。この思考の根拠となったのはマルクスから受け取った史的唯物論にちがいないが、戸坂が独自に精錬していた「唯物論」は、歴史をむしろ非歴史化する始原論を拒絶するものであり、まして「無の自覚」の上に成り立つような弁証法とは相いれなかった。戸坂の「唯物論」はマルクスなしにはありえなかったとしても、ほとんど独自の哲学的追究でもあった。理性と形式をめぐって思考する古典哲学にとって、「もの」とは、すなわち「無」であったと指摘しながら、戸坂はその「もの」が実在する「空間」について執拗に考えぬいていた。空間は単に主観的直観の形式などではなく、空間こそが実在し、「もの」は空間の中に実在する、と自然科学（幾何学、物理学）のあつかう「空間」と対比しながら、戸坂は「唯物論」を基礎づけていた（戸坂 一九六六参照）。

このように提示された唯物論にとって「歴史的時間」とは何か、この時間の「性格」とは何か、「時代」とは、「日常性」とは何か、そのように問いを広げながら彼は、「日常」や「風俗」の思考にもこの問いを浸透させている。有機化の傾向が支配する平面には、鋭く非有機性の思考を介入させ、非有機性が固定し硬直する場面ではむしろ有機性を機敏に注入している（「社会が有機体的だと云うのではない、社会のもつ時代の性格が有機体的だと云うのである」（戸坂 二〇一八b、六六頁））。ますます全体主義として、排他的、威圧的に作動するようになった日本主義の有機性に対しては、徹底的に非有機化する思考によって抵抗していたのだ。戸坂潤は、近代日本にあって例外的な非有機的な知識人であったにちがいない。しかし彼が対決しようとした「日本主義」的な有機的思想の体制は、現在にいたるまで消滅してはいない。本質的な批判にさらされてもいない。

6　いくつかの〈生政治〉

ハンナ・アレントは、人類の「絶滅」をひき起こす可能性が途方もない規模にまで膨張している現代において問題になるのは「ただ単に自由だけではなくて、生命であり、人間やひょっとしたらこの世での生命全体がさらに生き続けられるかどうかということでもある」（アーレント 二〇〇四、二一頁）と、日本に原爆が投下された後の時代に書いた（『政治とは何か』）。いまや絶滅の脅威をもたらしているのが政治そのものであるとすれば、もはや「政治と生命の維持とは相互に調和するということが疑わしく見えてくる」。彼女にとって最大の研究課題であった「全体主義」の後に、政治にとってもう一つの別の災厄が、別の思考を強いていたようだった。

アレントにとって政治とは、あくまでも「公共性」の内実そのものにあたる「活動」と「自由」を意味するもので、生存そのものが目的ではありえなかった。「もし政治とは政治は残念ながら人類の生存維持のために必要なものにすぎないということが本当だとすれば、実際には政治は自らを抹消してしまうことになる」（同書、二二頁）。その「自由」とは、近代以降の政治において、様々な観点からしばしば異なる意味で標榜されるようになった「自由」ではなく、とりわけ古代ギリシアのポリスに範型が見出される「自由」であり、アレントにとってはまったく厳密な意味をもっていた。古代ギリシアは「生存」の問題を、奴隷の労働によって、政治ではなく「家政」の平面で解決して、あくまでもそのことを前提として自由のための政治を実現していたのである。「ポリス」はこのことによって、公共性と自由のための政治の例外的モデルなのである。ところが、やがて政治はとりわけ生命の維持のために必要なものとなり、ついには逆に生命を絶滅させる危険そのものと化して、ギリシアの政治からはるか遠くに堕落してしまったことになる。

むしろ古代ギリシアは例外であったかのようで、やがて政治はいたるところで、「生存」の名において、「支配者」と「被支配者」の関係を決定し調整する「統治」を最大の課題とするようになった。「統治」のために欠くことのできない暴力装置という観点から見るなら、支配の側の所有する暴力装置と、被支配者の側にある暴力可能性との間にはますます大きな格差が生じる。武器や兵器の技術革新がさらにその格差を広げる。まさにその格差が、「平和」を保証することにもなる。一般に現代の世界は、過去に比べて平和で治安が行き届いている。そのかわり国家が所有する暴力は無限大に膨れ上がり、人類を絶滅させうる規模にまでいたった。現代政治の目標とは、それがいかなる体制であれ、もはや「自由」ではなく、もっぱら「統治」であり、それは「絶滅」をひき起こしうる暴力装置とともにあるしかない。「歴史的に見て平和志向の、最小限の暴力しか用いない時代というのが、結果として直ちに暴力手段の最も大規模で恐るべき発展をもたらしたのである」（同書、六二頁）。つまり現代の政治は、みずからの課題を「生存」のほうに傾けることによって政治を不可能にし、平和（治安）をめざしながら絶滅の可能性を掌握することによって、ますます政治自体を危険なものにしてしまった。つまり政治は二重の意味で、衰退し消滅しつつある。

アレントの政治学にとって、「生政治」（生きさせる政治）とは、そもそも語義として矛盾なのだ。「自由」も、自由な熟議も許さず、ひたすら「生存」の脅威をめぐって、脅かし、脅かされることが常態であるような「政治」とは、政治の要件をみたしていないからである。現在では、アレントのこのような立論がただ理想的で、ほとんど倒錯と見えるまでに、むしろ生存を焦点とする「統治」のほうが逆に常態と化し、原理と化している。絶滅の危機は、政治がもはや（自由の）政治でなくなっても、別の政治として生きのびるための手段として必要であるかのようでもある。政治は危機と衰退によって引き裂かれているとしても、絶滅の可能性に裏打ちされた生政治の支配によって、生政治として、かろうじて生きのびているようなのだ。

もはや権利でも自由でもなく、生存そのものを標的とするような生政治とは、生きさせる政治であり、かつ例外的に死へと廃棄する政治でもある、とフーコーは指摘していた。もちろんそのような「廃棄」は、生政治のシステム自体にとって例外などではなく、むしろ「生きさせること」と対になった原則なのである。フーコーの提案を受けながらも、アガンベンが問題にした「生政治」は、別の文脈のなかにあったのだ。アガンベンにとって、「生政治」は近世になって登場したわけではなく、むしろ古典古代から、しばしば法の例外状態として登場したのであり、むしろ「生きながら死なされている」ともいうべき状態（ホモ・サケル）として現れたものだった。一八世紀前後の近代の学的認識の布置の変動や、監獄を通じて作動するようになった権力や、性をめぐる統制についての歴史的研究の枠組で生政治に着目するようになったフーコーと、ナチの強制収容所からローマ時代へと法的「例外状態」の適用例を広げていったアガンベンでは、歴史の遠近法がまったく異なっていた。フーコーの探究は、法でも権利でもない、ミクロな力関係の形成や制御や調整のほうにむかっていたのである。アガンベンのほうはむしろ法の例外性、両義性のほうに、またそこに生じる暴力に着目し続けたのである。

もっぱら生存を焦点とする政治（生政治）とは、もはや政治に値しないというアレントの批判にはそのまま同調しないとしても、それを踏まえて政治を再考する余地は確かにある。私たちはまた生命有機体をモデルとした日本の哲学者たちの民族・国家の構想さえも想起するのだが、この発想もまた数百万の民衆と兵士を死へと遺棄する大戦争に、そしてそれと合体した容赦のない「生政治」に合流したのである。

『臨床医学の誕生』の著者でもあったフーコーは、近代の医学、生物学、統計学、等々と合体して作動するようになった大規模な生命への介入に注目していたのである。生きさせるための高度な技術は、一方では効果的に死なせる技術として応用されうる。限度の定まらない危険をはらんだ技術は、ついに核兵器まで生み出した。生は増強され、拡張され、防衛されると同時に、ますます無防備なまま死にさらされる。生政治以降の世界にあっては、生も死も、もはや同じ生死ではない。一方で、「平和」の支配する世界で、死はますます制御され擬装され、簡便な安楽死のようなものになり、もはやフロイトの死の欲動とも、プルーストのタナトスとも縁遠いものになっている。もはやフーコーの生政治とはさらに異なる次元の、別の生政治に私たちは立ち会っているようだが、そこからくる生きさせ死なせる力の作用を免れることはできない。

様々な生政治が存在し、それらは連結しあい、重複しあう。絶滅可能性とともにある生政治（アレント）、近代的統治の組織網に組み込まれて作動する生政治（フーコー）、法秩序そのものの必然的効果のようにして例外状態を生み出す生政治（アガンベン）、生命の有機性をモデルにするかのように神話化される国家の生政治……。有機的な生に対して、それ自体がつくり出した様々な非有機性の装置が破壊的な作用をもたらすことになる。道具、言語、知性、機械、社会、政治が連鎖し連動してつくりあげる新たな有機性と非有機性の編成に、生はまきこまれる。生まれることも死ぬことも、もはや自然の出来事から遠く隔てられ、この社会と政治の数々の作為に、様々な「生政治」に、不自然に組み込まれている。教育、福祉、医療、保険にいたるまで、その歯車として作動しないものはない。

それでも未だ、科学技術も、その操作可能性も万全ではない。操作可能な範囲が大きくなればなるほど、操作不可能な危機が、また破局的なまでに拡大される。生政治はますますそのようにして絶滅の条件に踏み込んでいる。気候変動の効果と、それに対する対応も、ゆるやかに絶滅の条件を増大させる生政治の一環としてとらえられる。

7　有機性、非有機性について

この本で「非有機性」として描述された状態は、もちろん無機性と同じことではなく、有機体の現実に深く根ざし、決してそれとの接触を失うことがない。にもかかわらず有機性から離脱し、その安定的な反復や構築や組織や連鎖の外に出ている。それはどこまでも有機性に依拠し密着しながらも、まったく異質なものに転換している。

いまでは、ほとんど常識として定着している見方でもあるにちがいないが、生物学者がどのように生命有機体について語っているか、いま改めてふりかえってみよう。

生命を構成する必要不可欠な元素とは、炭素、窒素、水素、酸素、硫黄、燐にすぎなくても、生命が出現するには「複雑な炭素化合物が何らかの形で連続的なエネルギーと環境の変化にさらされ、油性の小滴になり、最終的に被膜におおわれた細胞になった」（マーギュリス＋セーガン　一九九八、九〇頁）と表現されるような「出来事」が起きなければならなかった。そして「代謝」が持続され、「自己生成」が反復されなければならない。もちろん細胞は孤立したままあるのではなく、巨大なコロニーをつくり生物圏として変容し続けていく。有機体は一つの炭素化合物にすぎなくても、生命としての有機体は、持続的に自己を生成し、自己を複写し続ける。しかし、そのメカニズムを解明していくと最後には、ある〈物質の布置〉だけが残る。もはやそこには有機物（有機性）さえもなくて、無機物の集合しかないのだ。しかしそこに生命という目覚ましい「出来事」が発生した。

「それは奇妙なゆるやかな波のように物質の上にあらわれ、その上を移動し波うつような物質的な過程である〔It is a material process sifting and surfing over matter like a strange, slow wave〕」（同書、四四頁）というふうにも生物学者はみごとに「生命」が何かを表現している。ここに現れる物質の「波」は、物質なしにありえないが、もはや物質そのものではない。このような波打つ物質が、あるいは物質の上でサーフィンをしているものが生命なのだという。

有機性は、すでに非物質的な波であり、人間界にはさらに有機性を超脱するかのような非有機性が出現する。つまり人間は、物質の上でサーフィンをする生命の、さらにその表面でダンスをしているかのような現象なのだ。現象というより、むしろ存在というべきだろうか。しかし存在といえるほど確固とした存在ではない。生命の波の、さらにその上で踊るダンスのような、陽炎のようなもの、しかしそれは三六億年の進化の過程を刻印され、その歴史を背負う遺伝子のダンスなのだ。

有機体がすでに自己維持、自己複製、そして変異と進化の可能性によって物質からの自由であり飛躍（躍動）であるならば、非有機的生は、さらにその自由からの自由であり、超脱であり、出来事の出来事である。しかしそれはあくまでも生命がある特異な状態として生み出したもので、有機性の異なる表出であり、その反復でもある。こうして有機性は非有機性を生み出したのである。

身体にも、精神（心）にも、そのような状態が、浸透し、横断し、振動し、貫通する、あるいは内向し、潜在する。非有機性は、思考、言語、イメージにも、欲望や情動にも潜在し、たえず顕現する。そのような非有機性は、有機性に対して破壊的に作動する知識や技術さえも次々生み出してきた。

非有機的生は、創造的であり破壊的である。それ自体を享受し、それ自体から逸脱し、有機性とは異なる次元の別の生の次元を作り出している。その次元は必ずしも意識の表面に上らないまま、人間の生を規定している。非有機的なものに深く浸透され規定されているにもかかわらず、私たちはしばしば有機的なものの知覚や知識によって、それを理解するだけにとどまっている。非有機的生は、まだ知られざる自由でもあり、知られざる恐怖でもありうる。

注

［序　章］

1　ヴェルナツキーについては、フランソワ・ビゼ「〈動物‐寓話〉の生成変化」に示唆をうけた（ビゼ 二〇二二、一二一頁）。

2　確かにルフォールやロゴザンスキーのように身体（そして生命、有機体）の表象が、政治においてどのように作動してきたか、という問いをたてることができる。しかし王を頭として、人民を四肢として、あるいはキリストの身体を再現するようにして、国家の身体を表象する政治にではなく、むしろ国家を生命有機体として表象しながら権力を非政治化するような倒錯がおきうることに着目しようと思う。

3　現代の生物学者も、生物はただ反応し、環境に淘汰されるのではなく、選択し、「ある意味で」意識を持つと指摘している。「「選択」「差別」「記憶」「学習」「本能」「判断」「適応」は、普通は高度な神経によって行われるものとされている。しかし、ある意味ではバクテリアはこれらの特徴をすべてそなえている」（マーギュリス＋セーガン 一九九八、二四一頁）。

［第Ⅰ部第一章］

1　「植物のおかげで、生命は自分自身を最上の理性の空間に仕上げたのだ」（コッチャ 二〇一九、一五一頁）。

2　日本的政治の淵源として、例えば柄谷行人は『日本精神分析』（柄谷 二〇〇七）において、漢文を翻訳することなく、そのまま日本語に読み換える方法を編み出してきた日本に特有の言語操作を重視している。考慮に値する提案だが、もちろん日本人の〈無意識〉の構造をこれに還元することは難しい。明確な主語・述語構造によって規定されていないと言われる日本語の文法構造を通じて、日本的特性を論じようとする多くの試みについても同じことが言える。これらと異なって、たとえばバリントン・ムーア『独裁と民主政治の社会的起源』は、ファシズムに至った日本近代を、徳川時代末期の農政の前近代的構造を分析することによって照らし出そうとした。「安定維持の助けになったのは、むしろ無産者と有産者とを結ぶ一種の絆であった。〔…〕徳川社会は、うまく機能している時には、力の大きな指導者とその仲間である親密な服従者とからなる、下にも横にも広がった一組の連鎖で構成されているかのような印象を与える。それは、上から下まですべて家父長的な、そして個人的な絆によって結ばれており、それによって、上位の者はどの程度下の者を圧迫できるかを正確に知ることができた」（ムーア 二〇一九、(下)六二—六三頁）。このような〈支配システム〉は、社会的葛藤を穏健に調整し、修復しながら強固に生きのびた。丸山が指摘した〈日本的生成主義〉は、政治的現実としては、例えば農村、農政において、このような〈システム〉として作動していたのだ。

3 ちなみに、マルクスは「自然発生的なものとして前提になっていたあらゆるもの」を「人間たちによって創出されたもの」として意識的に扱い、「自然発生性の衣を剝ぎ取って」、つまり有機的な生成ではなく、非有機的な創出の過程としてとらえることを「共産主義」の条件として提案している（マルクス+エンゲルス 二〇〇二、一八二—一八三頁）。

4 『精神現象学』の英訳（G. W. F. Hegel, *Phenomenology of Spirit*, translated by A. V. Miller, Oxford: Oxford University Press, 1977）はこれを"picture-thinking"と訳している。

5 ただし長谷川宏訳は「宗教で得られるのは、絶対の内容そのものと、それを意識に対峙するものとして示すイメージの形式である」としている。

6 「現象のもつ距離が中立的な「図像」をもたらすのであって、「作用」ではなくこの図像が、直観され、比較され、記憶のなかで保持・想起され、想像力において変化させられ、任意に再編されうるのである。こうして本質が現実存在から切り離されうるようになり、それによって理論が可能になる。概念的思考に引き継がれるのは、まさしくこの視覚の根本的な自由と視覚に固有の抽象という契機であり、概念と理念は、視覚が最初に作り出した客観性の

7　範型を、視覚から受け継ぐのである」(ヨーナス 二〇〇八、二七〇頁)。
「批判仏教」に関しては、袴谷 一九八九、松本 一九九四などを参照した。「批判仏教」について教えられたのは、まず三浦 二〇一八、第八章「土着と外来」の記述を通じてである。

［第Ⅰ部第二章］

1　エリアーヌ・エスクーバは『判断力批判』における「構想力」の意義について、こう述べている。「綜合の働きとしての構想力の働きは各能力の内部へと入り込んでいき、二分法や三分法の区分を混乱させてしまう」(エスクーバ 一九九九、一二五頁)。

［第Ⅰ部第三章］

1　この章に書いたことは、河本・稲垣（編）二〇一九に収録された発表原稿がもとになっている。発表の後の河本氏との質疑をここに再録する。

河本　一つは、例えば、知の権力性の問題。知の権力論の前にフランシス・ベーコンの「知は力である」、つまり人間が自然界に及ぼす力であるという。そして社会や他者に向かって知が働いてしまうという知の権力。ここの次の段階が別の形であらわれてくる。例えば、情報データが全く違う形で知という性質を持ち始めるのではないかと漠然と予想される。そうすると、権力論という形でさまざまに考えて来たものがどう変形していくのかというのが、お聞きしたいことの一つです。

もう一つ、単純な事例では仮想通貨。いま仮想通貨と呼ばれているものは、基本的には法定通貨、つまり認定された通貨にはなっていない。ところが、通貨が何であるか、国家が何であるか、言語が何であるかが、最終的には人間の知識の範囲からでは決めようがないんです。つまり、仮想通貨は通貨が何であるかが決まらないところに導入されているから、うまくその仕組みが作られれば、仮想であることを止め、現実の主要な場面を占拠してしまう可能性がある。

そういうものは人間が作ってきた仕組みの中にたくさんあって、仮想通貨、仮想国家、仮想言語が次から次へと生み出され、有効なものが出てくると、やがて局面が一挙に置き換わっていってしまう可能性があるのではないかと考えます。つまり本質的なものをそれ自体、いつもそれ自体の潜在性を持つというドゥルーズの仕組みからすると、何か、別のきっかけがあると、全然違う形が出てきてしまう可能性がある。ここをどう考えておけばよいのかなという。

民主主義というのも、本当は内容が決まっていない。そうすると、ＡＩ民主主義、情報民主主義というような別の形が出てくる可能性があります。こういう場面で、どう考えていけばいいのか、機会があればお聞かせいただきたいです。

宇野　いま思いつくかぎりのことを言ってみますと、仮想通貨、仮想国家、仮想言語は、新しい現象であると同時に、そういう仮想的なものをたえず可塑的に作り出し、次々と現実にしてきたのが人類史だといえるのかもしれません。カーツワイルは、ある種の技術万能主義で未来像を描きますが、例えば戦争について、兵器や武器の恐るべき進化についてはほんのちょっとしか語らない。しかしこういう技術を軍事技術に応用すれば、はかり知れないダメージを与えることができるし、極端に暴力的な世界が出来あがる可能性があります。それから、仮に太陽系の外に避難するという仮説があるとしたら、誰がそうやって逃げられるのか。尖端技術にアクセスできる人とできない人の甚だしい格差が既に生じている。その格差社会の形成を、情報技術が中心になって先導しているともいえる。知の力は、経済的な格差とか、政治的不安とか、暴力的な脅威を生み出す。一方で、知はその力に対抗し、生きのびる力としても、ずっと持続してきたものでもあります。

仮想的なものの浮動性は、国家にとって脅威にちがいありませんが、国家はすでに人間の宿命であるかのように必ず再生し、浮動性やノマディズムさえも自分の活力としてとりいれてきた。一方で、河本さんがいま描写されたような状態がどんどん進行していることも事実だと思います。資本主義それ自体はシステムとして、どんどん仮想性や可塑性のほうに進もうとするでしょう。国家は決して資本と同じシステムではなく、ある意味で仮想性や可塑性に逆行する。私たちは、同時に資本主義と国家にたえず挟みうちにされているわけです。だからといって、出口も自由もないかというと、宇宙のちっぽけな部分である私たちにも、宇宙の部分だからこそ、ほんの少しの変化の可能性だけは与えられている。いま浮かんでくるのは、そんなことです。

［第Ⅱ部第三章］

1　ハンス・ヨーナス『生命の哲学』は、「視覚の比類のなさ」、「視覚の高貴さ」について書いている。視覚は、同時的なもの、並置されたもの、そして延長に対する感覚であり、「一つの眺望には、多くの事物が、一つの視界に共存する部分として、相互に並んで含まれている。この眺望の構成は「一瞬」のうちに成し遂げられる。まるで閃光が照らし出すかのように、一つの眼差しが、目を開くという行為が、同時に存在しているさまざまな質的存在（Qualitäten）からなる世界を露わにする」（ヨーナス 二〇〇八、二四九―二五〇頁）。視覚はこうして、「多様なものの統一」を構成することによって特権的な知覚であるかのように、ヨーナスは語っている。もちろん視覚は、光を瞬時に知覚するという理由で、特別な地位をもっている。それはとりわけ「図像（Bild）」の能力でもあり、視覚は、対象に対して中立性、そして距離をもつことによって、ある精神的能力となるかのように「図像」の形成を可能にする。こうして視覚を通じて固有の自由、そして抽象が獲得される。視覚は、高い度合における非有機化として、「図像」そしてイメージを形成し、「形態（Gestalt）」さえも形成するであろう。視覚は、他の知覚よりも「形態」の成立に親密にかかわっているにちがいない。メルロ゠ポンティは、「見えるもの」を通じて「形態」が出現すること自体について、たいへんドラマティックに書いている。「形態は空間‐時間的な個体ではない。それは空間と時間にまたがる或る布置に統合される準備ができている」、「形態とは超越である……」。そして視覚の「比類のなさ」は、他の知覚に、やはり身体に開放されるべきものだ。「形態を経験するのは……身体である」、「私の身体も一つの形態なのだ」、「同時に私の身体はあらゆる形態の構成素でもある」（Merleau-Ponty 1964, pp. 258-259／二九四頁）。

しかし私の考察は、むしろ視覚の「比類のなさ」を、他の知覚とのあいだにおいて、知覚と身体が、言語とともに獲得した非有機性としてとらえながら、視覚と、それに深くかかわるイメージを、むしろ生成過程において、生成をうながす要素や条件を検討することにむかう。

有機性が個体としてのみならず、ある形態とともに現れ作動するということは重要な点である。このことは第Ⅰ部第一章で言及した概念か図像か、という問題にもかかわるのだ。ヘーゲルの弁証法では、おおむね概念の理念性、抽象性に対して、図像はまだ低次の感覚性にひたる野蛮な記号とみなされているが、それはすでに「視覚の比類のなさ」に密着した記号であり、非有機化された有機性なのだ。それは概念以前ではなく、概念形成さえも導く形式以前の形態であり、すでに非有機的生の「形態」なのだ。

［第Ⅱ部第五章］

1 アンドレ・バザンのエセー「演劇と映画」（一九五一年）は、映画の創成期から同時代にいたるまでの「演劇」との関係を本格的に考察していた（バザン 二〇一五）。

2 第Ⅰ部第三章でも、クレーリー『観察者の系譜』において言及された「カメラ・オブスクーラ」を、とりわけ近代的認識の布置（エピステーメー）との関連で取り上げたが、ここではむしろ「イメージ」の生成、形成にかかわって再びこれを検討する。

［第Ⅱ部第八章］

1 「知恵の主要な効用は、それがわれわれをしてみずから情念を支配せしめ、情念をたくみに処理せしめて、もって情念の起こす悪を大いに耐えやすくし、さらには、それらすべての悪から喜びを得ることさえできるようにするということなのである」(デカルト 一九七八、五一九頁)。

2 これは私自身の読書の軌跡に照らして、いささか強引に総括していることで、知覚哲学の歴史を考えるなら、デカルトに対抗する立場として、ロック以来の経験論を忘れるわけにはいかない。ただし経験論には、知覚の認識論はあっても、知覚の存在論が欠けているように思える。「身体には何がなしうるのか」(スピノザ)というように、身体への驚きとともにあるような知覚の存在論を私は想定している。

3 皮膚の共(通)感覚的な位相に関しては、ミシェル・セール『五感』(セール 一九九一)に魅力的な記述がある。また河本英夫『損傷したシステムはいかに創発・再生するか』(河本 二〇一四)は「触覚的感覚」がいかに「システム」にとって本質的であるかを認知科学的観点から説得的に解明している。

［終 章］

1 佐藤康邦は、メルロ゠ポンティの形態論を、還元主義や機械論の批判としてとりあげている(佐藤 一九九四、二三一―二三二頁)。

2 宮崎哲弥は、「大正生命主義」を仏教研究において体現していた木村泰賢と、『原始仏教の実践哲学』を書いて仏教にも造詣の深かった和辻の論争をとりあげ、和辻がいかに「生命主義」的な仏教研究を批判しながらも、やがてそれと合流するかのようにして「空」の思想を実体化し、「生命主義」と政治的「全体主義」を融合させたかを読み解いている(宮崎 二〇一八、二七〇頁)。

文献一覧

外国語文献

Artaud, Antonin 1976, *Œuvres complètes*, tome I, nouvelle édition, Gallimard.

Barthes, Roland 1994, *Œuvres complètes*, édition établie et présentée par Eric Marty, tome 2, Seuil.

Bergman, Ingmar 1992, *Images*, traduit du suédois par C. G. Bjurström et Lucie Albertini, Gallimard.

Blanchot, Maurice 1955, *L'espace littéraire*, Gallimard (folio / essais).

—— 1959, *Le livre à venir*, Gallimard (Idées).

—— 1980, *L'écriture du désastre*, Gallimard.

—— 2003, *Ecrits politiques: Guerre d'Algérie, Mai 68, etc. 1958-1993*, Léo Scheer.

Cole, Andrew 2017, "How to Think a Figure: or, Hegel's Circles", *Representations*, Vol. 140, No. 1 (Fall 2017).

Deleuze, Gilles 1967, *Présentation de Sacher-Masoch: le froid et le cruel*, Union général d'Editions (10/18).（ジル・ドゥルーズ『ザッヘル＝マゾッホ紹介――冷淡なものと残酷なもの』堀千晶訳、河出書房新社（河出文庫）、二〇一八年）

—— 1968, *Différence et répétition*, Presses universitaires de France.（ジル・ドゥルーズ『差異と反復』（全二冊）、財津理訳、河出書房新社（河出文庫）、二〇〇七年）

—— 1983, *Cinéma 1: l'image-mouvement*, Minuit (Critique).（ジル・ドゥルーズ『シネマ１＊運動イメージ』財

津理・齋藤範訳、法政大学出版局（叢書・ウニベルシタス）、二〇〇八年）

—— 1985, *Cinéma 2: l'image-temps*, Minuit (Critique).（ジル・ドゥルーズ『シネマ2＊時間イメージ』宇野邦一・石原陽一郎・江澤健一郎・大原理志・岡村民夫訳、法政大学出版局（叢書・ウニベルシタス）、二〇〇六年）

—— 1993, « Nietzsche et Saint Paul, Lawrence et Jean de Patmos », in *Critique et clinique*, Minuit (Paradoxe).（ジル・ドゥルーズ「ニーチェと聖パウロ——ロレンスとパトモスのヨハネ」、『批評と臨床』守中高明・谷昌親訳、河出書房新社（河出文庫）、二〇一〇年）

Deleuze, Gilles et Félix Guattari 1991, *Qu'est-ce que la philosophie?*, Minuit (Critique).（ジル・ドゥルーズ＋フェリックス・ガタリ『哲学とは何か』財津理訳、河出書房新社（河出文庫）、二〇一二年）

Meillassoux, Quentin 2006, *Après la finitude: essai sur la nécessité de la contingence*, Seuil.（カンタン・メイヤスー『有限性の後で——偶然性の必然性についての試論』千葉雅也・大橋完太郎・星野太訳、人文書院、二〇一六年）

—— 2008, « Soustraction et contraction: à propos d'une remarque de Deleuze sur Matière et mémoire », *Philosophie*, nº 96 (janvier 2008).（クァンタン・メイヤスー「減算と縮約——ドゥルーズ、内在、『物質と記憶』」岡嶋隆佑訳、『現代思想』二〇一三年一月号）

Merleau-Ponty, Maurice 1945, *Phénoménologie de la perception*, Gallimard (Tel).

—— 1964, *Le visible et l'invisible: suive de notes de travail*, texte établi par Claude Lefort, Gallimard.（M・メルロ＝ポンティ『見えるものと見えないもの』滝浦静雄・木田元訳、みすず書房、一九八九年）

Pouillaude, Frédéric 2009, *Le désœuvrement chorégraphique: étude sur la notion d'œuvre en danse*, J. Vrin.

Proust, Marcel 1954, *A la recherche du temps perdu*, 3 vol., texte établi et présenté par Pierre Clarac et André Ferré, Gallimard (Bibliothèque de la Pléiade).（マルセル・プルースト『失われた時を求めて』井上究一

郎訳、全一〇巻、筑摩書房（ちくま文庫）、一九九二―九三年／鈴木道彦訳、全一三巻、集英社（集英社文庫）、二〇〇六―〇七年／吉川一義訳、全一四巻、岩波書店（岩波文庫）、二〇一〇―一九年）
Stiegler, Barbara 2001, *Nietzsche et la biologie*, Presses universitaires de France.

邦訳文献

アウグスティヌス　一九七八『告白』山田晶訳、山田晶責任編集『アウグスティヌス』（「世界の名著」16）、中央公論社（中公バックス）。

アガンベン、ジョルジョ　二〇〇三『ホモ・サケル――主権権力と剝き出しの生』高桑和巳訳、以文社。

――　二〇〇四『開かれ――人間と動物』岡田温司・多賀健太郎訳、平凡社。

アーレント、ハンナ　一九九四a『精神の生活』（全二巻）、佐藤和夫訳、岩波書店。

――　一九九四b『過去と未来の間――政治思想への8試論』引田隆也・齋藤純一訳、みすず書房。

――　二〇〇四『政治とは何か』ウルズラ・ルッツ編、佐藤和夫訳、岩波書店。

エイゼンシュテイン　一九五三『映画の弁証法』佐々木能理男訳編、角川書店（角川文庫）。

エスクーバ、エリアーヌ　一九九九「カントあるいは崇高なるものの単純さ」、ミシェル・ドゥギーほか『崇高とは何か』梅木達郎訳、法政大学出版局（叢書・ウニベルシタス）。

カーツワイル、レイ　二〇一六『シンギュラリティは近い――人類が生命を超越するとき』（エッセンス版）、井上健監訳、小野木明恵・野中香方子・福田実訳、NHK出版。

カフカ　一九八一『カフカ全集』第二巻、マックス・ブロート編、前田敬作訳、新潮社。

カント　一九六一―六二『純粋理性批判』（全三冊）、篠田英雄訳、岩波書店（岩波文庫）。

――　一九六四『判断力批判』（全二冊）、篠田英雄訳、岩波書店（岩波文庫）。

クレーリー、ジョナサン 二〇〇〇「近代化する視覚」、ハル・フォスター編『視覚論』榑沼範久訳、平凡社（テオリア叢書）。

―― 二〇〇五『観察者の系譜――視覚空間の変容とモダニティ』遠藤知巳訳、以文社（以文叢書）。

ゲーテ、ヨハン・ヴォルフガング・フォン 二〇〇九『ゲーテ形態学論集 植物篇』木村直司編訳、筑摩書房（ちくま学芸文庫）。

コッチャ、エマヌエーレ 二〇一九『植物の生の哲学――混合の形而上学』嶋崎正樹訳、勁草書房。

サックス、オリヴァー 二〇〇九『妻を帽子とまちがえた男』高見幸郎・金沢泰子訳、早川書房（ハヤカワ文庫）。

ザッヘル＝マゾッホ 一九八三『毛皮を着たヴィーナス』種村季弘訳、河出書房新社（河出文庫）。

ジャコブ、フランソワ 一九七七『生命の論理』島原武・松井喜三訳、みすず書房。

シュミット、C 一九七一『政治神学』田中浩・原田武雄訳、未来社。

ストフレーゲン、トーマス・A＋ベノイト・G・バーディ 二〇〇五「特定化と感覚――知覚を可能にしている情報の構造について」丸山慎訳、『生態心理学の構想――アフォーダンスのルーツと尖端』佐々木正人・三嶋博之編訳、東京大学出版会。

セール、ミッシェル 一九九一『五感――混合体の哲学』米山親能訳、法政大学出版局（叢書・ウニベルシタス）。

デカルト 一九七八『情念論』野田又夫訳、野田又夫責任編集『デカルト』（「世界の名著」27）、中央公論社（中公バックス）。

デュシャン、マルセル 一九九五『マルセル・デュシャン全著作』ミシェル・サヌイエ編、北山研二訳、未知谷。

ドゥルーズ、ジル 一九九八『襞——ライプニッツとバロック』宇野邦一訳、河出書房新社。

——二〇〇七『フーコー』宇野邦一訳、河出書房新社（河出文庫）。

——二〇一六『フランシス・ベーコン 感覚の論理学』宇野邦一訳、河出書房新社。

——二〇二一『プルーストとシーニュ〈新訳〉』宇野邦一訳、法政大学出版局（叢書・ウニベルシタス）。

ドゥルーズ、ジル＋フェリックス・ガタリ 二〇〇六『アンチ・オイディプス——資本主義と分裂症』（全二冊）、宇野邦一訳、河出書房新社（河出文庫）。

——二〇一〇『千のプラトー——資本主義と分裂症』（全三冊）、宇野邦一・小沢秋広・田中敏彦・豊崎光一・宮林寛・守中高明訳、河出書房新社（河出文庫）。

ニーチェ、フリードリッヒ 一九九四「道徳外の意味における真理と虚偽について」、『ニーチェ全集』第三巻、渡辺二郎訳、筑摩書房（ちくま学芸文庫）。

ネグリ、アントニオ＋マイケル・ハート 二〇〇三『〈帝国〉——グローバル化の世界秩序とマルチチュードの可能性』水嶋一憲・酒井隆史・浜邦彦・吉田俊実訳、以文社。

ノエ、アルヴァ 二〇一〇『知覚のなかの行為』門脇俊介・石原孝二監訳、飯嶋裕治・池田喬・吉田恵吾・文景楠訳、春秋社（現代哲学への招待）。

ハイデッガー、マルティン 一九九七『ニーチェⅡ ヨーロッパのニヒリズム』細谷貞雄監訳、加藤登之男・船橋弘訳、平凡社（平凡社ライブラリー）。

バザン、アンドレ 二〇一五「演劇と映画」、『映画とは何か』上、野崎歓・大原宣久・谷本道昭訳、岩波書店（岩波文庫）。

ハスケル、D・G 二〇一九『木々は歌う——植物・微生物・人の関係性で解く森の生態学』屋代通子訳、築地書館。

バラージュ、ベラ 一九八四『映画の精神』佐々木基一・高村宏訳、創樹社。

―― 一九八六『視覚的人間――映画のドラマツルギー』佐々木基一・高村宏訳、岩波書店（岩波文庫）。

バルザック 一九八九『セラフィタ』蛯原徳夫訳、角川書店（角川文庫）。

ビゼ、フランソワ 二〇二二「〈動物‐寓話〉の生成変化」鵜飼哲訳、鵜飼哲編著『動物のまなざしのもとで――種と文化の境界を問い直す』勁草書房。

フーコー、ミシェル 一九七四『言葉と物――人文科学の考古学』渡辺一民・佐々木明訳、新潮社。

―― 一九八六『性の歴史I 知への意志』渡辺守章訳、新潮社。

―― 二〇〇二『フーコー思考集成』第一〇巻、筑摩書房。

フロイト、ジークムント 一九九六a「子供が叩かれる」、『自我論集』竹田青嗣編、中山元訳、筑摩書房（ちくま学芸文庫）。

―― 一九九六b「自我とエス」、『自我論集』竹田青嗣編、中山元訳、筑摩書房（ちくま学芸文庫）。

―― 一九九六c「マゾヒズムの経済論的問題」、『自我論集』竹田青嗣編、中山元訳、筑摩書房（ちくま学芸文庫）。

―― 一九九七『性理論三篇』、『エロス論集』中山元編訳、筑摩書房（ちくま学芸文庫）。

ヘーゲル、G・W・F 一九九二―九三『哲学史講義』（全三巻）、長谷川宏訳、河出書房新社。

―― 一九九五―九六『美学講義』（全三巻）、長谷川宏訳、作品社。

―― 一九九八『精神現象学』長谷川宏訳、作品社。

―― 二〇一三『論理の学Ⅲ 概念論』山口祐弘訳、作品社。

―― 二〇二一『法の哲学――自然法と国家学の要綱』（全二冊）、上妻精・佐藤康邦・山田忠彰訳、岩波書店（岩波文庫）。

ペソア、フェルナンド 二〇〇七『不安の書』高橋都彦訳、新思索社。

ベルサーニ、レオ 一九九九『フロイト的身体——精神分析と美学』長原豊訳、青土社。

ヘルダーリン 一九六九a「エムペドクレスの底にあるもの」氷上英広訳、『ヘルダーリン全集』第四巻、河出書房新社。

ベンヤミン、ヴァルター 一九九四a「暴力批判論」、『暴力批判論 他十篇』野村修編訳、岩波書店（岩波文庫）。

—— 一九六九b「詩作様式の相違について」野村一郎訳、『ヘルダーリン全集』第四巻、河出書房新社。

—— 一九九四b「シュルレアリスム」、『暴力批判論 他十篇』野村修編訳、岩波書店（岩波文庫）。

—— 一九九五「複製技術時代の芸術作品」、『ベンヤミン・コレクション1』浅井健二郎編訳、久保哲司訳、筑摩書房（ちくま学芸文庫）。

マーギュリス、リン＋ドリオン・セーガン 一九九八『生命とはなにか——バクテリアから惑星まで』池田信夫訳、せりか書房。

マラブー、カトリーヌ 二〇一六『新たなる傷つきし者——フロイトから神経学へ 現代の心的外傷を考える』平野徹訳、河出書房新社。

マルクス 一九六四『経済学・哲学草稿』城塚登・田中吉六訳、岩波書店（岩波文庫）。

—— 一九七〇「ヘーゲル国法論批判」、『ヘーゲル法哲学批判序論 付 国法論批判その他』真下信一訳、大月書店（国民文庫）。

マルクス＋エンゲルス 二〇〇二『新編輯版 ドイツ・イデオロギー』廣松渉編訳、小林昌人補訳、岩波書店（岩波文庫）。

ミュンスターバーグ、ヒューゴー 一九八二「奥行きと運動」林譲治訳、『映画理論集成』岩本憲児・波多野哲朗編、フィルムアート社。

ムーア、バリントン 二〇一九『独裁と民主政治の社会的起源――近代世界形成過程における領主と農民』（全二冊）、宮崎隆次・森山茂徳・高橋直樹訳、岩波書店（岩波文庫）。

ヨーナス、ハンス 二〇〇八『生命の哲学――有機体と自由』細見和之・吉本陵訳、法政大学出版局（叢書・ウニベルシタス）。

ランボー、アルチュール 二〇一〇「戦争」、『ランボー全詩集』鈴木創士訳、河出書房新社（河出文庫）。

リオタール、ジャン＝フランソワ 二〇〇二『非人間的なもの――時間についての講話』篠原資明・上村博・平芳幸浩訳、法政大学出版局（叢書・ウニベルシタス）。

ルフォール、クロード 二〇一七『民主主義の発明――全体主義の限界』渡名喜庸哲・太田悠介・平田周・赤羽悠訳、勁草書房。

レヴィナス、エマニュエル 一九八九『全体性と無限――外部性についての試論』合田正人訳、国文社。

レーラー、ジョナ 二〇一〇『プルーストの記憶、セザンヌの眼――脳科学を先取りした芸術家たち』鈴木晶訳、白揚社。

ロゴザンスキー、ジャコブ 二〇二二『政治的身体とその〈残りもの〉』松葉祥一編訳、本間義啓訳、法政大学出版局（叢書・ウニベルシタス）。

日本語文献

五十嵐惠邦 二〇一二『敗戦と戦後のあいだで――遅れて帰りし者たち』筑摩書房（筑摩選書）。
井筒俊彦 一九九一『意識と本質――精神的東洋を索めて』岩波書店（岩波文庫）。
柄谷行人 二〇〇七『日本精神分析』講談社（講談社学術文庫）。

河本英夫 二〇一四『損傷したシステムはいかに創発・再生するか——オートポイエーシスの第五領域』新曜社。
河本英夫・稲垣諭（編）二〇一九『iHuman——AI時代の有機体-人間-機械』学芸みらい社。
河野多惠子 一九九五『谷崎文学と肯定の欲望』、『河野多惠子全集』第九巻、新潮社。
佐藤康邦 一九九四「自然の形、文化の形」、『岩波講座 現代思想』第一二巻、岩波書店。
鈴木貞美 一九九六『「生命」で読む日本近代——大正生命主義の誕生と展開』日本放送出版協会（NHKブックス）。
田辺元 二〇一〇「社会存在の論理」、藤田正勝編『田辺元哲学選Ⅰ』岩波書店（岩波文庫）。
田沼靖一 二〇〇一『死の起源——遺伝子からの問いかけ』朝日新聞社（朝日選書）。
戸坂潤 一九六六「空間について」、『戸坂潤全集』第一巻、勁草書房。
—— 二〇一八a「歴史と弁証法——形而上学的範疇は哲学的範疇ではない」、林淑美編『戸坂潤セレクション』平凡社（平凡社ライブラリー）。
—— 二〇一八b「日常性の原理と歴史的時間」、林淑美編『戸坂潤セレクション』平凡社（平凡社ライブラリー）。
中村元 二〇〇二『龍樹』講談社（講談社学術文庫）。　＊龍樹の著作の訳が収録されている。
西田幾多郎 一九六五「生命」、『西田幾多郎全集』第一一巻、岩波書店。
袴谷憲昭 一九八九『本覚思想批判』大蔵出版。
松本史朗 一九九四『禅思想の批判的研究』大蔵出版。
丸山眞男 一九九八「歴史意識の「古層」」、『忠誠と反逆——転形期日本の精神史的位相』筑摩書房（ちくま学芸文庫）。

――二〇一〇a「国民主義の「前期的」形成」、杉田敦編『丸山眞男セレクション』平凡社（平凡社ライブラリー）。

――二〇一〇b「超国家主義の論理と心理」、杉田敦編『丸山眞男セレクション』平凡社（平凡社ライブラリー）。

――二〇一〇c「福沢諭吉の哲学――とくにその時事批判との関連」、杉田敦編『丸山眞男セレクション』平凡社（平凡社ライブラリー）。

――二〇一〇d「軍国支配者の精神形態」、杉田敦編『丸山眞男セレクション』平凡社（平凡社ライブラリー）。

――二〇一〇e「肉体文学から肉体政治まで」、杉田敦編『丸山眞男セレクション』平凡社（平凡社ライブラリー）。

――二〇一〇f「日本の思想」、杉田敦編『丸山眞男セレクション』平凡社（平凡社ライブラリー）。

――二〇一〇g「政治的判断」、杉田敦編『丸山眞男セレクション』平凡社（平凡社ライブラリー）。

三浦雅士 二〇一八『孤独の発明――または言語の政治学』講談社。

宮崎哲弥 二〇一八『仏教論争――「縁起」から本質を問う』筑摩書房（ちくま新書）。

山鳥重 二〇一一『心は何でできているのか――脳科学から心の哲学へ』角川学芸出版（角川選書）。

和辻哲郎 一九八九『ニイチェ研究』、『和辻哲郎全集』第一巻、岩波書店。

――一九九一「普遍的道徳と国民的道徳」、『和辻哲郎全集』第二三巻、岩波書店。

あとがき

この本を書き上げるまでの過程を手短に振り返っておこう。二〇〇七年から一四年頃まで、主に『思想』（岩波書店）に、知覚、イメージ、身体、時間、そして生政治をめぐって考えるエセーを、私は書き続けた。それ以前から書いてきたことの自然な展開でもあったが、特に「身体」、「生命」についての思想を、さらに根底で結ぶ中核になる理念を浮かびあがらせようとして、手探りを始めていた。この時期、立教大学に〈映像身体〉学科という組織を創設することにかかわっていたので、それに促された面もあった。主にこれらのエセーを練り直した原稿が本書の第Ⅱ部を構成している。

二〇一九年、アメリカのコーネル大学ロマンス語研究のセクションで講演する機会があり、そのために思いついたのは、ドゥルーズとガタリの『哲学とは何か』の冒頭に現れた東洋の〈知恵〉と西洋の〈哲学〉の対比について検討してみることだった。そこで彼らは、東洋思想を〈図像〉の思考として、西洋思想を〈概念〉の思考として対比させている。それが思想における超越性／内在性の対立にも結びつけられている。これらの考察は、むしろ哲学‐概念‐内在性の本質的な連環を擁護しているように見える。ところがドゥルーズとガタリは、むしろ他の共著では西洋思想の伝統を批判し、しばしばアジア、アフリカを参照しながら斬新な概念を提案してきたのである。

丸山眞男の「歴史意識の「古層」」という日本的思考法にむけられた批判、そしてむしろ東洋思想を称揚し世界的文脈に位置づけていた井筒俊彦の思索などもとりあげながら、私は現代思想における東洋／西洋の分割にともなう〈ねじれ〉についての考察を試みた。もちろん文明論的な総合などを考えたわけではない。西洋とは何で、東洋が何か、新しい提案をしようとしたわけでもない。むしろそれぞれの世界で概念／形象、内在性／超越性が、どのように布置をずらして、しばしば意味を逆転するようにして作動するかを見ようとしたのである。そしてそれぞれの特性が、様々な条件のもとで、いかに有機的に、または非有機的に作動するか、そのことに注意をむけるようになったのである。このときまずフランス語で書いた講演原稿が、第Ⅰ部第一章のもとになっている。

コロナ・ウイルスの感染がなかなか終息しなかった二〇二〇年から二二年にかけて、月一度のセミナーをオンラインで再開することにした。「器官なき身体と芸術」というテーマでノートを作りながら語り続けるうちに、「非有機的生」という語が頭に定着するようになった。そもそも身体、生命をめぐる私の思考は、しばしば文学や絵画、演劇や舞踊や映画によって触発されてきたのだから、有機性／非有機性の問題は、必然的に芸術論や美学の領域に浸透することになる。この間に書き進めた原稿が第Ⅰ部第二章になっている。

二〇一九年、河本英夫・稲垣諭編著による『iHuman』という論集に「非人間——シンギュラリティ？〈人間の終焉〉からの問い」というトーク記録を寄稿する機会を与えられた。前の世紀から進んできた前代未聞の技術革新は、ヒューマニズム以降の新しい人間像と合体して、突然変異（シンギュラリティ）をもたらすかもしれない。そういう可能性にどう対応するか？　そのような問いに応えうる姿勢で思索してきたことがないのを痛感することになったが、そこにも有機性／非有機性が、どのように変貌し、新たな編成のなかに入っていくかという問いが、確かに含まれていた。この記録をもう一度一つの論考として書き改めて第Ⅰ部第三章とした。ここではフーコーの『言葉と物』や、リオタールの『非人間的なもの』を読み直しながら思案することになった。

これら三つの論考を第Ⅰ部「総論」として練りあげ、第Ⅱ部にその思考を還流させるようにして八つのエセーを書き改めた。最初に書いた部分から数えると約二〇年が過ぎており、この本の構成と理路は、私自身にとっても把握しがたいほど錯綜し、ねじれている。それを改めて掘り進むようにして推敲を重ねた。その作業から閃いてきたことを序章と終章に書き込んだ。私の主題は、あくまでも「非有機性」であるが、本の構築自体はむしろ、どんな部分も、ある全体を意味し、しかもその全体から自由で散佚しているという意味で「有機的」であろうとした。

確かに非有機性は、中性、超越論的なもの（超越的ではなく）、出来事、非身体的・非実体的なもの、等々と重複する。しかし何よりも有機性と重複し、有機性にあくまで隣接しながら、たえず異次元であろうとするのだ。ここに生じる距離、間隙、不連続自体が、私にとってはまさに非有機的である。これを「弁証法」というような言葉で呼びうるにしても、この弁証法には総合がなく、到達すべき全体も体系もない。

最後を謝辞で結びたい。

いまは早稲田大学に移籍しているが、コーネル大学在任中に私の講演会を企画して下さったペドロ・エルバーさん、〈学園坂スタジオ〉を主宰して月一回のセミナーのプロデュースを続けてきた音楽家の港大尋さん（このセミナーで本書のかなりの部分を語ってきたが、オンラインだったので遠隔地や海外からの参加者もあり励まされた）、論集『iHuman』のためにトークの機会を設けていただいた河本英夫さん、他のエセーを刊行する機会を作っていただいた松浦寿輝さん、船橋純一郎さん、そして『思想』編集長としてたびたび執筆の機会を設け、講談社に移ってからも本書の進行を寛容に、細心に見守って下さった互盛央さんに感謝する。

二〇二三年二月二〇日

宇野邦一

初出一覧

第Ⅰ部

第三章「人間あるいはシンギュラリティ」（原題「非人間――シンギュラリティ？〈人間の終焉〉からの問い」）、河本英夫・稲垣諭編著『iHuman――AI時代の有機体-人間-機械』学芸みらい社、二〇一九年三月。

第Ⅱ部

第一章「倒錯者のエチカ」、『岩波講座 文学』第一一巻、岩波書店、二〇〇二年一一月。

第二章「ブランショの革命」、『思想』第九九九号、二〇〇七年七月。

第三章「知覚、イメージ、砂漠――仮説的断章」、『思想』第一〇二八号、二〇〇九年一二月。

第四章「顔と映画」（原題「顔の時間」）、『思想』第一〇四四号、二〇一一年四月。

第五章「映画の彼方、イメージ空間」（原題「知覚しがたいもの、イメージ空間」）、『ドゥルーズ・知覚・イメージ』せりか書房、二〇一五年七月。

第六章「時間の〈外〉とタナトス」、『思想』第一〇七五号、二〇一三年一一月。

第七章「反〈生政治学〉的考察」、『思想』第一〇六六号、二〇一三年二月。

第八章「知覚されえないが、知覚されるしかないもの」、『思想』第一〇八五号、二〇一四年九月。

宇野邦一（うの・くにいち）

一九四八年、島根県生まれ。パリ第八大学哲学博士。立教大学名誉教授。専門は、フランス文学・思想、映像身体論。

主な著書に、『アルトー』（白水社）、『ドゥルーズ　流動の哲学』（講談社選書メチエ、のち講談社学術文庫（増補改訂））、『反歴史論』（せりか書房、のち講談社学術文庫）、『ジャン・ジュネ』（以文社）、『破局と渦の考察』（岩波書店）、『〈単なる生〉の哲学』（平凡社）、『映像身体論』、『吉本隆明』、『土方巽』（以上、みすず書房）、『政治的省察』（青土社）、『ベケットのほうへ』（五柳叢書）ほか多数。

主な訳書に、アントナン・アルトー『神の裁きと訣別するため』、『タラウマラ』（以上、河出文庫）、ジル・ドゥルーズ『フーコー』（河出書房新社、のち河出文庫）、『襞』（河出書房新社）、『シネマ2＊時間イメージ』（共訳、法政大学出版局）、『フランシス・ベーコン』（河出書房新社）、『プルーストとシーニュ』（法政大学出版局）、ジル・ドゥルーズ＋フェリックス・ガタリ『アンチ・オイディプス』、『千のプラトー』（共訳）（以上、河出文庫）、『カフカ』（法政大学出版局）ほか多数。

非《ひ》有《ゆう》機《き》的《てき》生《せい》

二〇二三年　四月一一日　第一刷発行

著者　宇《う》野《の》邦《くに》一《いち》

発行者　鈴木章一

発行所　株式会社　講談社
東京都文京区音羽二丁目一二―二一　〒一一二―八〇〇一
電話（編集）〇三―三九四五―四九六三
（販売）〇三―五三九五―四四一五
（業務）〇三―五三九五―三六一五

装幀者　奥定泰之

本文印刷　株式会社　新藤慶昌堂

カバー・表紙印刷　半七写真印刷工業株式会社

製本所　大口製本印刷株式会社

KODANSHA

ISBN978-4-06-531587-3　Printed in Japan　N.D.C.114　423p　19cm

講談社選書メチエの再出発に際して

講談社選書メチエの創刊は冷戦終結後まもない一九九四年のことである。長く続いた東西対立の終わりはついに世界に平和をもたらすかに思われたが、その期待はすぐに裏切られた。超大国による新たな戦争、吹き荒れる民族主義の嵐……世界は向かうべき道を見失った。そのような時代の中で、書物のもたらす知識が一人一人の指針となることを願って、本選書は刊行された。

それから二五年、世界はさらに大きく変わった。特に知識をめぐる環境は世界史的な変化をこうむったとすら言える。インターネットによる情報化革命は、知識の徹底的な民主化を推し進めた。誰もがどこでも自由に知識を入手でき、自由に知識を発信できる。それは、冷戦終結後に抱いた期待を裏切られた私たちのもとに差した一条の光明でもあった。

その光明は今も消え去ってはいない。しかし、私たちは同時に、知識の民主化が知識の失墜をも生み出すという逆説を生きている。堅く揺るぎない知識も消費されるだけの不確かな情報に埋もれることを余儀なくされ、不確かな情報が人々の憎悪をかき立てる時代が今、訪れている。

この不確かな時代、不確かさが憎悪を生み出す時代にあって必要なのは、一人一人が堅く揺るぎない知識を得、生きていくための道標を得ることである。

フランス語の「メチエ」という言葉は、人が生きていくために必要とする職、経験によって身につけられる技術を意味する。選書メチエは、読者が磨き上げられた経験のもとに紡ぎ出される思索に触れ、生きるための技術と知識を手に入れる機会を提供することを目指している。万人にそのような機会が提供されたとき初めて、知識は真に民主化され、憎悪を乗り越える平和への道が拓けると私たちは固く信ずる。

この宣言をもって、講談社選書メチエ再出発の辞とするものである。

二〇一九年二月　　野間省伸

MÉTIER

「民都」大阪対「帝都」東京　原　武史
文明史のなかの明治憲法　瀧井一博
喧嘩両成敗の誕生　清水克行
日本軍のインテリジェンス　小谷　賢
近代日本の右翼思想　片山杜秀
アイヌの歴史　瀬川拓郎
宗教で読む戦国時代　神田千里
本居宣長『古事記伝』を読むI〜IV　神野志隆光
アイヌの世界　瀬川拓郎
吉田神道の四百年　井上智勝
戦国大名の「外交」　丸島和洋
町村合併から生まれた日本近代　松沢裕作
源実朝　坂井孝一
満蒙　麻田雅文
〈階級〉の日本近代史　坂野潤治
原敬（上・下）　伊藤之雄
大江戸商い白書　山室恭子

戦国大名論　村井良介
〈お受験〉の歴史学　小針　誠
福沢諭吉の朝鮮　月脚達彦
帝国議会　村瀬信一
「怪異」の政治社会学　高谷知佳
大東亜共栄圏　河西晃祐
永田鉄山軍事戦略論集　川田　稔編・解説
享徳の乱　峰岸純夫
大正＝歴史の踊り場とは何か　鷲田清一編
近代日本の中国観　岡本隆司
昭和・平成精神史　磯前順一
叱られ、愛され、大相撲！　胎中千鶴
武士論　五味文彦
鷹将軍と鶴の味噌汁　菅　豊

MÉTIER

英国ユダヤ人　佐藤唯行
オスマンvs.ヨーロッパ　新井政美
ポル・ポト〈革命〉史　山田　寛
世界のなかの日清韓関係史　岡本隆司
アーリア人　青木　健
ハプスブルクとオスマン帝国　河野　淳
「三国志」の政治と思想　渡邉義浩
海洋帝国興隆史　玉木俊明
軍人皇帝のローマ　井上文則
世界史の図式　岩崎育夫
ロシアあるいは対立の亡霊　乗松亨平
都市の起源　小泉龍人
英語の帝国　平田雅博
アメリカ　異形の制度空間　西谷　修
異端カタリ派の歴史　ミシェル・ロクベール　武藤剛史訳
ジャズ・アンバサダーズ　齋藤嘉臣
モンゴル帝国誕生　白石典之

〈海賊〉の大英帝国　薩摩真介
フランス史　ギヨーム・ド・ベルティエ・ド・ソヴィニー　鹿島　茂監訳／楠瀬正浩訳
地中海の十字路＝シチリアの歴史　藤澤房俊
月下の犯罪　サーシャ・バッチャーニ　伊東信宏訳
シルクロード世界史　森安孝夫
黄禍論　廣部　泉
イスラエルの起源　鶴見太郎
近代アジアの啓蒙思想家　岩崎育夫
銭躍る東シナ海　大田由紀夫
スパルタを夢見た第三帝国　曽田長人
メランコリーの文化史　谷川多佳子
アトランティス＝ムーの系譜学　庄子大亮
中国パンダ外交史　家永真幸
越境の中国史　菊池秀明

講談社選書メチエ　社会・人間科学

MÉTIER

- 日本語に主語はいらない　金谷武洋
- テクノリテラシーとは何か　齊藤了文
- どのような教育が「よい」教育か　苫野一徳
- 感情の政治学　吉田　徹
- マーケット・デザイン　川越敏司
- 「社　会《コンヴィヴィアリテ》」のない国、日本　菊谷和宏
- 権力の空間／空間の権力　山本理顕
- 地図入門　今尾恵介
- 国際紛争を読み解く五つの視座　篠田英朗
- 易、風水、暦、養生、処世　水野杏紀
- 丸山眞男の敗北　伊東祐吏
- 新・中華街　山下清海
- ノーベル経済学賞　根井雅弘編著
- 日本論　石川九楊
- 丸山眞男の憂鬱　橋爪大三郎
- 危機の政治学　牧野雅彦
- 主権の二千年史　正村俊之

- 機械カニバリズム　久保明教
- 暗号通貨の経済学　小島寛之
- 電鉄は聖地をめざす　鈴木勇一郎
- 日本語の焦点　日本語「標準形《スタンダード》」の歴史　野村剛史
- ワイン法　蛯原健介
- MMT　井上智洋
- 快楽としての動物保護　信岡朝子
- 手の倫理　伊藤亜紗
- 現代民主主義　思想と歴史　権左武志
- やさしくない国ニッポンの政治経済学　田中世紀
- 物価とは何か　渡辺　努
- SNS天皇論　茂木謙之介
- 英語の階級　新井潤美
- 目に見えない戦争　イヴォンヌ・ホフシュテッター　渡辺　玲訳
- 英語教育論争史　江利川春雄
- 人口の経済学　野原慎司

ヘーゲル『精神現象学』入門　長谷川　宏
カント『純粋理性批判』入門　黒崎政男
知の教科書　ウォーラーステイン　川北　稔編
人類最古の哲学　カイエ・ソバージュⅠ　中沢新一
熊から王へ　カイエ・ソバージュⅡ　中沢新一
愛と経済のロゴス　カイエ・ソバージュⅢ　中沢新一
神の発明　カイエ・ソバージュⅣ　中沢新一
対称性人類学　カイエ・ソバージュⅤ　中沢新一
知の教科書　スピノザ　C・ジャレット　石垣憲一訳
知の教科書　ライプニッツ　梅原宏司・川口典成訳　F・パーキンズ
知の教科書　プラトン　三嶋輝夫ほか訳　M・エルラー
フッサール　起源への哲学　斎藤慶典
完全解読　ヘーゲル『精神現象学』　竹田青嗣　西　研
完全解読　カント『純粋理性批判』　竹田青嗣
分析哲学入門　八木沢　敬
ドイツ観念論　村岡晋一
ベルクソン＝時間と空間の哲学　中村　昇

精読　アレント『全体主義の起源』　牧野雅彦
九鬼周造　藤田正勝
夢の現象学・入門　渡辺恒夫
ヨハネス・コメニウス　相馬伸一
アダム・スミス　高　哲男
ラカンの哲学　荒谷大輔
解読　ウェーバー『プロテスタンティズムの倫理と資本主義の精神』　橋本　努
新しい哲学の教科書　岩内章太郎
アガンベン《ホモ・サケル》の思想　上村忠男
使える哲学　荒谷大輔
極限の思想　バタイユ　佐々木雄大
極限の思想　ニーチェ　城戸　淳
極限の思想　ドゥルーズ　山内志朗
極限の思想　ハイデガー　高井ゆと里
極限の思想　サルトル　熊野純彦
〈実存哲学〉の系譜　鈴木祐丞